테라우치 총독,
조선의 꽃이 되다

데라우치 총독,
조선의 꽃이 되다

지은이 | 이순우
펴낸이 | 조현주
펴낸곳 | 도서출판 하늘재

북디자인 | 정하연

1판 1쇄 펴낸날 | 2004년 6월 20일
1판 2쇄 펴낸날 | 2009년 4월 10일

등록 | 1999년 2월 5일 제20-140호
주소 | 서울시 마포구 망원1동 384-15 301호(121-820)
전화 | (02)324-2864
팩스 | (02)325-2864
E-mail | haneuljae@hanmail.net

ISBN 89-90229-08-1 03910

값 13,500원

ⓒ2004, 이순우

※ 잘못된 책은 바꾸어 드립니다.

테라우치 총독, 조선의 꽃이 되다

일그러진 근대 역사의 흔적을 뒤지다 1

하늘재

들어가기에 앞서

배부른 짓인지 아니면 미련한 짓인지는 모르겠지만, 어쩌다가 숱한 반출 문화재들의 흔적을 찾는 일에 흠뻑 빠져든 지도 벌써 서너 해가 넘어간다.

본디 제 있던 곳을 떠나 여기저기로 흩어진 문화재들의 내력에 대한 기억의 끈들이 모두 사라지기 전에 그러한 사실관계의 확인이나마 부지런히 해둬야겠다는 생각이었는데, 어쨌거나 그 사이에 이에 관한 두 권의 책이 나왔다. 하지만 이 일은 도무지 그 끝을 알 수가 없다.

이 일에 파고들면 파고들수록 더욱 확연해 지는 한 가지 사실이 있다. 널리 통용되고 있는 문화재에 관한 설명이나 기록들 중에는 부정확하거나 조금은 엉터리에 가까운 것들이 여전히 적지 않다는 것이다. 그러니까 당분간 도서관의 서가를 뒤적이며 기록을 찾아내고 정리하는 일은 도리 없이 계속 더 해야 할 것 같다.

그런데 이러한 일들이 어찌 문화재에 관한 것들에만 국한된 것일까? 알고 보면 우리가 상식처럼 알고 있는 수많은 역사적 사실들의 경우에도 별로 사정이 다르지 않다. 애당초 기록의 오류가 있었던 것인지 아니면 근거 없는 풍설이 작용한 탓인지, 잘못되거나 엉뚱한 내용들이 버젓이 사실인양 유포되고 있는 사례들은 정말 수두룩하다.

더구나 그러한 사실이나 현상들이 일제강점기 이후에 빚어진 뒤틀린 근대역사의 해묵은 찌꺼기처럼 남겨진 결과물이라면 문제는 훨씬 달라진다. 가능하다면 지금이라도 서둘러 바로 잡을 필요가 있는 것들도 적지 않다는 얘기이다. 그런 만큼 그러한 사실들의 연원을 찬찬히 되짚어보고 그 의미를 곱씹어보는 것은 매우 긴요한 일이라 하지 않을 수 없겠다.

이 책에 담고 있는 서른 한 가지의 얘기는 바로 그러한 종류의 장소나 사람이나 사건이나 현상이나 사실에 대한 것들이다. 개중에는 단순히 조금은 덜 알려진 내용들을 소개하는 차원에서 정리한 글들도 있고, 또 약간은 암울하거나 그다지 유쾌하지 못한 마음으로 읽어야 할지도 모를 역사적 사실들을 지적한 글들도 있다. 그리고 익히 알고 있는 것일지라도 조금만 그 뿌리를 찾아 올라가 보면, 좀 의외다 싶은 생각이 드는 사례들도 없지 않으리라 여겨진다.

잘못 알고 있다는 것은 숫제 모르고 있는 것보다 더 나을 바는 결코 되지 못하는 법인데, 하지만 세상의 일이란 게 알고도 그러는지 몰라서 그러는지 대개 그렇게 돌아가고 있음을 또 어찌할 것인가 말이다. 다만 도서관을 들락거리는 일에 이골이 난 처지에, 그러한 사실이 보이는 족족 하나씩 글로 적어나가는 것으로 제 나름의 역할에 충실할 따름이다.

그러고 보니 '오마이뉴스'라는 매체를 통해 짬짬이 이러한 글들을 발표한 지는 그럭저럭 1년 반 가량이 다 되었다. 하지만 우리 주위에 여전히 잘못 알려지거나 덜 알려진 사실들이 널려있는 한 어떠한 형태로든지 이러한 범주의 소재발굴은 계속 되지 않을까 싶다. 그리하여 많은 사람들에게 어디서부터, 뭐가 잘못되었는지를 한번쯤 되새겨 보는 기회를 마련해줄 수 있다면 나로서는 그것으로도 충분히 만족할 만한 일이라 하겠다.

끝으로 내가 살아가는 존재이유인 아내 경미와 딸 상미에게 깊은 사랑의 마음을 표시한다.

2004년 6월
이순우

차 례 | 테라우치 총독, 조선의 꽃이 되다

들어가기에 앞서   4

제1부 뒤틀린 근대 역사의 자취

1. 산사(山寺)를 신사(神社)로 만들 참이오?   10
   사찰마다 넘쳐나는 일본풍(日本風) 석조물

2. "독립문 편액은 '매국노' 이완용의 글씨"   16
   독립문은 정말 독립의 상징이었을까?

3. 제야의 종은 꼭 울려야 하나?   25
   타종의 뿌리는 경성방송국의 기획프로그램에서 비롯

4. 박물관으로 옮겨야 할 청와대의 '미남부처'   35
   조선총독의 업보를 왜 진작에 벗어 던져버리지 못하나?

5. 남산의 이승만 동상은 아직 남아있다   42
   4·19때 넘어진 동상 두 구의 행방, 그리고 그 후

제2부 낯익은 거리, 어색했던 풍경

6. 광화문 해태상, 떠돌이 80년의 이력   54
   1923년 10월에 개최된 '조선부업품공진회'가 발단

7. 국회의사당에 해태상을 세운 뜻은?   62
   제안자는 월탄 박종화, 조각은 하라 이순석의 작품

8. 원각사 10층석탑, 그 어색했던 풍경   71
   누가 파고다공원의 석탑을 그토록 방치하였나?

9. 그들은 왜 서울성벽을 따라 돌았을까?   82
   예전엔 과거합격에 효험이 있다는 풍설도 있었던 모양

10. 조선귀족회관, 결국 주차빌딩 되다   93
    한국외환은행 본점 자리에 얽힌 근대사의 굴곡

11. 세검정초등학교 옆의 인도가 좁아진 사연   105
    자동차에 밀려나는 문화재의 이모저모

12. 삼전도비, 감출 수 없는 치욕의 역사   111
    넘어지고 다시 세우고 또 파묻기를 거듭하다

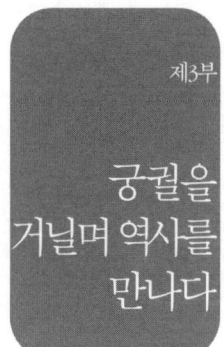

제3부

궁궐을
거닐며 역사를
만나다

13. 경복궁의 서십자각은 왜 사라졌을까? 124
    1923년의 '광화문~영추문' 전차선로 개설이 원인

14. 순종이 승하하니 영추문이 무너지도다 135
    경복궁 영추문의 온전한 복원을 기다리며

15. "차라리 창덕궁으로 길을 낼지언정…" 143
    종묘(宗廟)를 관통하는 도로는 이렇게 개설됐다

16. 성종 태실은 왜 창경궁 안에 있을까? 151
    보존상태가 제일 좋아 표본 삼아 옮겨놓은 것이 그 이유

17. 저 종은 왜 덕수궁에 놓여 있을까? 160
    흥천사 동종이 박물관으로 옮겨진 사연은 이러했다

18. 고종이 승하하니 덕수궁이 찢어지도다 169
    (1) 그 많던 어진(御眞)은 다 어디로 사라졌나?

19. 고종이 승하하니 덕수궁이 찢어지도다 176
    (2) 정동의 선원전 권역은 어떻게 해체되었나?

20. 덕수궁 선원전, 해인사 포교당 되다 189
    친일승려 이회광의 야욕과 몰락의 그늘

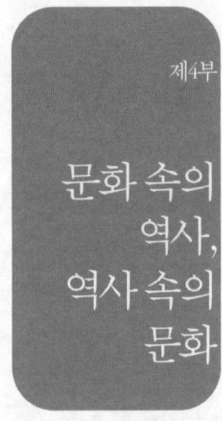

제4부 문화 속의 역사, 역사 속의 문화

21. 만원권 지폐에 들어있는 석탑의 정체　　200
　　경복궁 복원으로 달라진 풍경 미처 반영 못해

22. 해외유출 문화재의 반환에 시효 따위는 없다　　207
　　조선총독부가 기증한 오쿠라집고관의 이천향교방석탑

23. 한송사 석조보살좌상, 90년만에 '반쪽' 귀향　　217
　　2002년 가을 국립춘천박물관의 개관과 더불어

24. 같은 절터인데 문화재 이름은 제각각　　225
　　현저하게 차이나는 지정명칭은 재조정해야

25. 순종 왕릉의 석물은 일본조각가의 작품　　234
　　채석장은 가오리(加五里)였으나 형식은 순일본식

26. 안기부가 머문 자리에 석탑이 남아 있네!　　244
　　중앙정보부 시절 의릉(懿陵)으로 옮겨진 석탑의 내력

제5부 식민지는 그래서 더욱 슬펐다

27. 누가 조선호랑이의 씨를 말렸나?　　254
　　호육(虎肉)을 시식한 야마모토 정호군(山本征虎軍)

28. 누가 마지막 조선호랑이를 보았나?　　263
　　공식적으로는 1940년에 포획된 것이 최후기록

29. 테라우치 총독, 조선의 꽃이 되다　　274
　　빼앗긴 꽃 이름 사내초(寺内草)와 화방초(花房草)

30. 세키노 교수, 조선미술사를 선점하다　　280
　　1904년은 동경제대의 〈한국건축조사보고〉가 나온 해

31. 식민지 조선의 여자비행사로 산다는 것　　291
　　비행사요 무용가요 운전수였던 이정희(李貞喜)의 인생유전

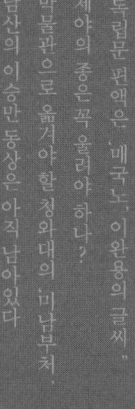

제1부

뒤틀린 근대 역사의 자취

산사(山寺)를 신사(神社)로 만들 참이오?
"독립문 편액은 '매국노' 이완용의 글씨"
제야의 종은 꼭 울려야 하나?
박물관으로 옮겨야 할 청와대의 '미남부처'
남산의 이승만 동상은 아직 남아 있다

1

산사(山寺)를
신사(神社)로 만들 참이오?

| 사찰마다 넘쳐나는 일본풍(日本風) 석조물 |

    전국의 어디를 가나 중창불사가 한창인 사찰들이 수두룩하다. 비바람을 맞아 낡고 허물어진 집을 새로이 고쳐 올리거나 넓혀짓는 일이야 세월 따라 주기적으로 일어나는 일의 하나이고 또한 그럴만한 형편이 되니까 그러할 텐데, 그 와중에 본디의 것을 잃어버리는 게 많은 까닭에 이를 지켜보는 세상 사람들의 심사가 그리 편치만은 않아 보인다.

    재물이 넘쳐나는 탓이라고 얼굴을 찌푸리는 이들도 적지 않고, 그냥 두어야 할 것을 잘못 손을 대어 오히려 제 모습을 다 버려놓았다고 한탄하는 이들도 없지 않다. 개중에는 지정문화재라도 있을라치면 문화재 주변환경의 보호라는 명분으로 국고보조금까지 지원을 받아 불사를 이루는 경우도 없지 않은 만큼 세상 사람들의 참견이 반드시 주제념은 것이라고 치부하기는 곤란하다.

 모름지기 큰 것과 새 것만을 추구하고 또 지켜야 할 것과 고쳐나가야 할 것을 제대로 가려내지 못한 탓이 아닌가 싶기도 하다. 시멘트로 지어 올린 법당이 즐비하고 뽀얀 회백색의 화강암 속살을 그대로 드러낸 석물(石物)이 경내의 여기저기에 잔뜩 배치된 것이 어제오늘의 풍경은 아니지만 그래도 여전히 그 어색함이란 쉽게 떨쳐 버리기가 힘들다.

 그런데 기왕에 돈을 들일 바에는 그만한 가치에 걸맞게 사용되면 좋을 텐데 실상은 그렇지만도 못하다는 것이 못내 안타까운 일이다. 가령 사찰 경내에 자꾸 늘어나는 석조물들이 그러하다. 그것도 누군가가 좋은 뜻으로 시주한 것일 텐데, 하필이면 그것이 '정체불명'의 석조물이다. 하나, 그것은 알고 보면 전혀 '정체불명'이 아니라 그 정체가 명확히 '일본풍(日本風)'이라는 것을 알아내기는 어렵지 않다.

 절집의 크고 작음을 떠나 어딜 가나 익숙하게 볼 수 있는 석등 한 점, 하지만 그건 틀림없이 우리의 것은 아니다. 우리 것만을 고집하고 남의 것을 배척하겠다는 생각이 봉용되는 세상은 분명 아니로되 그것이 식민지 시대의 유산이라면 문제는 훨씬 달라진다. 더구나 그것이 일본의 신사(神社)에서나 어울릴 법한 물건이라면 다시 새겨봐

서울 시내 어느 사찰의 법당 앞에 놓여 있는 카스가 등롱(春日燈籠)의 모습이다. 그린데 일본의 신사(神社)에나 어울릴 법한 이러한 일본풍의 석등은 이미 전국 사찰에 널리 퍼져있다.

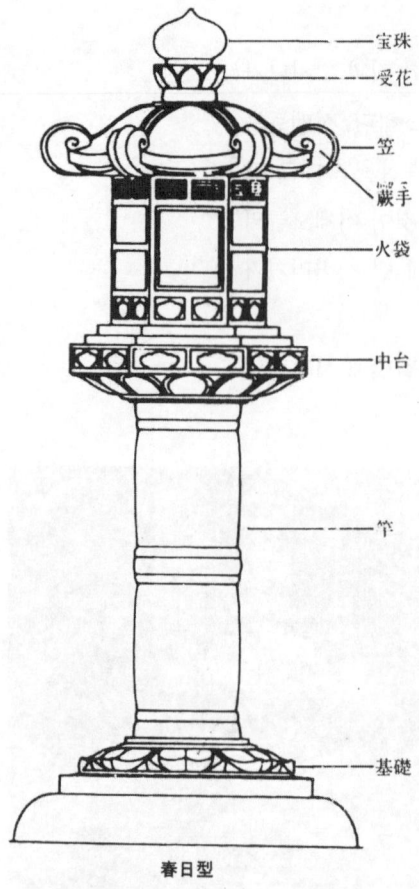

《문화재용어사전》에 수록된 카스가 석등의 그림설명. 옥개석 모서리의 끝이 고사리처럼 잔뜩 말려 올라간 것이 가장 큰 특징이다.

야 할 일이라 하지 않을 도리가 없다.

이른바 '카스가 도로(春日燈籠)'가 그것이다. 일본 나라(奈良)의 카스가신사(春日神社)가 그 원산지이다. 언뜻 보아 우리 나라 석등과 뭐 그리 다르냐고 반문하는 사람도 있겠지만 자세히 들여다보면 그 양식은 사뭇 다르다. 가장 큰 차이는 옥개석(屋蓋石)의 모양이다. 특히 '귀꽃'이 장식되어 있어야 할 자리에 '카스가 등롱'에는 '궐수(蕨手, 와라비테)'라는 것이 붙어 있다.

그 뜻이 '고사리 손'이라는 것이라는데 과연 그 모양이 고사리의 줄기처럼 끝이 잔뜩 말려 올라간 모습이다. 적어도 우리네 석등에는 이러한 형태를 찾아볼 수 없다. 그러니까 그것이 일본풍 석등의 고유한 특징이라고 할 수 있겠다. 그런데 정작 문제는 이러한 양식의 차이에 있는 것은 아닌 듯이 보인다.

도대체 언제부터, 그리고 어떠한 경위로 일본풍의 석등이 이토록 광범위하게 국내 사찰에 퍼져나가고 있는 것일까? 카스가 등롱의 유입경로에 대해서는 따로 조사된 바는 없으나 식민지 시대를 거치는 동안 일본식 사찰이 이 땅에 넘쳐 났으니 그 시절에 광범위하게 보급된 것이라는 사실만은 짐작하기 어렵지 않다. 그런

일제 때 경주지역의 어느 일본식 사찰의 경내에 놓여 있던 카스가 석등의 모습이다. 지금의 것과 하등 다를 바가 없다.

데 그것이 전부는 아니었다.

　이 석등이 보급된 것은 비단 일본식 사찰에만 국한되었던 것이 아니라 '정원장식용'으로도 팔려나가 여염집이나 일본식 요리점, 심지어 유곽(遊廓)에까지 널리 퍼져있었다. 그러니까 이만하면 이 괴상한 일본풍의 석등이 더 이상 이 땅의 어느 곳에도 확산되지 말아야 할 분명한 하나의 이유가 되지는 않을까? 원래부터 일본의 신사(神社)에서 나온 물건이고, 더구나 세속의 저급한 욕망이 온통 절어 있는 곳에서나 어울릴 법한 석등이 우리네 산사(山寺)에 더 머물러 있을 수 있는 이유가 하나라도 더 있겠는가 말이다.

　그런데 문제는 또 있다. 카스가 석등이 이 땅에 건너온 유래야 어찌 됐건 간에, 이를 본뜬 복제품들이 오늘날에도 부지런히 확대 재생산되고 있다는 사실이 그것이다. 일제 때부터 전승되어온 제작기법이 하루아침에 근절되기도 힘든 탓인지 어쩐지, 그리고 그것의 원산지가

일제시대 서울의 서사헌정(지금의 장충동2가)에 있던 어느 유곽에도 이러한 석등이 놓여 있었다.

충주 인근의 국도변에 있는 어느 석물공장의 풍경이다. 여기에도 예외 없이 '일본풍' 석등들이 기본 메뉴의 하나로 잔뜩 전시되어 팔려나가기를 기다리고 있다.

일본이라는 사실을 아는지 모르는지 국도변을 따라 가다보면 심심찮게 만날 수 있는 석물공장마다 이 고약한 석등의 모습이 좀체 구색에서 빠지는 법이 없다.

공급이 소비를 창출하는지 아니면 소비가 있으니까 공급이 뒤따르는지는 알 도리가 없으나 일본풍의 석등이 재생산되는 악순환의 고리는 쉽사리 끊어질 것 같지 않다는 사실은 분명 암울한 일이다. 하지만 지금에라도 누군가는 이 악순환의 고리를 하나씩 끊어나가는 일을 시작하는 것이 옳겠다. 이미 설치된 곳은 아깝다는 생각 말고 하나씩 걷어내는 일을, 그리고 이왕에 시주하려는 사람은 그만한 가치를 지닌 제대로 된 석물을 골라냈는지를 확인하는 정도의 수고쯤은 기꺼이 감수해야 하는 것은 아닌가 싶다.

그러나 이러니 저러니 해도 제일 중요한 것은 직접 치석(治石)을 담당하는 석공(石工)의 몫은 아닐는지? 알고 그랬는지 모르고 그랬는지는 알아낼 재간이 없지만, 구태여 일본풍의 석조물을 더 만들어내야 할 까닭이 도대체 뭐가 있는지를 되새겨봐야 할 때는 아닌가 하고 말이다.

그만한 문화적 다양성조차 제대로 삭여내지 못하는 우리의 좁은 속을 탓하는 일은 정녕 그 다음, 다음의 문제인 듯싶다. (2003. 2. 5)

'카스가 도로(春日燈籠)'란?

갓(笠), 화대(火袋), 중대(中台)가 6각형(간주는 원형)인 가장 표준적인 석등롱의 형식인데, 나라(奈良) 카스가대사(春日大社)의 헌등용(獻燈用)에 많다는 것에서 따온 명칭. 하라이도형(祓戶形), 산가츠도형(三月堂形), 한냐지형(般若寺形) 등 여러 가지 종류가 있으나 본가(本歌, 원형이 되는 최초의 작품)는 명확하지 않다. 따라서 일반적으로 육각형의 것을 광의(廣義)로 '카스가등롱'이라 부른다. 특히 구분하는 경우에는 화대에 해(日), 달(月), 삼립산(三笠山)의 조각이 있는 것을 기준으로 한다. 정원(庭園)에 사용되어진 것은 모모야마시대(桃山時代) 이래의 일이다.

《출처 : 文化財用語辭典(淡交社, 1989)》

2

"독립문 편액은
'매국노' 이완용의 글씨"

| 독립문은 정말 독립의 상징이었을까? |

　지난 1999년에 출간된 윤덕한의 《이완용 평전》이라는 책이 있었다. 말만 들어도 두드러기가 날 것 같은 '친일매국노' 이완용을 굳이 정면으로 다룬 것부터가 그러하고, 기존의 상식과는 제법 다른 시각에서 그를 바라본 서술방식이 나름의 반향을 일으킨 책이었다고 기억한다.
　그런데 이 책의 저자는 많은 사람들이 조금은 당혹스럽게 받아들일 만한 사실 하나를 지적했다. 독립문 상단 앞뒤에 한자와 한글로 '독립문'이라고 새겨진 글씨가 이완용이 쓴 것이 백 퍼센트 확실하다는 것이다. 무엇보다도 그 글씨체가 굵고 힘있는 이완용의 전형적인 필체이며, 그는 당대 제일의 명필로서 이미 궁중의 여러 전각 현판을 쓴 경력이 있다는 것이 그 근거였다. 또한 이완용은 그 당시 독립협회의

발기인 가운데 보조금도 가장 많이 냈고, 위원장으로서 독립문 건립 사업을 주도했다는 것도 다른 이유였다.

그런데 참으로 언짢은 얘기일 수도 있겠지만, 이 주장은 사실인 것 같다. 약간 후대의 기록이긴 하나 《동아일보》 1924년 7월 15일자에는 '내동리 명물'이라는 연재물이 수록되어 있고, 때마침 독립관과 독립문을 다룬 기사에는 다음과 같은 구절이 분명히 들어 있다.

독립문의 앞뒤로 달려있는 편액은 과연 누가 쓴 것일까? 상당히 언짢은 일이겠지만, '매국노' 이완용의 글씨라는 주장은 사실인 것 같다.

교북동 큰길가에 독립문이 있습니다. 모양으로만 보면 불란서 파리에 있는 개선문과 비슷합니다. 이 문은 독립협회가 일어났을 때 서재필이란 이가 주창하여 세우게 된 것이랍니다. 그 위에 세거있는 '독립문'이란 세 글자는 이완용이가 쓴 것이랍니다. 이완용이라는 다른 이완용이가 아니라 조선귀족 영수 후작각하올시다.

《동아일보》 1924년 7월 15일자에는 독립문 글씨가 이완용의 작품이라는 구절이 분명히 들어있다. 약간 후대의 기록이긴 하지만, 녹립문 글씨의 주인공을 구체적으로 적시한 사례는 이것이 유일하다.

그 시절의 《독립신문》을 뒤져보면 오로지 왕태자 전하의 친필로 '독립관' 현판을 달았다는 구절만 드러났을 뿐이었고, 정작 독립문 편액의 작자에 대해서는 희한하게도 아무런 흔적조차 찾을 수 없었던 것이 지금까지의 형편이었다. 필시 무슨 함구령 같은 것이 내려졌던 것도 아니었을 텐데, 어쨌거나 결국 그 정답은 좀 의외의 장소에서 튀어나온 셈이다.

이미 잘 알려진 대로 독립문은 대대로 중국사신들을 맞이하던 영은문(迎恩門)을 헐어낸 자리에 독립협회가 주축이 되어 지어 올린 자주독립의 상징물이었다. 그것이 정말로 참 된 독립의 표상이었는지는 차치하고라도 말이다. 말하자면 독립협회란 것 자체가 이 독립문을 건립하기 위해 구성된 단체였던 것이다.

해방 이후 서재필 박사의 귀국과 관련하여 '독립문 건립 52주년 기념대회'의 개최를 알리는 《동아일보》 1947년 11월 18일자 기사이다. 무슨 근거에선지 이 행사는 '11월 16일'에 열렸다.

독립문의 건축은 분명 해묵은 사대주의의 속박에서 벗어나는 몸부림의 하나였을 테지만, 그 결말은 어째 좀 흐지부지했다는 느낌을 지울 수 없다. 아닌 게 아니라 1896년 11월 21일에 꽤나 시끌벅적 하게 벌어졌던 기공식과는 달리 독립문이 정확히 어느 날에 준공된 것인지에 대한 기록조차 찾을 수가 없다.

흔히 독립문의 준공은 1897년 11월 20일에 이루어졌다고 알려져 있긴 하지만, 이러한 주장의 근거가 되는 《서재필 박사 자서전》 역시 1948년에야 나온 기록인 만큼 사실이 그러하였는지는 확실치 않다. 어떤 곳에서는 1897년 11월 14일에 준공되었다고 적어놓은 곳도 있었다. 실제로 해방 직후인 1947년에는 서재필 박사의 귀국 당시에 서울시 주최로 '독립문 건립 52주년 기념식'이 대대적으로 거행된 적이 있었는데, 이때는 또 무슨 연유인지 11월 16일에 개최되었다는 보도자료가 있다.

그리고 독립문의 설계자에 대해서도 약간의 논란이 있었다. 누구는 러시아인 건축기사 사바틴이 했다고도 하고, 《서재필 박사 자서전》에는 그가 아니라 독일공사관에 있던 스위스 인이라는 증언을 남겨놓고 있다. 다만 확실한 것은 독립문의 공역을 심의석(沈宜碩) 기사가 담당했다는 사실 정도이다.

이렇듯 독립문의 완공이 언제 이뤄졌는지조차 확실치 않지만, 건립기금의

《동아일보》 1928년 10월 20일자에 수록된 독립문 수선공사의 모습이다. 경성부 토목과가 주관했던 이 공사는 그해 10월 9일부터 한달 가량 진행되었고, 그 완성된 모습은 다시 《동아일보》 1928년 11월 15일자에 소개된 바 있다.

조성도 제대로 이뤄지지 않았던 탓인지 1898년 1월 이후에는 이미 완공된 독립문의 공사대금을 다 갚지 못해 성금을 보태어 달라는 광고가 연일 《독립신문》의 지면을 장식했을 정도였다. 그리고 독립협회마저 결국 두어 해를 넘기지 못하고 해산조치를 당하고 말았던 것이다.

그런데 정작 문제는 그것이 아니었다. 독립문의 건립을 이끌었던 주체세력 가운데 상당수는 이내 친일세력으로 돌아섰거나, 개중에는 심지어 일제시대에 이르러서는 작위를 받은 이들도 적지 않았다는 사실에 주목할 필요가 있을 듯하다. 일이 이 지경에 이르다 보니 애당초 자주독립을 표방한 뜻이 과연 어디에 있었던 것인지는 한참 헷갈리지 않을 도리가 없다.

"독립문 편액은 '매국노' 이완용의 글씨"

현재의 독립공원 주변 풍경이다. 위의 사진은 독립문의 북면과 남면의 모습이고, 아래의 사진은 독립관과 서재필 박사 동상의 모습이다.

독립문을 세웠다고 해서 그것이 진정한 자주독립을 위해 무슨 보탬이 되었는지는 참으로 알 수 없는 노릇이다. 하지만 가만히 생각해보면 독립문의 공로가 전혀 없었던 것은 아니었던 듯싶다.

일제시대를 통틀어 식민통치자들의 위세에 아랑곳없이 제 이마에 태극기를 걸어두고 버젓이 '독립' 이라는 두 글자를 내세울 수 있었던

것이 독립문 말고는 또 뭐가 있었을까? 더구나 숱한 독립지사들이 잇달아 투옥된 서대문형무소가 바로 그 앞에 있었으니 독립문에 대한 감회가 오죽했을 것인가?

하지만 정작 독립문의 '나홀로' 시위가 그다지 위협적인 것으로 생각하지는 않았던지, 조선총독부는 이 독립문에다 '고적 제58호'(지금의 사적 제32호)라는 지정번호까지 붙여 놓았다. 그리고 그 앞에 있는 영은문 주초에도 '고적 제59호'라는 번호가 부여되었으니, 그때가 1936년 5월 23일이었다.

그에 앞서 1928년 10월에는 그 동안 허물어져 내린 독립문을 크게 수리하는 일도 벌어졌던 것으로 확인된다. 그리고 이 수선공사는 경성부 토목과가 직접 나서서 독립문 상부를 헐어내고 철근콘크리트로 그 구조를 대신하는 공법으로 이루어졌던 것으로 알려진다.

그런데 알고 봤더니 독립문에 이토록 깊은 상처가 나기에는 남다른 수난의 역사가 있었다. 《동아일보》 1925년 9월 16일자에는 독립문이 헐린다는 소문의 진상과 기미년 만세운동 당시에 겪었던 사건의 내막에 대해 이렇게 적어 놓았다.

독립문 오른편 다리에는 보기에도 위태롭게 틈이 생겼습니다. 삼십 년이 될락말락한 이 문에 벌써 틈이 생긴 것이 이상하여 근처 사람에게 물어보니 삼일운동 때에 어떤 청년이 독립문에 태극기를 꽂아두었던 것을 경관이 발견하고 그것을 빼여버리는 동시에 원래부터 독립문 앞이마에 붙이고 있던 태극기의 색채(色彩)를 없애버리려고 소방대를 불러다가 소방 펌프를 들이대였더랍니다. 수 년 동안 바람 비의 침노를 입고도 엄연하게 서 있던 독립문은 소방 펌프의 줄기찬 물결에 무수한 매를 맞았을 뿐입니까. 이미에 붙였던 자랑거리까지 잃어버리게 됨에 할 일없이 병든 몸에 뼈까지 어그러진 것이라 합니다.

독립문은 앞으로도 얼마동안 헐어버리지 않으리라고 당국자는 말합니다. 무악재 고개에서 넘어오는 쓸쓸한 가을 바람과 악박골 좁은 골에서 내려 몰리는 눈보라를 지금 이 모양으로 한동안 더 받을 것이라 합니다.

"독립문 편액은 '매국노' 이완용의 글씨"

1979년 8월 16일, 그날 독립문의 흔적은 하나의 표지동판이 되어 그렇게 땅 밑으로 사라졌다.

모두가 자주독립의 상징물이라고 생각했던 그러한 독립문의 앞뒤에 하필이면 다른 누구도 아닌 이완용의 흔적이 남아 있다는 건 분명 껄끄러운 일이 아닐 수 없겠다. 분명히 독립은 독립이었으되 그것이 정녕 참다운 독립을 추구했던 것이었는지는 무려 100년의 세월을 훌쩍 넘긴 지금에도 그에 대한 대답이 도통 잘 떠오르질 않는다. (2004. 2. 23)

독립문 이전공사의 내막은 이러했다

독립문에 관한 얘기를 꺼내놓고 보니 결코 빠트릴 수 없는 것이 바로 '독립문 이전공사'가 아닌가 싶다. 이른바 성산대로의 개통으로 독립문의 이건계획이 처음 거론된 것이 1976년 무렵의 일이었던가 본데, 그 후 독립문을 옮긴다 만다 하여 숱한 논란이 거듭된 바 있었다. 그리고 이 문제를 직접 관장했던 '문화재위원회'에서조차 처음에는 이전불가입장을 고수하였다가 결국 1978년 12월에 이르러서는 모든 결정을 문화공보부 장관에게 일임한다는 결론이 내려졌던 것으로 확인된다.

당시의 계획안을 보면 사직터널에서 금화터널 방면으로 이어지는 고가도로는 독립문의 상단부와 거리로는 3미터, 그리고 높이로는 불과 1미터를 남겨두고 건립되는 것이었고, 실제의 시공도 그렇게 이루어졌다. 하지만 끝내 보존상의 문제가 불가피하게 제기되어, 결국 독립문과 영은문 주초는 제 있던 자리에서 떠나야 하는 처지가 되고 말았던 것이다.

마침내 독립문 이전공사는 1979년 3월 19일부터 그해 연말까지 진행되었는데, 원위치에서 서북쪽으로 70미터 가량 물러앉은 것이 바로 지금의 자리이다. 그리고 원래 자리에는 "독립문지, 이전일자

"독립문 편액은 '매국노' 이완용의 글씨"

1979. 7. 13, 서울특별시장"이라고 새겨진 동판을 맨홀 아래에 설치하였다.

그러니까 수년간의 이전논란에도 불구하고 독립문은 독립문대로 옮겨지고 고가도로는 또 고가도로대로 에스(S)자 모양으로 한껏 휘어지는 결과를 얻게 되었던 것이다. 무릇 자동차와 맞붙어 온전하게 제자리를 지켜낸 문화재가 드물었으니, 덕수궁의 대한문이 그러했고, 광희문이 그러했고, 수표교가 그러했고, 삼전도비가 그러했고 서울 상계동의 한글고비 역시 그러한 사례의 하나였다.

그런데 한 가지 흥미로운 것은 성산대로의 개통으로 끝내 뒤로 물러나는 처지에 놓인 독립문이 한때나마 그 키높이를 지나가는 육교의 건립을 저지한 적이 있었다는 사실이다.

그 사연인즉 뭔가 하면, 지난 1970년 무렵에 독립문 바로 앞을 가로질러 육교건립공사가 착수된 적이 있었고 또 일이 한창 진행되었던가 본데, 그렇게 되면 문화재를 가리는 꼴이 되니까 문화재관리국이 공사중지를 건의하고 국회 문공위원회에서도 다소간 논란이 있었다는 것이다.

이에 부랴부랴 당시 양택식 서울시장이 독립문 앞의 육교공사를 철거하기로 결정을 했는데, 그 대신에 1971년 4월부터는 지하보도 건립공사에 착수하는 쪽으로 가닥이 잡혔다는 소식이 있었다. 일이 그러했던 것인데, 결국 그 후로 십여 년을 넘기지 못하고 자동차를 위한 고가도로의 건설에 독립문은 참패를 당하고 말았던 것이다.

요컨대 이 사례가 말해주는 논점은 이러한 것이다. 즉 자동차는 사람보다 힘이 세다. 특히 그러한 '조국근대화'의 시대에는 말이다.

3
제야의 종은 꼭 울려야 하나?

| 타종의 뿌리는 경성방송국의 기획프로그램에서 비롯 |

　묵은해를 보내고 새해를 맞이하는 방식이 사람들마다 다 똑같을리야 없겠지만, 그렇더라도 해마다 서울의 명동거리나 종로와 같은 번화가마다 넘쳐나는 인파는 앞으로도 그다지 줄어들 기미가 없어 보인다. 제아무리 해넘이도 좋고 해맞이도 좋다지만, 한해의 마무리는 역시 종로의 보신각 앞에 모여들어 종소리와 함께 하는 것이 딱 제격이라고 생각하는 사람들이 여전히 넘쳐나는 탓이다.
　어디 그것뿐이겠는가? 딱히 오살 데 없는 사람들이야 텔레비젼 앞에 모여앉아 방송국마다 틀어대는 가요대상이니 연기대상이니 하는 프로그램들과 더불어 해를 넘기는 것이 다반사일텐데, 한창 흥이 오르다가도 자정시각만 되면 화면은 자동으로 보신각 앞으로 넘어가는 것은 정말 오래된, 그리고 익숙한 풍경의 하나가 되어 버렸다. 이름하여 '제야(除夜)의 종(鐘)', 이 종소리를 들어야만 이제 정말 새해가 되었음을 실감하는 것은 그야말로 온 국민의 일이 되어버렸지 않나 싶다.

그런데 알고 보면 결코 빼놓을 수 없는 연례행사의 하나가 되어버린 지 이미 오래인 보신각종의 타종은 제법 오래되기는 했지만 이제 겨우 반세기 정도나 지났을 법한 '신식(新式)' 세시풍속의 하나에 지나지 않는다는 점을 지적하지 않을 수 없겠다. 원래 '제야의 종'이란 것은 제석(除夕) 혹은 대회일(大晦日)에 백팔번뇌를 없앤다 하여 108번의 타종을 했던 불교식 풍습에서 유래된 것이긴 하지만, 이토록 대중적인 연례행사가 된 것은 그 연원이 그리 오래지는 않아 보이니까 하는 얘기이다.

돌이켜 보면 이 땅에 종로의 보신각종이 제야의 종이라는 이름으로 타종되기 시작한 것은 딱 50년 전인 1953년 말의 일로 알려져 있다. 한국전쟁의 난리통에 보신각이 완전히 파괴되고 보신각종마저 처참한 몰골로 방치되어있던 것이 두어 해가 넘었고, 그나마 보신각을 다시 지어올려 재건 준공식을 거행한 것이 1953년 12월 10일의 일이었으니 그 사이에 보신각종을 울리래야 울릴 방도는 없었던 셈이다.

해방 직후에조차 1946년 3월 1일에 삼일절 기념타종이 있었다는 기록정도는 있으나, 제야의 종이라는 의미로 보식각종 타종이 이루어졌다는 구절은 전혀 보이지 않는다. 그리고 세월을 더 거슬러 올라가 일제강점기에는 내내 보신각종 자체가 타종된 적이 전혀 없었으니, '제야의 종' 운운할 건더기는 하나도 없는 상태였다.

아주 해묵은 기록을 뒤져보면 조선시대를 통틀어 매일 인정(人定) 28번, 파루(罷漏) 33번씩 타종을 거듭하던 보신각종에 대해 정오 및 자정에만 타종하도록 변경된 것이 1895년 9월 29일이고, 그나마 이러한 타종마저 완전히 폐지되어 포(砲)를 쏘는 것으로 그 기능을 대체하도록 한 것은 1908년 4월 1일의 일인 모양이었다. 그러니까 이 경우

에도 보신각종이 '제야의 종'이라는 기능을 했던 적은 한번도 없었던 것이 분명하다.

사실이지 유교국가였던 조선왕조에서 불교식 풍습이었던 제야의 종이 세시풍속의 하나로 정착되었을리도 만무했을 터이고, 설령 사찰 등지에서 이러한 풍습이 면면히 이어져왔더라도 그것이 일상생활에 보편화되있을 정도로 확산되지는 않았을 거라고 짐작하기란 그리 어렵지 않다. 예전의 기록을 찾아보면, 기껏해야 '연종포(年終砲)'라고 하여 섣달 그믐날에 궁중에서는 대포를 쏘아 크게 소리를 내어 악귀를 쫓아내는 정도의 풍습이 있었을 따름이었다.

그런데 어쩌다가 보신각종은 뜬금 없이 '제야의 종'의 대명사가 되

1985년에 경복궁의 국립중앙박물관 야외전시구역에 있는 구석자리로 옮겨진 '원래의' 보신각종이다. 이제껏 '제야의 종'이 되어 본 전력이 없었을 보신각종은 해방 이후 뜬금없이 '제야의 종'의 대명사가 되고 말았다.

정동의 덕수초등학교 구내에 설치되어 있는 '첫 방송터 기념탑'의 모습이다. 1987년에 세워진 이 기념탑은 1927년 2월 16일에 있었던 경성방송국(京城放送局)의 본방송 개시를 기념하기 위해 만들어졌다.

었으며, 또한 그것이 하나도 어색할 것이 없는 '현대판' 세시풍속의 하나로 자리잡게 되었던 것일까?

그 연원을 찾아 세월을 거슬러 올라가 보았더니, 제야의 종에 관한 단서 하나는 뜻밖에도 1926년에 설립된 경성방송국(京城放送局)과 맞닿아 있었다. 서울시내 정동 2번지에 세워진 이 방송국(호출부호 JODK)이 시험방송을 거쳐 본방송을 개시한 것은 이듬해 1927년 2월 16일이었다.

그럼 경성방송국과 제야의 종은 어떻게 연관되었던 것일까? 때마침 근년에 출간된 《한국방송 70년사》에는 이에 관한 증언 하나가 수록되어 있었다.

1928년 1월 1일, JODK로서는 처음 맞는 정초라 색다른 기획을 하고 싶었다. 마침 꾀꼬리를 키우는 사람이 있어서 이날 낮 12시를 기하여 꾀꼬리 울음소리를 들려주기로 했다. 아침 7시에 자동차로 꾀꼬리 사육장에 도착하여 3마리를 담요에 정중히 산 후 방송국으로 가져왔다. 기획자들의 심산으로는 담요로 빛을 가리고 있다가 갑자기 담요를 치우면 꾀꼬리들이 아침인줄 알고 울어줄 것이라는 것이었다.

낮 11시 30분 담요에 싸여 있는 꾀꼬리를 스튜디오에 안고 들어와서 "지금부터 꾀꼬리의 올해 첫 울음소리를 방송해 드리겠습니다" 하고 아나운스 멘트를 넣자마자 마이크 앞에서 담요를 제쳐 꾀꼬리를 밝은 세상에 내 놓았다. 아뿔싸! 꾀꼬리는 묵묵부답, 입도 뻥끗하지 않는다.

낭패를 당한 직원들은 서둘러 휘파람도 불어보고 바이얼린으로 흘려 보아도 끝내 예고시간인 30분을 넘기고 말았다. 아나운서는 37분 경과 후 하는 수 없이 사과방송을 내고 꾀꼬리의 울음소리는 단념하고 말았다.
　다음해 1929년 1월 1일에는 그래서 남산 기슭의 KBS-TV 옛 국사(局舍) 자리에 있던 일본 절 본원사에서 범종을 빌려와 아예 제야의 종을 쳤다. 스

원래 양평 상원사터에 있다가 동본원사로 옮겨진 범종이다. 이 종은 경성방송국이 기획한 타종행사의 일환으로 1929년 정초를 알리는 제야의 종으로 사용되었다. 이것이 제야의 종소리를 중계한 첫 번째 사례였다.

튜디오에서 자정이 되자 10초에 한번씩 종을 쳤으니 방송국 전체가 얼마나 울렸을까 하는 생각도 든다.

아무튼 그렇게 제야를 넘긴 것은 좋았으나 아무도 이 종을 절에 돌려줄 생각을 하지 않았던 모양이다. 4일 후 본원사에서 장례식이 있으니 종을 돌려달라는 연락이 와서 종을 가지고 갔으나 이미 장례는 끝난 후였다.

해마다 연말이면 제야의 종을 울리고 그것을 방송으로 중계하는 관행은 바로 그렇게 시작되었던 것이다. 말하자면 '제야의 종'의 연원은 경성방송국의 기획프로그램이라는 사실에 있었다.

그런데 여기에서 나오는 일본 절 본원사라는 것은 동본원사 경성별원(東本願寺 京城別院)을 말하며, 이곳의 범종이라 함은 원래 경기도 양평의 상원사터에서 옮겨졌다가 나중에 '가짜종'이라 하여 국보지정에서 해제된 내력을 지니고 있는 바로 그 종을 가리키는 것으로 보인다. 현재 이 범종은 조계사 대웅전 내에 보존되어 있다.

어쨌거나 그렇게 특별방송을 위한 최초의 '제야의 종' 타종이 이루어진 뒤에 해마다 또 다른 '제야의 종'을 울리고 그것을 중계하는 방식은 그대로 이어졌다. 더구나 그 이듬해인 1929년 말에는 멀리 일본 동경 아사쿠사(淺草)의 칸논도(觀音堂)에서 직접 제야의 종소리를 중계하는 방식으로 방송이 이루어지기도 했던 것이다.

조선의 종소리와 이른바 '내지'의 종소리를 교대로 섞어서 해마다 제야의 종소리를 중계하는 이벤트는 일제강점기 내내 지속되었던 것으로 확인된다. 개중에는 경주의 봉덕사종도

1929년에 이어 1930년 정초에는 멀리 일본의 아사쿠사 관음당에서 제야의 종소리를 중계받았다는 내용이 수록된 《매일신보》 1929년 12월 30일자 기사이다.

있었고, 개성의 남대문종도 있었고, 그 사이사이에 일본의 사찰에 있는 종을 직접 타종하여 중계를 받는 일도 자주 있었다. 가령《매일신보》1939년 12월 9일자에는 개성 남대문루에 있는 연복사종(演福寺鐘)을 제야의 종으로 타종한다는 내용의 기사가 들어 있어 그 시절의 풍경을 직접 엿볼 수 있다.

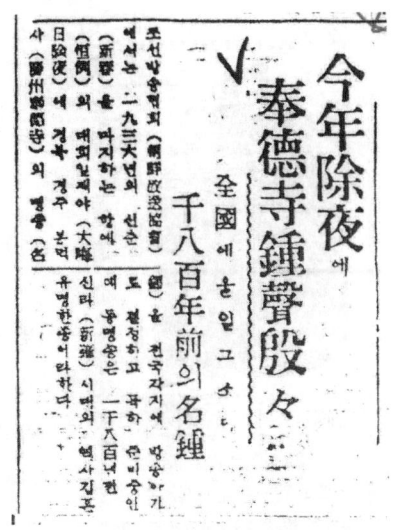

《매일신보》1935년 11월 27일자 기사에는 1936년 정초에 경주의 봉덕사종(에밀레종)이 제야의 종으로 동원되었다는 소식이 들어있다.

  이해도 벌써 저물어 멀리 은은하게 제야의 종이 울려지려고 한다. 예년에 의하여 전국적으로 섣달 그믐날이면 역사적으로 유명한 각처의 종을 '릴레이' 식으로 중계하여 각처 방송국 마이크를 통해서 전국에 울리도록 하는데, 금년 섣달 그믐에는 조선으로부터 첫 소리를 울리게 되었다. 더욱이 금년의 제야는 날이 밝으면 역사가 완전히 빛나는 황기(皇紀) 2천 6백년의 새날이 희망 많은 여명(黎明) 속에 밝아올 것이라, 밤에는 '흥아의 종소리'로 신건설로의 향하는 신호를 삼게 되었다는 것이다. 그래서 경성중앙방송국(京城中央放送局)에서는 체신국을 통하여 일본방송협회(日本放送協會)에 이것을 교섭하기로 하였는데, 그 동안 각처의 유명한 종을 이미 제야의 소리로 울린 것으로 보아 가장 연대가 오래인 개성 남대문루에 있는 것을 울리기로 하였다는 것이다.

  군국주의로 한창 치닫고 있던 시절의 일이어서 그런지 몰라도, 제야의 종을 울리는 뜻이 '흥아(興亞)의 종소리'로 변하고 있다는 구절이 눈에 띈다. 그런데 그것을 위해 울리는 종이 하필이면 조선의 종을 선정하여 그 소리를 일본에까지 중계를 하는 것이라 했다.
  그리고 위의 인용기사에 비추어 보아, 그 동안 어지간한 조선의 종은 '릴레이' 방식으로 전부 중계되었음을 짐작할 수 있다. 그러니까 해마다 어떠한 종이 타종되었는지는 자료의 부족으로 일일이 확인할

1940년 정초에는 개성 남대문 문루에 있던 연복사종이 제야의 종으로 사용되었다. 그런데 《매일신보》 1939년 12월 9일자 기사 속에 소개된 사진은 경주의 봉덕사종을 잘못 인용하여 게재한 것이다.

수 없을 지라도, 해를 거르지 않고 경성방송국을 통해 제야의 종소리가 중계되고 있었음을 간접적으로 짐작하기란 그리 어렵지 않아 보인다.

1929년을 맞이하는 새해부터 경성방송국을 통한 제야의 종소리 중계가 이루어졌고, 그러한 관행이 적어도 일제가 패망하기까지 15년 가량은 이어졌을 테니 그만한 시간이라면 식민지 조선인들에게 그러한 관념을 심어주는데는 적지 않은 영향을 미쳤을 것이라는 사실은 분명한 듯하다. 제아무리 그것이 숱한 조선인들에게는 생소하고 어색한 세시풍속의 하나였을지라도 말이다.

그런데 일은 거기에서 그치질 않았다는 것이 문제였다. 해방이 되고 일제강점기를 거치는 동안 한번도 타종되지 않았던 보신각종이 다시 소리를 내기 시작하자, 구태여 누구랄 것도 없이 일제강점기에 크게 확산된 '제야의 종'의 타종, 그리고 그러한 종소리를 꼬박꼬박 중계해 왔던 라디오 방송의 위력 탓인지 이를 서슴없이 제야의 종으로 두드리는 일이 벌어지고 말았다. 이를테면 식민지 시대의 추억은 그렇게 고스란히 복원된 셈이었다.

그러기를 이제 반세기가 넘어가는 시점에서 '제야의 종' 타종식은 꽤나 성공적인 세시풍속의 하나로 정착되고 있는 것은 분명하다. 더구나 한해를 넘기는 순간마다 어김없이 중계방송이 이루어진 탓에 제야의 종의 위력은 해가 지날수록 그것이 더했으면 더했지 결코 줄어든 것은 아닌 듯이 여겨진다.

하지만 그 사이에 딱히 제야의 종 타종 때문만은 아니었겠지만, 예전의 보신각종은 피로의 누적으로 지쳐 쓰러져 경복궁의 한켠으로 물러나고 그 자리를 새로이 주조된 보

이것이 개성 남대문 위에 걸려있던 연복사종이다. 이 종은 1940년 정초에 '황기 2600년'의 새날을 기원하고 '흥아(興亞)의 신건설'을 알리는 제야의 종소리로 사용되었다.

신각종이 대신하는 지경에 이르고 있었다. 이때가 1985년 8월의 일이었다.

 애당초 제야의 종을 울리는 뜻이야 하등 나쁠 것이 없겠지만, 우리가 '하필이면' 보신각종을 울리는 연원이 반드시 그런 것에만 있는 것 같지 않다는 것은 참으로 안타까운 일이 아닐 수 없겠다. 그리고 뒤틀어진 형태로 제야의 종을 울리는 일을 그대로 지속하는 것이 마땅한지를 한번쯤 되짚어보아야 할 때는 아닌지 모르겠다. 그나저나 올해도 어김없이 종로거리를 가득 메울 인파 속에 제발 누군가 밀리고 다치는 일만큼은 없었으면 좋겠다. (2003. 8. 14)

4
박물관으로 옮겨야 할
청와대의 '미남부처'

| 조선총독의 업보를 왜 진작에 벗어 던져버리지 못하나? |

    1912년 11월 8일, 그날 조선총독 테라우치 마사다케가 환갑의 나이로 30여 명의 수행원을 거느리고 경주의 토함산에 올랐다. 목적지는 석굴암이었다. 하지만 그가 단지 무너져 내리는 석굴암을 구경하려는 생각으로 변변한 길조차 없던 가파른 산길을 거침없이 올라섰던 것은 아니었다. 석굴암을 통째로 경성으로 옮겨오려던 계획이 실행 가능한 것인지를 몸소 확인하기 위한 것이 실제 목적이었다. 그 역시 별도리가 없음을 알았음인지 하릴없이 '불이법문(不二法門)'이라는 네 글자를 바위에 큼직하게 새겨놓고 내려오는 것이 고작이었다.

    그 이듬해 봄부터 개시된 석굴암의 해체수리공사는 그렇게 시작되었다. 콘크리트 범벅이 되어 결국 아니 건드림만 못하게 되어 버린 석굴암의 해체복원은 테라우치가 직접 석굴암을 탐방했던 사건의 결과

《조선고적도보》에 수록된 유덕사 석불의 모습이다.

물이었다. 그의 경주순시로 인하여 만신창이가 되거나 그 후 행로가 뒤죽박죽 되어버린 것은 비단 석굴암뿐만이 아니었고 아주 별난 운명의 불상(佛像)이 하나 더 있었다.

그 당시 테라우치의 경주방문은 2박 3일의 일정이었다. 11월 7일 대구를 출발하여 경주로 들어와 이 일대의 고적유물을 두루 살펴보고 이틀을 머문 뒤 포항 쪽으로 빠져나가 영일만에 대기하던 광제호(光濟號)를 타고 일본 시모노세키로 직항하는 행로였다. 《매일신보》 1912년 11월 10일자에는 당시의 풍경을 이렇게 그리고 있다.

총독은 출영하기 위하여 도열한 일군의 학생생도와 이를 인솔한 교원에게 정녕 근황을 물어본 뒤 군청으로 들어갔는데 이곳에서 중요한 일본사람 조선사람을 접견하고 훈시를 하고 나서 재판소, 경주지청, 경찰서, 농산물진열장 등을 순시하시고 7일은 군청사에서 숙박하였다.

그런데 딱히 어디였는지 그 장소를 알 수는 없지만 순시 도중 테라우치의 눈길을 사로잡은 석불상이 하나 있었다. 이미 원래의 자리를 떠나 경주읍내의 모처로 옮겨진 상태였던 그 불상은 원래 경주군 내동면 도지리(慶州郡 內東面 道只里)의 유덕사(有德寺)라는 절터에 남아

있던 것이었다. 그것을 우연찮게도 테라우치가 유심히, 그것도 두 번 세 번 거듭하여 살펴보더라는 것이다. 하지만 그 자리에서 당장 벌어진 일은 하나도 없었다. 문제는 테라우치가 경주를 떠난 다음이었다.

당시 경주금융조합의 이사였다는 고히라 료조(小平亮三)라는 작자가 총독이 내심 그 석불에 마음을 두고 있다고 지레짐작하고 테라우치가 일본에 출장을 떠난 동안 재빨리 그것을 경성에 있는 총독관저에다 옮겨놓았던 모양이었다. 시쳇말로 알아서 긴 것이라고나 할까?

총독관저는 남산의 왜성대(倭城臺) 즉 우리에게 흔히 남산의 안기부 자리 (중구 예장동)로 더 익숙한 바로 그 자리이다. 그리고 나중에 북악산 아래에 새로이 총독관저가 지어진 것이 1939년이니 무려 27년을 거기에서 무심히 세월을 보낸다. 이 건물의 완공과 더불어 경주의 불상 역시 따라 움직인 것은 당연한 일이었다.

서울로 옮겨온 직후 《조석고적도보》 제5책(1917)에 그 모습을 잠깐 드러내기는 했으나, 그때 경주에서 올라온 이 석불의 존재를 제대로

남산 왜성대에 있던 총독관저이다. 유덕사의 석불좌상은 1912년에 처음 경주에서 올라와 다시 1939년에 지금의 청와대 쪽으로 옮겨지기까지 줄곧 이곳에 머물렀다.

《매일신보》 1934년 3월 29일자이다. 총독관저의 미남석불은 이때 발견 아닌 발견이 이루어졌다.

기억하는 사람은 별로 없었다. 그러한 탓인지 《매일신보》 1934년 3월 29일자에는 이 석불을 새로이 발견한 것인 양 호들갑을 떠는 기사 하나가 실렸다. 그 제목이 이러했다. "석가여래상의 미남석불, 즐풍욕우 참아가며 총독관저 대수하에, 오래 전 자취를 감추었던 경주의 보물, 박물관에서 수연만장"이라고 말이다.

그런데 이 당시의 발견 아닌 발견에도 불구하고 이 석불은 박물관으로 옮겨지지 못했다. 그 연유는 무엇이었던가?

그리하여 박물관에서는 수연만장 어떻게 박물관으로 가져왔으면 하고 있으나 그러나 이미 총독관저의 물건이 되어 있는 이상 마음대로 할 수가 없는 형편이므로 총독의 허가를 얻어 박물관에 진열하여 보려고 희망하고 있는 중이라더라.

말하자면 총독의 권세에 눌려 말도 꺼내지 못한 꼴이었던 셈이다.

몇 년 후 오가와 게이기치(小川敬吉)라는 총독부박물관 기사가 총독관저에 있던 그 석불의 대좌가 경주박물관에 들어있다는 보고를 받고 경주를 탐방했을 적에 유덕사 석불의 이건 경위를 재조사한 적이 있긴 하지만, 이때에도 여전히 박물관으로 옮겨지지 못한 것은 마찬가지였다. 예나 지금이나 최고권력자의 권세를 누가 당해낼 수 있었겠는가 말이다.

해방이 되고 총독관저가 경무대가 되고 다시 청와대가 되고 정권의 변화가 거듭되는 동안에도 한번 발목이 잡힌 불상은 그 자리를 벗어나지 못했다. 그 존재가 별로 세상에 드러나지도 않았다. 그저 1974년 1월 15일자로 서울시 유형문화재 제24호로 지정되었다는 것이 자그

마한 변화라면 변화였다. 그것도 특별한 이름도 없이 지정명칭이 그 냥 '석조여래좌상'이란다. 하지만 그 이상의 변화는 없었다.

다시 세월이 흘러 미남석불의 존재가 세상에 드러난 것은 1994년의 일이었다. 그 시절 구포역 열차전복이다 아시아나항공기 추락이다 서해페리호 침몰이다 성수대교 붕괴다 충주호유람선 화재다 하여 온갖 대형참사사건들이 잇달아 터지면서 민심이 흉흉해지자 독실한 기독교신자인 김영삼 대통령이 청와대에 들어오면서 경내의 불상을 치워버린 것이 원인이라는 유언비어가 나돌았던 것이다. 그러자 청와대는 고심 끝에 그해 10월 27일 청와대 출입기자들에게 불상이 제자리에 있음을 공개하는 웃지 못할 일을 벌이기도 했다. 그에 앞서 1989년에는 대통령 관저가 신축되면서 원래 자리에서 100미터쯤 올라간 현재의 위치로 이전된 것으로 알려졌다.

청와대의 석조여래좌상이다. 서울시 유형문화재 제24호이며, 근년에 새로이 보호각이 만들어졌다.

박물관으로 옮겨야 할 청와대의 '미남부처'

이제 이름마저 어설픈 '석조여래좌상'이 최고권력자의 집으로 들어온 지도 90년이 넘어선다. 그리고 그 주인이 다시 바뀌는 때가 되었다. 그런데 그 석불이 여기에 더 머물러야 할 이유가 하나라도 있는지를 되묻지 않을 수 없다. 굳이 종교적 편향의 시각이 아니더라도 해방된 지 반세기를 훨씬 넘긴 지금까지 식민지시대의 유산을 그대로 끌어안고 갈 이유는 하나도 없지 않나 싶다. 오히려 진작에 털어 버렸어야 할 우울했던 시절의 자취가 아니었을까?

일제강점기에 벌어진 숱한 문화재파괴행위를 탓하는 것조차 무의미하게 되어 버린 오늘 경주석불을 온전하게 제자리로 돌려놓기도 어려운 형편이 되었다. 그러니까 설령 옮기더라도 박물관으로 옮기는 것이 현실적인 대안일 수밖에 없어 보인다. 일차적으로는 국립중앙박물관에, 그렇지 않다면 제 고향에 가까운 국립경주박물관으로 옮기는 것도 합당한 방법의 하나일 것이다.

청와대의 미남부처는 박물관으로 옮겨져야 한다. 이번에는 꼭 최고권력자의 그늘에서 벗어나야 하지 않을까? 90여년 전 석굴암을 짓이겨놓은 테라우치 총독의 업보를 벗어던지기 위해서라도 말이다.

(2003.1.19)

> "석가여래상(釋迦如來像)의 미남석불(美男石佛), 즐풍욕우(櫛風浴雨) 참아가며 총독관저(總督官邸) 대수하(大樹下)에, 오래 전 자취를 감추었던 경주의 보물, 박물관(博物館)에서 수연만장(垂涎萬丈)", 《매일신보》 1934년 3월 29일자.

석가여래상으로 경주 남산에 있던 미남석불(美男石佛)이 지금으로부터 여러 해 전에 그만 자취를 감추어버리고 말았었다. 그 얼마 후에야 미남석불이 어디로 도피한 줄을 안 총독부박물관(總督府博物館)에서는 그 동안 그의 간 곳을 찾아오다가 작27일에야 왜성대(倭城臺) 총독관저에 안치되어 있다는 말을 듣고 비목(梞木) 촉탁이 급히 달려가보니 경관힐소(警官詰所) 뒤 언덕 큰나무아래에 천연스럽게 좌정은 하고 있으나 비바람에 시달리고 있는 것을 발견하였다.

이 미남석불은 시가(時價)로 따진다면 적어도 오만 원 이상은 할 것이나 지금 세상에 있어 돈 아니라 금을 가지고라도 도저히 살 수 없는 귀중한 것이니 좌신(座身)의 높이가 3척 6촌, 슬폭(膝幅)이 2척 9촌이오 또 연좌대(蓮座臺)에는 천녀(天女)를 아로새긴 엄청난 것으로 신라의 유물로서 석불과 함께 다시 얻을 수 없는 귀중한 참고자료이다.

이에 대하여 총독부박물관에서는 "어떻게 되어서 그 미남석불이 총독관저에 안치되어 있는지는 알 수 없으나 아마 제1회 재등(齋藤) 총독시대에 어떤 우연한 일로 관저로 올라온 듯합니다. 그리고 이것은 박물관 홀에 진열되어 있는 약사여래(藥師如來)와 경주의 같은 골짜기에 안치되어 있던 것인데 지금 풍우에 시달리고 있다는 것은 너무도 애석하여 견딜 수가 없습니다"하고 말한다.

그리하여 박물관에서는 수연만장(垂涎萬丈) 어떻게 박물관으로 가져왔으면 하고 있으나 그러나 이미 총독관저의 물건이 되어 있는 이상 마음대로 할 수가 없는 형편이므로 총독의 허가를 얻어 박물관에 진열하여 보려고 희망하고 있는 중이라더라.

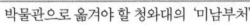

박물관으로 옮겨야 할 청와대의 '미남부처'

5
남산의 이승만 동상은
아직 남아있다

| 4·19때 넘어진 동상 두 구의 행방, 그리고 그 후 |

1960년 4월 26일에 촬영된 한 장의 사진으로 40여년 전, 그때의 환희와 감격을 기억하는 이들이 적지 않다. 마침내 그날 오전 이승만 대통령의 하야성명이 있었고, 이내 파고다공원에 있던 절대권력자의 동상은 그렇게 길바닥을 나뒹굴었다.

딱히 파고다공원에다 동상을 세워야 했던 까닭이 있었는지는 알 수 없으나, 어쨌거나 이곳에 느닷없이 '살아 있는', 그것도 '현직' 대통령의 동상이 들어선 것은 1956년의 일이었다. 그 시절의 신문자료를 뒤져보니, "그해 3월 31일에 준공된 이 동상은 2미터 40센티의 높이에다 기단까지 합쳐 모두 6미터에 달하는 크기였고, 대한소년화랑단이 건립하였다"고 적혀 있다. 조각가는 문정화(文貞化)였다.

그러던 것이 겨우 4년의 세월을 넘길 즈음에 4·19의 함성 속에 여

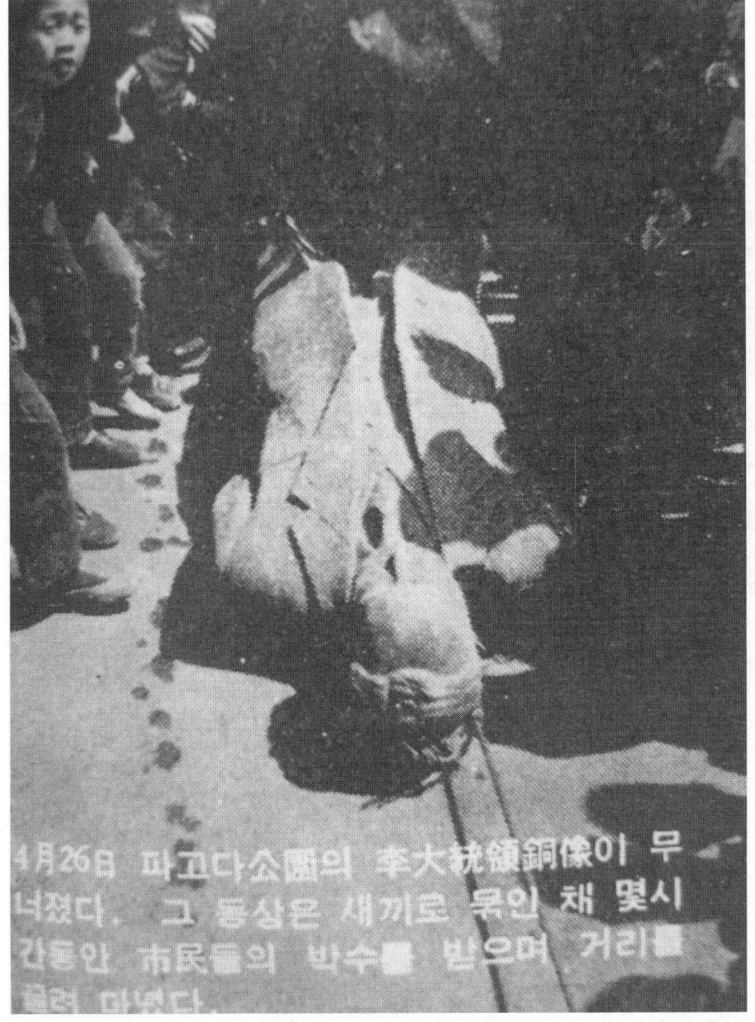

대통령 하야성명이 있던 1960년 4월 26일에 파고다공원에 있던 이승만 동상이 무너졌다. 이 모습을 담은 사진은 여럿 있으나, 여기에 소개된 것은 《사상계》 1960년 6월호에 보도된 자료이다.

지없이 넘어지고 말았으니, 어째 동상치고는 참으로 딱한(?) 처지라 하지 않을 수 없겠다.

그런데 애당초 주인을 잘못 만난 탓에 얄궂은 운명에 처해야 했던 동상은 하나 더 있었다. 절대권력자의 위세는 파고다공원에만 자신의

파고다공원에 세워진 이승만 대통령의 동상준공식을 알리는 《경향신문》 1956년 4월 2일자이다. 여기에는 이 동상이 대한소년화랑단에 의해 건립된 것으로 보도하고 있다.

분신을 남기는 것에 그쳤던 게 아니라 남산(南山)의 중턱에도 또 하나의 거대한 동상을 만들어 놓았다. 남산의 동상이 파고다공원의 것보다는 약간 뒤늦게 완공되긴 했지만, 그 크기만은 서로 비교가 되지 않을 정도로 큰 차이가 있었다는 것이 달랐다. 조각가 윤효중(尹孝重)의 작품인 이 동상은 본체만 7미터의 높이다. 기단까지 합치면 무려 81척(尺) 즉 25미터에 달하는 초대형이었던 것이다.

원래 '이대통령 제80회 탄신경축 중앙위원회'가 주관이 되어 만들어진 이 동상의 준공식은 1956년 8월 15일이었고, 때마침 이날은 또한 제3대 대통령의 취임식이 있던 날이기도 했다. 《경향신문》 1956년 8월 17일자에는 이때의 풍경을 이렇게 적었다.

지난 15일 오후 4시부터 시내 남산공원에서는 김 대법원장, 이 민의원 의장을 비롯한 3부 요로와 8.15 광복절 및 제3, 4대 정부통령취임을 경축하기 위하여 내한 중인 각국의 외교사절, 그밖에 내외 귀빈 및 일반시민 다수가 참석한 가운데 이 대통령 동상 제막식이 거행되었다.

육군군악대의 주악으로 시작된 동 제막식은 김 대법원장, 이 민의원의장, 함 전부통령, 이 내무장관의 동상 제막에 이어 동 건립위원회 의장 이(李起鵬) 씨의 식사, 김 대법원장의 송축사, 작가 윤(尹孝重) 씨 및 전국극장연합회에 대한 표창과 조(趙瓊圭) 민의원 부의장 선창의 만세삼창으로 동 45분 식을 마치었다.

이 대통령 제80회 탄신경축 중앙위원회 주관으로 건립된 동(同) 동상은 작년 10월 3일 기공 이래 10여 개월에 걸쳐 7만여 명의 인원과 총 공사비 2억 6백만 환이 소요된 것이며, 높이 81척에 건립부지 3천여 평을 차지하고 있다.

동상의 높이는 80회 생신을 경축하는 의미로 80척을 기본으로 잡고, 여기에다 진일보(進一步)를 축원한다 하여 1척을 더하여 결국 81척으로 정했다는 뜻이 담겨있었다. 건립비용도 상당했던 만큼 동상의 규모가 참으로 장대했던 것임은 짐작하고도 남음이 있다.

그러니까 남산에 세워진 동상은 군중의 힘으로 손쉽게 무너진 파고다공원의 동상과는 달리 그렇게 쉽사리 넘길 수 있는 대상이 아니었다. 4·19의 함성 속에도 불구하고 남산의 동상이 여러 달이나 굳건히(?) 제 모습을 지킬 수 있었던 것은 순전히 그토록 거대한 덩치 때문이었다.

이곳의 동상은 그해 7월 23일에 가서야 공식적으로 철거결정이 내려졌고, 거기에다 또 한달을 넘겨 8월 19일 중장비를 동원한 끝에 동상의 해체작업에 착수하는 과정을 거쳤다. 거의 같은 시기에 세워졌던 두 구의 이승만 동상은 천년만년 갈 거라는 기대는커녕 거의 고물 신세가 되어 그렇게 역사의 현장에서 사라졌다.

그런데 알고 봤더니 이승만의 동상은 완전히 사라진 것이 아니었다. 이들의 존재가 다시 세상에 드러난 것은 1970년 3월의 일이었다. 그 시절 《코리아 라이프》라는 잡지에는

1956년 8월 15일에 준공된 남산 중턱의 이승만 대통령 동상으로 그 높이가 기단부를 포함하여 모두 25미터에 달하는 초대형이었다. 이 동상은 원래 이승만 대통령의 80회 생신을 경축한다는 명복으로 만들어졌다.

서너 달을 넘겨 1960년 8월에 남산의 이승만 동상 역시 해체되었다. 《대한민국정부기록사진집》 제4권에는 철거 당시 상반신만 남은 이승만 동상의 모습이 수록되어 있다.

©대한민국정부기록사진집

'95회 생일을 쓸쓸히 맞는 노정객 고 이승만 박사의 퇴락한 잔영'이라는 제목의 글 하나가 수록된 적이 있었다.*

---

* 이밖에 《주간조선》 1970년 3월 15일자에도 '말없는 이박사에 효성 5년, 두 동상을 돌보고 있는 김주홍씨 부부' 제목의 탐방기사가 보도된 적이 있으며, 이보다 훨씬 앞선 기록으로는 《경향신문》 1964년 5월 29일자에 '어떤 무명인의 가보가 된 이박사 동상'이라는 제목의 기사 하나가 남아 있다. 여기에는 이승만 동상의 인수경위가 비교적 소상히 설명되어 있으며, '유엔군자유수호참전기념비건립위원회'에서 동상을 넘겨받아 명륜동 쪽으로 옮겨온 때가 1963년 6월 4일이라고 소개하고 있다.

여기에는 세상 사람들이 의당 폐품처리가 되어 사라졌을 거라고 생각했던 이승만 동상의 행방이 소개되어 있었다. 흥미롭게도 동상이 발견된 곳은 좀 엉뚱하지만 서울 종로구 명륜동 1가의 주택가였다. 《코리아 라이프》에는 동상이 이곳까지 흘러온 연유를 이렇게 전해준다.

4·19 직후 이박사 동상은 어느 고철상인에 의해 용산에 있는 모 철공소에 인계되었다. 홍윤성 씨가 철공소로부터 이박사 동상을 구입할 때는 이미 동상 하체는 완전 분해된 후였다. 그나마 남은 부분을 철공소 주인을 달래어서 운반비조로 20만원을 지불한 홍씨는 20여명의 인부를 동원, 현재의 위치로 옮겨놓은 것이란다. 그 동안 홍씨에 의해 동상이 관리되어 왔으나 지금처럼 동상 주위가 다듬어졌던 것은 아니었다.

그 이후 자유당 시절 대한노총 최고위원을 지냈던 김주홍(金周洪) 씨가 1965년 무렵에 이 집으로 이사를 들어와서는 더욱 정성껏 모셔왔다는 것이었다. 다만 남산공원에 세워졌던 거대 동상은 이미 대부분이 해체되어 사라졌고, 오직 머리 부분만 남아있는 모습이었다.

그런데 원체 그 규모가 컸던 탓인지 머리만 남아 있는 상태인데도 여전히 높이가 160센티미터 정도나 된다. 파고다공원에 세워졌다가 4·19 때 길바닥을 나뒹굴었던 동상 역시 125센티미터 정도의 상반신만 남은 채 이 집에 남겨졌다.

그리고 다시 30년의 세월을 훌쩍 넘긴 지금 그 동상들의 행방은 어떻게 되었을까?

확인해 보았더니, 그 사이에 집주인은 바뀌었으나 그때의 동상은 종로구 명륜동 1가의 주택가에 용케도 그대로 남아 있다. 한때나마 위풍당당하게 저 높은 곳에 올라 세상을 굽어보았을 기념물은 한갓 구경거리에나 쓰일 몰골로 버려져 있을 따름이었다.

그러기에 권력자의 동상은 그렇게 함부로 만들어내는 게 아니라고 했던 것이 아닌가 싶다. 아닌게 아니라 애당초 태어나지 말았어야 할

《코리아 라이프》1970년 3월호에 보도된 서울 종로구 명륜동 1가에 남겨진 이승만 동상의 잔영들이다. 머리부분만 남아 있는 왼쪽의 동상은 남산에 세워졌던 것이고, 상반신만 남은 오른쪽의 동상은 파고다공원에 세워졌던 것이다.

권력자의 동상은 처음부터 세상사람들의 빈축을 사고 있었던 것이다. 그 시절 고려대의 김성식(金成植) 교수는 《사조(思潮)》 1958년 9월호에 '동상사태(銅像沙汰)'라는 제목의 글로 이러한 세태를 꼬집었다.

    그런데 지금 우리 나라에는 동상사태가 나고 있지 않은가 하는 느낌을 줄 수 있으리만치 적지 않은 동상이 세워지고 있다. 다른 나라에도 동상이 물론 안 세워진다는 것은 아니나, 특히 우리 나라의 동상건립에 있어서 특색으로 되어 있는 것은 선진외국에서 별로 볼 수 없는 몇 가지가 있는데 첫째는 생존한 인물의 동상을 세우고 있는 것, 둘째로 생존한 외국인의 동상을 세우고 있는 것이다.
    (중략) 그래서 한마디로 말하자면 동상은 과거의 애국자에서부터 세우기 시작하자는 것, 또 어떠한 인물이든지 사후(死後)에 국민의 정확한 판단을 기다려서 후손의 손에 의하여 세워져야 가치가 있다는 것이다. — 처칠의 초

상화 한 폭이 사후 10년이 지나고서야 하원의사당 벽에 걸리게 되었다는 것이다.

인천자유공원에 '살아 있는' 맥아더 장군의 동상이 건립된 것이 1957년 9월 15일이었고, 권력에 빌붙은 사람들의 손으로 '살아 있는' 이승만 대통령의 동상을 둘씩이나 만들어 세운 것 역시 1956년의 일이었으니, 그는 이 모두를 싸잡아 비판하고 있었던 것이 분명했다.

모든 권력자는 동상을 꿈꾼다는 얘기가 있긴 한데, 그렇더라도 동상건립만큼은 결코 자신 또는 자기시대의 몫이 되어서는 안된다는 것은 머리부분만 남은 이승만 동상 그 자체가 역설적으로 잘 말해주는 것이 아닐까도 싶다. 섣불리 만들어지는 권력자의 동상, 그것은 시쳇말로 그를 자칫 두 번 죽이는 일이 될 수도 있기에 하는 말이다. (2004. 2. 1)

사실상 '외상'으로 만들어진 남산의 이승만 동상
-동상건립기금이 부도가 난 사연은 이러했다

서울 종로구 명륜동 1가의 주택가에 쓸쓸하게 남겨진 지금의 처지가 잘 말해주듯이 애당초 주인을 잘못 만난 이승만 동상에는 뒤틀린 현대사의 그림자가 잔뜩 들어 있었다.

앞서 소개한 《경향신문》 1956년 8월 17일자 '남산의 이승만 동상 준공' 보도에 "……작가 윤(尹孝重) 씨 및 전국극장연합회에 대한 표창 운운"하는 대목이 들어 있어, 이것이 무슨 얘기인가 했더니 거기에도 웃지 못할 또 하나의 사연이 있었던 것이다.

알고 보니 전국극장연합회는 자유당 시절 흔히 '연예계의 대통령'으로 부르던 정치깡패 임화수(林和秀)가 부회장으로 있던 단체였고, 이 연합회가 이승만 동상의 건립기금모금을 주관했던 탓에 준공식장에서 표창장이 주어졌던 모양이었다.

그런데 뜻밖에도 조흥은행 창립100주년을 기념하여 만들어진 《조흥 백년 숨은 이야기》(1997)라는 책자에는 남산공원의 이승만 동상건립과 관련된 이야기 하나를 담고 있었다.

말인즉슨 이승만 동상은 처음부터 '외상'으로 만들어진 기념물이었고, 그 돈은 전국극장연합회가 극장관람객들에게 조금씩 부과하여 충당하려고 계획했던 모양인데, 뜻밖에 4·19를 만나는 바람에 그 돈은 결국 권력의 몰락과 더불어 부도가 되고 말았다는 사연이었다.

"이승만 대통령이 재임하고 있던 1956년 봄 국무원 사무국에서는 지금으로서는 이해하기 어려운 안건을 하나 의결하였다. 그것은 이승만 전 대통령의 제80회 탄신을 경축하기 위하여 경축 중앙위원회를 창설하고 위원장에 이기붕 씨를 추대한 것이었다.

이 경축 중앙위원회에서는 이승만 대통령의 탄신을 경축하는 경축금 3억환을 상납하고자 하였다. 이를 위해 전국 극장연합회를 조직하고 각 극장 입장객으로부터 10환 내지 20환을 더 거두어 경축금을 조성하기로 하였다. 입장권이 2백 환 미만이면 10환을 더 걷고, 200백 환 이상이면 20환을 더 걷기로 하였던 것이다.

그러나 경축금을 전달하기 위해서는 당장 현금이 필요했고 이 금액을 다 거둘 때까지는 시간적 여유가 없어 우선 우리은행을 비롯한 4개 은행에서 먼저 대출을 받아 충당하기로 하였던 것이다. 시내 4개 은행이 모두 이 대출에 참여했던 관계로 불가피하게 이 대출을 취급하게 된 우리 은행(즉 조흥은행)은 탄신경축 중앙위원회 이기붕 위원장을 채무자로 하고 극장연합회 간부 임화수를 비롯한 4명을 보증인으로 입보케 한 후 다른 은행과 함께 3억 환을 대출해 주었던 것이다.

그 후 1959년 4월까지는 전국 각 극장에서 거둔 수입금으로 원금과 이자를 갚아 나갔으나 1960년 4·19가 일어났고, 4월 26일 이 대통령의 사임에 이어 새로운 정부가 들어서자 원금 및 이자 상환이 제대로 이루어지지 않아 1960년 11월 24일에는 우리 은행을 비롯한 4개 은행이 652만 5944환의 연체 대출금을 안게 되었다.

이에 우리 은행은 연체대출금 상환을 각 극장에 요구하였으나 전국의 각 극장은 이에 응하지를 않았고 결국 임화수를 비롯한 4명의 보증인에게 대출금 상환 청구소송을 내게 되었던 것이다.

당시 3억 환의 용도는 1959년 7월25일 전국 극장연합회가 이기붕위원장에 보낸 경축금염출 종료보고서를 통해 알 수 있었는데, 이 보고서에 이승만 대통령 동상건립 기금으로 이 돈을 모았다고 적혀 있었다. 우리 은행은 이 소송에서 일부 승소하였으나, 임화수는 물론 백운성도 압류할 만한 재산이 없어서 실익은 없었던 것으로 보인다."

제2부
낯익은 거리, 어색했던 풍경

광화문 해태상, 떠돌이 80년의 이력
국회의사당에 해태상을 세운 뜻은?
원각사 10층석탑, 그 어색했던 풍경
그들은 왜 서울성벽을 따라 돌았을까?
조선귀족회관, 결국 주차빌딩 되다
세검정초등학교 옆의 인도가 좁아진 사연
삼전도비, 감출 수 없는 치욕의 역사

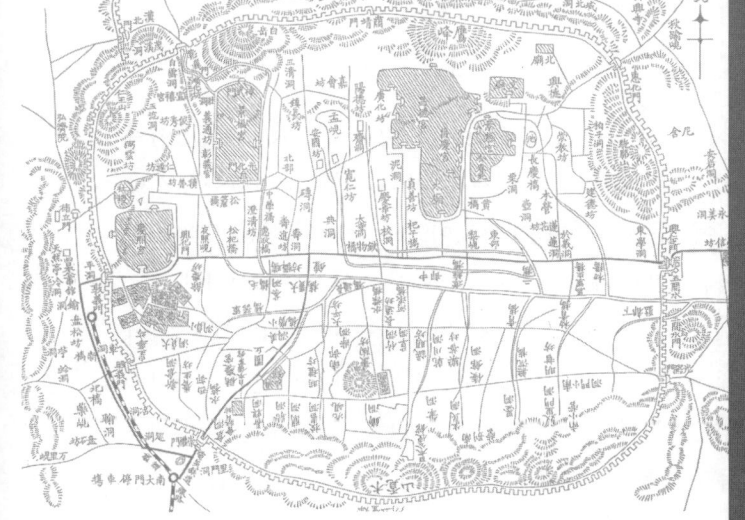

6

광화문 해태상,
떠돌이 80년의 이력

| 1923년 10월에 개최된 '조선부업품공진회' 가 발단 |

을축년 대홍수로 기억되는 1925년의 여름이 막 지날 무렵 《동아일보》에는 조금 이색적인 형태의 연재물 하나가 지면을 차지하기 시작했다. 이름하여 '독자와 기자' 가 그것이었다. 독자가 궁금한 것을 질문하면 기자가 그것을 과제로 삼아 취재기사를 올리는 방식이다.

주로 명사(名士)의 동정, 가령 배정자(裵貞子)나 윤심덕(尹心悳)이나 최남선(崔南善)이나 김좌진(金佐鎭)의 근황이 어떠한지를 알아봐달라는 따위의 질문이 쏟아졌지만, 개중에는 무궁화(無窮花)의 내력을 묻거나 독립문(獨立門)을 헐어내는 일의 진척을 묻는 이도 더러 있었다. 그리고 또 한가지, 광화문 해태의 행방을 묻는 질문이 있었다.

과연 그러했다. 《동아일보》 1925년 9월 15일자에는 "한동안 말썽이 많던 경성 광화문 앞 해태는 지금 어느 곳에서 어떻게나 되었습니까"

라고 묻는 어느 독자의 과제가 들어 있었다. 이에 대한 담당기자의 취재내용은 대략 이러했다.

그가 봄바람 가을비의 오 백 년 옛 자리를 떠난 때는 삼 년 전 구월 초이튿날이었습니다. 그 당시 본보에도 한 많은 그의 떠나던 광경을 소개하였거니와 그 뒤로 그의 모양은 사지를 동이고 허리를 묶인 채로 경복궁 넓은 울 안에 이리 굴리고 저리 밀리어 그 천대받는 모양이란 참으로 눈을 뜨고 볼 수가 없었답니다.

그가 지금 어디에 있는가? 어떻게 되었는가? 하고 침통한 가슴으로 허둥지둥 찾아간 기자는 마침내 새로 지은 총독부 서편 앞 궁장(宮墻) 밑에서 무슨 하늘도 못 볼 큰 죄나 지은 것처럼 거적자리를 둘러쓰고 고개를 돌이켜 우는 듯 악쓰는 듯 반기는 듯 원망하는 듯한 해태를 발견하고 가슴이 뜨끔하였습니다.

잠시나마 잊혀졌던 광화문 해태상의 존재는 그렇게 되돌려졌다. 하지만 이때는 벌써 해태상이 제자리에서 사라진 지 수년이 흐른 뒤의 일이었다.

 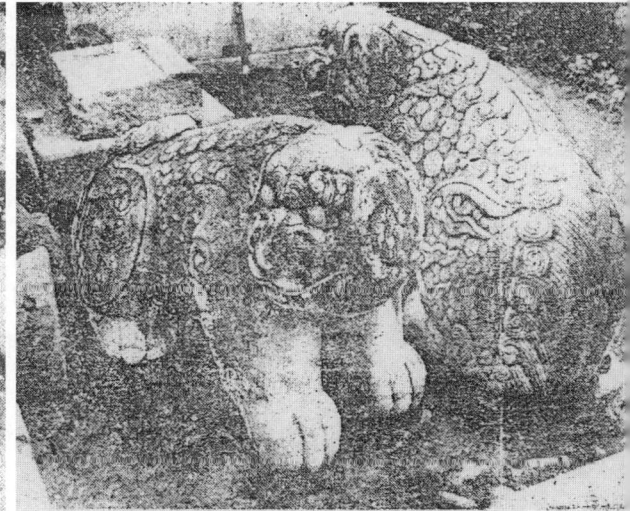

땅바닥에 내팽개쳐진 광화문 해태상에게 주어진 것은 거적때기 한 장이 고작이었다. 왼쪽이 《동아일보》 1923년 10월 4일자, 오른쪽이 《동아일보》 1925년 9월 15일자에 수록된 모습이다.

《조선고적도보》에 수록된 해태상의 앞 뒤 모습이다. 물론 원위치에 있던 시절에 촬영된 것이다.

그런데 어쩌다가 멀쩡하게 놓여있던 해태상은 광화문 앞에서 사라져야만 했던 것일까? 그리고 오늘날 '콘크리트' 광화문 옆에 다시 자리를 잡기까지 해태상에게는 도대체 어떠한 일들이 벌어졌던 것일까?

일찍이 야나기 무네요시(柳宗悅)가 '사라지려는 조선의 한 건축을 위하여'에서 "아아, 너희들마저 지금껏 서 있던 그 자리에서 철거될

날이 가까이 다가왔음을 아는가?"라고 해태의 운명에 대해 어줍은 감탄사를 덧붙인 적이 없었던 것은 아니었다. 그가 이 글을 적은 것이 1922년 7월 4일이었다. 그렇더라도 그것이 당장의 일이 되리라고 생각하기는 어려웠다.

정말이지 딱히 이렇다 할 이유가 있을 것 같지도 않은 해태상을 구태여 걷어낸 까닭은 무엇이었을까? 하기야 그 시절에 바로 총독부에서 광화문을 헐어낸다 아니다 하는 논란이 한창 거듭되고 있던 차였으니 그까짓 해태상이 뭐 그리 대수였을까 싶기도 하다. 그런데 해태상이 해체된 것은 1923년 10월 2일의 일이었다.

우연찮게도 이른바 내지(內地)에서는 관동대지진(關東大地震)의 여파로 숱한 조선인들이 살육 당하던 때이기도 했다. 위의 인용기사에서 그 날짜를 '삼 년 전 구월 초이튿날' 즉 1922년 9월 2일이라고 적어놓은 것은 알고 봤더니 기자의 착오였다. 《동아일보》에 해태상의 철거에 관한 기사가 수록된 것은 1923년 10월 4일자였다.

> 서울의 거리를 걸어본 사람은 누구든지 오백 년 옛 대궐 경복궁 앞에 말없이 쭈그리고 앉아있는 '해태'를 보았으리라. 그런데 그 해태는 지난 2일 저녁에 오래동안 앉았던 곳을 떠나 어디로 사라지고 그의 앉았던 자리만 쓸쓸히 남았을 뿐이다.
> 그러면 이 해태들은 누구의 손으로 어디로 가져갔는가? 들으니까 총독부를 새로 짓는 일본 사람들이 그곳에 있으면 걸리적거린다고 치웠다 한다. 그리고 장래는 새로 짓는 총독부 앞 적당한 곳에 세울 터이라는 것은 총독부 토목과원의 말이다.

어쨌거나 이 대목에서 한가지 의문이 일지 않을 수 없다. 총독부 청사의 시야를 가린다고 해서 결국 건춘문 너머로 자리를 옮겨야만 했던 광화문조차도 정작 그 해체공사가 시작된 것이 1926년 7월 22일이었으니, 그에 비한다면 해태상이 광화문 거리에서 쫓겨난 것은 아무

왼쪽은 1915년 '조선물산공진회' 당시의 모습이고, 오른쪽은 1923년 '조선부업품공진회' 때의 모습이다. 각각 동일한 장소를 반대방향에서 촬영한 것인데, 오른쪽에는 이미 해태상이 보이지 않는다. 의당 있어야 할 해태상은 조선부업품공진회의 개회를 불과 3일 앞두고 철거된 탓이다.

래도 그 시기가 너무 이르지 않은가 말이다.

혹여 거기에 무슨 별다른 이유가 있었던 것은 아니었을까? 더구나 1923년 10월 2일이면 이른바 '조선부업품공진회(朝鮮副業品共進會)'라는 대규모 박람회가 경복궁에서 개최되기 직전, 그것도 불과 사흘을 남긴 시점이었다. 그러니까 오히려 장식효과를 위해서라도 그냥 해태상을 내버려뒀어야 했던 상황이 아닌가 싶다는 얘기이다.

그런데 이에 앞서 《동아일보》 1923년 9월 1일자에는 "조선부업품공진회가 열리기 전에 경성부에서 경성전기회사와 교섭한 결과 광화문에서 부업품공진회의 출구(出口)가 되는 영추문(迎秋門) 앞까지 전차선로를 연장하기로 했다"는 요지의 기사가 보인다. 그러니까 그놈의 공진회와 전차선로가 사단(事端)이었던 모양이었다.

약간의 추론을 더하긴 했지만 정리하자면 이러했다. 공진회를 위해 부설했던 연장선로가 왼쪽편의 해태상이 있던 자리를 스쳐지나 간 듯하고, 그 바람에 한 쌍의 해태상은 모두 지체없이 해체되어 경복궁 안쪽으로 옮겨지는 신세로 전락했던 것으로 짐작된다.

그렇더라도 기왕에 뜯어내리면 옮길 장소나 좀 반듯하게 마련해 둘 일이지 뭐가 그리 급했던 것인지 해태상들을 땅바닥에 마구 내팽개쳐

놓았다. 그래도 한때는 명색이 왕조의 궁궐 앞을 지키던 영물(靈物)이었거늘 그들에게 주어진 것은 이제 거적때기 한 장이 고작이었다. 그러나 어쩌랴, 망국의 설움이란 것은 늘 그런 것이었으니 말이다. 더구나 언제 다시 제자리를 찾게 될지는 아무런 기약도 없었다. 이제 그것들이 다시 쓰이고 아니 쓰이고는 전적으로 식민통치자들의 마음에 달린 일이 되고 말았던 것이다.

하지만 해태상은 그 모습을 그리던 사람들의 기대를 저버리지 않았던지 용케도 되돌아왔다. 그런데 이번에는 본디 제가 있던 곳이 아니라 총독부 건물의 뜰 앞이었다. 무슨 심사였는지는 알 도리가 없지만, 공교롭게도 이번에는 경복궁에서 '조선박람회(朝鮮博覽會)'가 이제 막 마무리된 직후였다. 그때가 바로 1929년 11월 29일이었다.

웅장한 총독부 건물을 지어놓고도 그것만으로는 너무 허전하다고 생각했던 것이었을까? 아니면 해태상의 '상징성'을 그제야 인정한 것이었을까? 또 그게 아니라면 억지로라도 조선의 유물에 대해 달리 거부감이 없다는 것을 하나쯤은 표현할 필요가 있었던 것이었을까?

어쨌거나 그렇게 슬그머니 해태상은 되돌아왔다. 그러니까 이렇게라도 제 모습을 되찾은 것은 조선부업품공진회를 앞두고 부랴부랴 해체한 지 무려 6년하고도 2개월만의 일이었다. 비록 그것이 광화문의 앞쪽이 아니라 광화문의 안쪽이라고 한들 완전히 폐기처분되는 신세만은 면하였으니 그것이 다행스럽기는 다행스러운 일인 듯도 하다.

그러나 아무리 들여다보아도 거기에 무슨 관악산의 화기(火氣)를

《중외일보》 1929년 11월 30일자에 보도된 해태상의 모습으로, 이 사진에는 '귀양 풀려나온 해태'라는 제목이 나붙었다. 비록 그 장소가 총독부 건물 앞이긴 했지만, 어쨌거나 해태상이 이렇게라도 제 모습을 되찾은 것은 6년 2개월만의 일이었다.

총독부청사의 쇠창살 담장 너머로 해태상의 모습이 언뜻 보인다. 이러한 배치는 해방 이후에도 줄곧 이어졌다.

막아낸다는 뜻도, 선악을 가려낸다는 뜻도, 관리들로 하여금 강직한 품성을 기린다는 뜻도 남아 있을 것 같지는 않아 보이지만, 기껏해야 총독부 건물의 장식품으로 전락한 데에 해태상의 남다른 슬픔이 더했던 것은 분명하지 않았을까 싶다. 그렇게 세월은 흘렀다.

해방이 되고 미군이 들어오고 다시 전쟁이 일어나고 또 군사정권이 들어섰지만 해태는 그냥 해태였을 뿐이었다. 단지 총독부의 해태가 아니라 중앙청의 해태가 되었다는 것이 나름의 변화라면 변화였을 것이다. 그러다가 지금의 자리에 해태상이 들어선 것은 1968년 12월의 일이었다. 원래 광화문이 있던 언저리에 '콘크리트' 광화문을 다시 지어 올린 탓이었다.

명색이 광화문의 해태였던 것이 광화문 곁으로 되돌아왔으니 그만큼 다행한 일은 없다고 하겠으나, 그나마 한길가에 밀려나 옹색하게도 담장 밑에 바짝 붙어있는 본새가 당최 어울리지 않는다. 그래도 이 자리에 눌러앉은 것이 벌써 35년째이다. 들리는 얘기로는 '콘크리트' 광화문을 헐어내고 번듯한 몰골의 광화문을 다시 짓는다는 논의가 있는 모양이다.

 딱히 날짜를 못박아 놓은 것은 아닌 듯하지만 장차 그러한 일이 벌어진다면, 광화문의 해태상은 도리 없이 다른 곳으로 또 다시 피신해야 할 처지가 될지도 모르겠다. 한번 제자리를 떠난 것들의 운명이란 무릇 그러한 법이다. 그나저나 길거리마다 건물마다 왜 그렇게 '복제품' 해태상들은 수두룩하게 널려있는 것인지? 그렇다면 우리시대의 해태는 정녕 다산(多産)의 상징이 되어가고 있다는 얘기인가? (2003. 5. 30)

지금의 광화문 해태상 모습이다. 하도 여기저기 흘러다닌 탓인지 오른쪽 해태상의 왼쪽 앞발은 부러진 상태이다. 이들의 떠돌이 생활이 시작된 지 올해로 딱 80년째이다. 장차 '콘크리트' 광화문을 헐어낸다면 이 해태상들은 또 다시 피신해야 할 운명에 처하는 것은 아닐까?

광화문 해태상, 떠돌이 80년의 이력

7
국회의사당에 해태상을 세운 뜻은?

| 제안자는 월탄 박종화, 조각은 하라 이순석의 작품 |

　원래 해태라는 것이 선악을 가려내거나 화기(火氣)를 억누르는 영물이라는 얘기는 들어봤어도 이토록 번식력(?)이 왕성하다는 것은 진작에 알지 못했거늘 여하튼 거리마다 넘쳐나는 것은 그저 해태상들이다. 입법, 사법, 행정의 주요 관공서마다 이것이 빠지는 법이 없고 또한 대형건물이나 지역경계선마다 곧잘 보이는 것이 해태상의 모습이니까 하는 얘기이다.

　하지만 이 모든 것들을 통틀어 그 으뜸은 단연 광화문 앞의 해태상일 것이고, 버금은 아마도 여의도 국회의사당의 뜰에 놓여 있는 그것의 몫이 아닌가 싶다. 그런데 이 둘은 흔히 같은 것으로 생각하기 십상이나 실은 꼭 그렇지만도 않다. 필시 국회의사당의 해태는 광화문 해태의 복제품일 것도 같은데 알고 보면 별로 닮은꼴은 아니다.

국회의사당 앞의 해태상이다. 광화문의 해태와는 그 외양이 사뭇 다르다. 왼쪽이 수컷이고 오른쪽이 암컷이다.

　국회의사당의 해태는 어디까지나 조각가 나름의 '창작품'이다. 우선 겉모양부터가 몇 가지 다르다. 광화문의 해태상은 오그리고 앉아 있지만, 국회의사당의 해태상은 '서 있는' 자세이다. 일찍이 '서 있는' 해태상은 1927년에 동경고등공예학교(東京高等工藝學校)의 아이바 히코지로(相羽彦次郞)가 금곡 유릉(裕陵)에 배치할 석수(石獸)의 하나로 시도한 적이 있긴 하지만, 그렇다고 그 독창성을 부인할 근거는 거의 없어 보인다.

　그리고 광화문의 해태가 목이 짧은 데 반해 국회의사당의 해태는 거의 거북이를 연상할 정도로 목을 죽 뽑은 자태라는 점도 두드러진 차이의 하나이다. 그리고 하나 더 있다. 국회의사당의 해태 한 쌍은 암수 구분이 뚜렷하다는 것 역시 또 다른 특징이 아닌가 싶다. 어쨌거나 국회의사당의 해태상은 비록 광화문의 해태상을 본떠 만든 것은 분명할 지라도 단순한 그것의 복제품이 전혀 아니라는 사실 정도는 기억할 필요가 있겠다.

　그런데 어쩌다가 국회의사당 앞에다 해태상을 세우기로 작정했던 것일까? 거기에 무슨 속 깊은 뜻이라도 있었던 것일까? 돌이켜보면 허허벌판이었던 여의도의 양말산 지역에다 민의의 전당이라고 하는 국회의사당을 신축하기로 최종 결정된 것은 1968년의 일이었다. 그리고 그 이듬해 제헌절에 기공식이 있었고 그 후 6년 가량의 공사기간을 거쳐 마침내 준공식이 이루어진 것은 1975년 9월 1일이었다.

혹시나 싶어 이 시기의 관련기록을 죽 훑어보았더니 처음부터 국회의사당 앞에다 해태상을 세울 계획은 물론 그럴 의향조차 전혀 없었던 것으로 파악된다. 하기야 대의제도(代議制度)라는 것 자체가 이질적이었을 시대에 만들어진 해태상이었을 테니 그게 무슨 상관이 있었을 것인가 말이다. 그런데도 종국에 해태상이 만들어졌던 것은 무슨 곡절이었을까?

일찍이 '서 있는' 해태상은 또 있었다. 왼쪽의 '서 있는' 해태상은 1927년에 세워진 아이바 히코지로의 유릉(裕陵) 석물이고, 오른쪽의 엉거주춤한 해태는 이에 앞서 1920년에 중국인 석공이 만든 홍릉(洪陵) 석물이다.

용케도 이에 관한 기록이 하나 남아 있었다. 이른바 사상검사(思想檢事)로 잘 알려진 선우종원(鮮于宗源)이 남긴 《격랑 80년》(인물연구소, 1998)이라는 회고록이 바로 그것이다. 그는 1971년 6월부터 1976년 3월까지 국회사무총장을 지내면서 국회의사당의 건립을 직접 주관했던 인물이었으니 사실관계 자체에 큰 오류는 없지 않나 싶다. 거기에는 국회의사당에 해태상이 건립된 과정을 다음과 같이 적고 있다.

국회의사당 해태상의 건립 직후 모습이다. 국회의사당은 1975년 9월 1일에 준공되었다. 해태상의 뒤쪽에는 '해태제과공업주식회사 대표이사 사장 박병규 기증 1975. 8. 15'이라는 표기가 새겨져 있다.

의사당 정문 안에서 멀리 관악산을 노려보며 서 있는 해태상은 고증 자문위원인 월탄(月灘) 박종화(朴鍾和)의 강력한 제의로 세워졌다.
"의사당을 화재에서 예방하려면 해태상을 세워야 합니다. 전에 조선시대 경복궁이 화재로 전소된 뒤 복원공사 때 해태상을 세워 이후 화재를 예방한 바 있습니다. 그러니 의사당에도 해태상을 세우는 게 좋을 듯합니다."
그러나 문제는 예산이었다. 무려 2천만 원이 소요되는 작업이라는 것이었다. 나는 방법을 강구키로 했다. 마침 해태는 해태제과의 상징이기도 해, 나는 박병규(朴炳圭) 사장을 만나 도움을 청하기로 했다.

1975년에 만들어진 해태석상의 동제 원형이다.

"우리 회사의 상징물을 국회의사당 내에 세워지는 건 뜻 있는 일입니다. 협조하겠습니다."
의외로 쉽게 해결되었다. 결국 서울대 미대의 이순석(李順石) 교수에게 부탁해 경복궁 해태상과 다르게 하기 위해 서 있는 해태상을 조각해 세워졌다.

그런데 해태만 세워진 건 아니다. 기단공사를 거의 마칠 무렵 박 사장은
"이 좋은 날 술 없이 잔치가 되질 않지요."
하며 자기 회사에서 생산하는 붉은 노블와인과 백포도주를 각각 큰 독에 가득 담아 와 함께 묻었다. 지금도 그 포도주는 잘 익고 있을 것이다. 아무튼 해태상 덕분인지, 아직까지도 의사당에는 화재가 난 적이 없다.

그러니까 국회의사당의 해태상은 소설가인 월탄 박종화(1901~1981)의 제안에 따른 것이었고, 역시 관악산의 화기(火氣)를 억누른다는 속설이 거기에 작용했던 모양이었다. 아닌게 아니라 국회의사당의

국회의사당의 해태상을 제작하던 당시의 모습이다. 사진 전면에 '원형'을 측정하고 있는 이가 공예가 이순석이다.

제2부 _ 낯익은 거리, 어색했던 풍경

해태는 약간 비스듬한 방향이기는 하지만 우연찮게도 관악산 쪽을 바라보는 자태로 서 있는 것은 확실하니까 그리 잘못된 얘기는 아닌 것 같기도 하다.

하지만 사실이 그러하다면 국회의사당의 해태상을 일컬어 법과 정의의 상징이라거나 민의를 제대로 판단하라는 뜻으로 세웠다는 식으로 해석하는 것은 역시 꿈보다는 해몽이었던 셈이었다. 말하자면 해태상은 모름지기 해태상일 뿐이었더란 말인가? 정말이지 국회의사당에 해태상을 세운 것이 관악산의 화기를 막아내고자 하는 뜻에 지나지 않는다면, 그건 아무래도 너무 싱겁다.

더구나 목조건물이 즐비한 조선시대 궁궐의 건축물도 아니고 나름의 방화시설이 갖추어진 현대식 건축물 앞에다 고작 불을 막아

국회의사당 해태상의 뒷면 뒷발에 남아 있는 이순석의 싸인이다. 'SOON 石 1975'라고 새겨진 도안이 또렷하다.

낸다는 뜻으로 해태상을 세운다는 것이 그다지 썩 어울리는 일인 것 같지는 않아 보인다. 제 아무리 매사는 불여튼튼이라고는 하지만 말이다. 하나, 좋은 뜻은 그냥 좋은 뜻으로 수긍하는 것이 좋지 않겠나 싶다.

하기야 그러한 뜻으로나마 해태상을 세웠기에 망정이지 그렇지 않았다면 국회의사당 내에서 하루가 멀다하고 벌어지는 치열한 여야간 싸움의 열기와 이를 지켜보는 국민들의 분통은 누가 다 다스렸을 것인지? 그나저나 국회의사당의 해태상은 어떻게 암수 구분을 할까? 앞에서 봤을 때 왼쪽의 해태가 수놈이고 오른쪽의 해태가 암놈이다. 어찌 그걸 아냐고? 직접 가서 사타구니를 쳐다보면 그건 누구라도 알 수 있는 일이다. (2003.6.4)

국회의사당의 해태상은
공예가 이순석의 작품

국회의사당의 해태상은 하라 이순석(賀羅 李順石, 1905~1986)의 작품이다. 그에 관해서는 구경화의 석사학위논문 《이순석의 생애와 작품 연구》(서울대대학원 서양화과, 1998)에 잘 정리되어 있어 그것을 참고할 만하다.

연보에 따르면 그는 1931년에 일본 동경미술학교 도안과를 졸업하였고 이후 화신백화점 광고부를 거쳐 소공동에 '낙랑파라(樂浪 parlour)'라는 다방을 열어 3년간 경영한 적도 있었다고 되어있다. 그리고 해방 이후에는 국립종합대학교 내 미술대학안 구상에 참여하여 1946년 10월부터 서울대학교 예술대학 도안과 및 응용미술과 교수를 지냈다.

나중에 한국수출디자인센터의 이사장과 대한민국 예술원 회원을 지낸 그는 디자인과 카톨릭 관련 및 석공예(石工藝) 쪽에 많은 작품을 남겼다. 우리 나라의 최고 훈장이라는 '무궁화대훈장'은 1949년에 그가 도안한 것으로 알려져 있다. 그리고 그의 사후 서울대학교 미술대학 응용미술학과 동문회에서 정리한 《하라 이순석 작품집》이 남아 있다.

한편 한 가지 흥미로운 것은 '이명래고약(李明來膏藥)'으로 유명한 이명래(1890~1952)가 바로 그의 큰형이라는 사실이다. 이순석 자신은 9남매의 막내였던 것으로 확인된다. 실제로 그는 일제 말기인 1939년 이후에 중림동에 있던 이명래고약집에서 그 일을 도우면서 소일했던 것으로 전해진다.

해태상 아래의 포도주에 관한 사실 혹은 오류

국회의사당의 해태상과 관련하여 결코 빼놓을 수 없는 대목의 하나는 해태상 아래에 묻어 두었다는 포도주에 관한 얘기가 아닌가 싶다. 이에 관해서는 몇 가지 자료를 조사해 보았으나 공식적인 기록은 잘 보이지 않고 여전히 이설(異說)이 있는 흔적들만 있는 듯하여 달리 이 부분을 글의 줄거리에 포함하지 않았다는 사실을 따로 적어둔다.

어디에서는 "포도주 100병을, 그것도 좌우에 나눠 묻혀 있는 것이 아니라 좌측에만 묻혀있다"고도 하고, 또 다른 곳에서는 "해태주조(주)에서 국내 최초 100% 순수 국산와인을 생산하면서 후세에 알릴 기념비적인 아이디어로 핑크 '노블와인'을 땅속 10m깊이에다 석회로 봉한 후 특수제작된 항아리에 집어넣었는데, 좌우에 9병씩 모두 18병을 묻었다"고 적고 있는 것이 보인다.

그리고 또 달리 "해태상 밑을 10m쯤 파고 '노블와인' 백포도주를 한 병 한 병씩 석회로 감싸 항아리에 넣고 좌우 36병씩 모두 72병을 묻었는데, 해태가 화신을 쫓는 호신상이고 백포도주는 화기를 삼킨다는 고사에 따라 순수한 우리 기술로 지어진 의사당이 재난을 당하지 않고 영구히 보존되길 바란다는 기원의 뜻도 담고 있다"고 적어 놓은 설명도 있었다.

불과 28년 전에 벌어진 일인데 어찌 이리도 기록이 모호하고 사실관계가 다르게 표현될 수 있는 것인지, 원 참! 어쨌거나 이 모든 이설에도 불구하고 국회의사당 신축 100주년이 되는 2075년에는 "국회와 민주주의의 발전"을 축하하는 축하주로 그것을 개봉한다는 얘기는 공통된다. 하지만 이 대목에 있어서도 왜 아무런 구체적인 기록이나 표시가 없는지는 참 의문이다.

포도주가 묻혀 있다는 사실과 그 위치, 그리고 개봉시기를 적은 표지석이나 표지판을 어딘가에 부착해 두어야지 나중에 세월이 흐르더라도 그렇게 실행할 일인데, 2075년에 개봉한다는 것은 그냥 그렇게 구전(口傳)되고 있는 얘기인지 아닌지를 확인할 방도가 없다. 말하자면 2075년에 어디를 어찌하라는 지침서가 없지 않나 말이다. 국회 내부에 그러한 '비밀서류'가 따로 있는지는 모르겠지만 그걸 누가 알고 있다면 지금에라도 공개적으로 해태상에다 표지판을 만들어 부착하는 것이 옳지 않을까 모르겠다.

그리고 또 하나의 문제가 있다. 2075년이 되었을 때 그까짓 포도주 몇 병 먹겠다고 멀쩡한 해태상을 들어내고, 지하 10m나 땅을 파내는 야단법석을 떤다는 것도 어찌 좀 꼴이 우습지 않을까 싶기도 하다. 제 아무리 그 뜻을 좋게 해석하려고 해도 처음의 의도가 일개 주조회사가 기획한 제품홍보전략의 하나였다는 사실 정도는 꼭 기억할 필요가 있지 않을까?

이랬거나 저랬거나 현재 지하철 9호선의 공사로 인해 해태상의 아래쪽으로 굴착공사가 막 벌어지는 모양인데, 공사가 진행되는 동안 아무쪼록 해태상에 아무런 일이나 없었으면 좋겠다. 그리고 지하 10m에 묻었다는 그 포도주 항아리도 함께 말이다.

8
원각사 10층석탑,
그 어색했던 풍경

| 누가 파고다공원의 석탑을 그토록 방치하였나? |

　해방공간의 어수선한 정국이 거듭되던 1946년 2월 17일, 그날 오전 10시 30분 무렵 한 무리의 사람들이 서울시내 파고다공원에 몰려들었다. 무슨 대중집회라도 있는가 했더니 여기에 난데없는 미군공병대의 기중기가 등장했다. 알고 보니 아주 오래 동안 땅바닥에 내려져 있던 원각사탑의 상층부 3개층을 이제 막 복구하려는 찰나였다.

　그러니까 여기에 모여든 사람들은 이 굉장한 장면의 구경꾼들이었던 셈이다. 이날의 참관인으로는 군정청 유억겸(兪億兼) 학무국장과 최승만(崔承萬) 종교예술과장, 민속학자 송석하(宋錫夏), 국문학자 이병기(李秉岐), 국립박물관장 김재원(金載元) 등의 면면이 포함되어 있었다. 그리고 석탑의 복구를 지휘했던 미군장교 '라이언' 해군소좌도 그 자리에 참석하고 있었다.

일제시대 원각사 석탑의 주변 풍경이다. 상층부가 내려진 탓인지 위가 뭉툭하다. 오른쪽에 보이는 것은 음악당 건물이며, 원래 용산의 일본군사령부 구내에 있던 것을 1916년 봄에 옮겨왔다.

김재원 관장의 회고록에는 이때의 광경을 "탑을 다시 올려놓을 때에는 잠깐동안 탑 전체가 좌우로 흔들리는 아슬아슬한 순간도 있었다"고 옮겨 적은 구절이 들어있다. 비록 우리 스스로의 손으로 그리하지는 못한 채 구차하게도 미군의 힘을 빌어야 했지만, 어쨌거나 파고다공원의 원각사탑은 그렇게 본디 모습을 되찾게 되었던 것이다.

그런데 조금은 아쉽게도 이 석탑이 도대체 얼마만큼이나 그러한 몰골로 있어왔던 것인지를 정확히 셈 할 수 있는 사람은 그 자리에 아무도 없었다. 누구는 연산군이 그렇게 했다고도 하고, 또 누구는 중종 때 양주 회암사로 옮겨가려다 그만두는 바람에 그렇게 되었다고 하고, 또 누구는 임진왜란 때 왜군들이 그것을 가져가려다 너무 무거워 그냥 버려 두었다고 하고, 달리 벼락이 치는 바람에 무서워서 위의 것만 내려둔 채 도망가는 바람에 그리 되었다고도 하는 얘기들만 무성했다.

하지만 애당초 그에 관한 정확한 기록이 없으니 사실이 어떠했는지는 그 누구도 속 시원히 알 도리가 없었다. 다만 내려진 석탑 상층부를 기중기로 들어올리던 와중에 그 밑바닥에서 '成化三年二月日金石同年十八刻'과 '丁丑九月二十二日化主林茂'라는 명문 등을 발견하게 되어 그것으로 이 석탑이 세조 13년 즉 1467년에 조성된 것이라는 사실을 확인할 수 있었던 것이 크나큰 수확이라면 수확이었다.

그런데 이 대목에서 문득 한 가지 의문이 떠오른다. 그것이 딱히 언제 내려진 것인지는 알 수 없을지라도, 그것을 내릴 만한 힘이 있었다는 것은 곧 다시 올려놓을 만한 그것이 있었다는 얘기가 아니겠는가? 굳이 작정하고 덤벼든다면 온전한 모습으로 석탑을 되돌려놓지 못할 까닭이 하나도 없었을 텐데, 그토록 오랜 시기에 걸쳐 그러한 몰골로 방치되어왔던 것은 또 무슨 연유란 말인가?

정녕 나태하고 무능한 왕조였기에 그러했던 것일까? 그게 아니라면 그 탑을 건드리면 무슨 큰 화라도 입는다고 다들 생각했던 탓이었을까? 그런데 망국(亡國)의 조선은 그렇다손 치더라도, 일제시대에는 왜 아무런 일도 벌어지지 않았던 것일까? 주체할 수 없는 근대국가의 힘은 왜 그러한 곳까지는 미치지 못했던 것이었던가 말이다.

그런데《윤치호 일기》1920년 9월 22일자에는 이에 관한 매우 흥미로운 사실 하나가 적혀 있었다.

어제 발행된《서울프레스》에는《뉴욕타임스》의 한 특파원이 쓴 '일본인들이 조선에서 쌓은 공적'인가 하는, 뭐 그런 비슷한 제목의 기고가 실렸다. 도로부설, 조림사업, 근사한 공공건물 건축 등 일본의 조선통치를 옹호하는 일본인들이 앵무새처럼 되풀이하는, 판에 박은 주장이 다시 거듭되었다.

그건 그렇고 기고자는 조선민족의 정력과 능력이 결여되어 있다는 결정

왼쪽은 1910년 이전에 촬영된 것으로 상층부 3개층이 땅에 내팽개쳐진 모습이 완연하다. 오른쪽은 미군공병대의 힘을 빌려 원형대로 복구된 뒤의 모습으로 1950년대에 촬영되었다.

적인 증거로서, 300여 년 전에 일본 침략자들이 땅바닥에 놓고 간 서울 파고다공원 탑의 상층 3층 옥개석(屋蓋石)을 조선인들이 지금껏 방치해온 사실을 들었다. 이 논지가 맞는 건 사실이다.

맨 나중의 구절은 없느니만 못한 얘기인 듯도 하지만, 어쨌거나 식민통치자들의 속내 역시 그러한 인식과는 별반 차이가 없지 않았나 싶기도 하다. 서울 시내의 한 복판에, 그것도 조선의 제일 가는 명물이라고 일컬어지는 파고다공원의 한수석탑(寒水石塔)이 고작 그러한 몰골이었다면, 그것 자체가 게으르고 무능한 민족의 표상으로는 제격이었는지도 모를 일이었을 테니까 말이다.

그런데 결코 온전하지 못했던 원각사탑의 모습을 복구하려는 시도가 전혀 없었던 것은 아니었던지 《매일신보》 1939년 3월 25일자에는 그에 관한 몇 가지 흔적이 남아 있었다. 이 기사에는 경성부회(京城府會) 제8일의 질의내용을 정리한 내용이 들어있고, 여기에 강창희(姜昌熙)라는 조선인 의원이 등장한다.

그의 질의는 이러했다.

> 탑동공원 안에 있는 한수석(寒水石)으로 만든 원각사 13층탑은 보물로 유서가 깊은 것인데 3층을 내려놓은 것을 작년 부회(府會) 당시 그 삼층을 올려놓도록 하라는 질문을 하여 부당국에서는 곧 실시하겠다고 하더니 금년도에도 그 예산이 없는 것은 웬일인가?

이에 대한 경성부 공영부장의 대답은 또 이러했다.

> 총독부 당국에 교섭을 하였으나 그것은 보물보존령에 의하여 보관하는 귀중한 탑이므로 잘못하다가는 현재 있는 것도 무너지게 하기 쉬우니 당분간 보유하라 하여 지금껏 실시하지 못한 것이다.

하기야 섣불리 손을 댔다가 잘못된 일이 벌어지기보다는 그냥 그렇게 내버려두는 편이 더 나은 일인지도 모르니까 그것이 가히 틀린 말은 아닐 수도 있겠다. 하지만 정녕 그만한 깊은 뜻과 배

1950년대에 촬영된 대원각사비의 모습이다. 귀부의 지대석이 지표보다 훨씬 아래쪽에 있는 것이 보인다. 그러니까 후대에 와서 차츰 지표가 높아졌다는 것을 짐작할 수 있다.

유리통속에 들어있는 원각사 석탑의 현재 모습이다. 이러한 광경이 등장한 것은 1999년 12월의 일이다.

려가 있었는지는 알 도리가 없지만, 식민통치자들로서는 서둘러 그것을 복구할 이유가 하나도 없었다고 보는 것이 옳겠다.

일찍이 1907년에 무단으로 반출되었다가 그것이 문제가 되어 1918년에 조선으로 되돌아온 경천사십층석탑(敬天寺十層石塔)의 경우에도 그것을 즉시 복구하지 않고 일제시대 내내 경복궁 근정전의 회랑에다 그냥 해체상태로 방치하고 있었을 정도였다. 그런데도 정작 손을 대지 말았어야 할 경주 석굴암과 익산 미륵사석탑과 안동의 신세동전탑과 같은 것은 콘크리트 범벅으로 만들어놓았던 장본인 역시 그네들이었다.

식민통치자들의 수수방관 덕분이었겠지만 원각사탑은 일제시대를 거치는 동안 적어도 잘못 손을 대어 원래의 모습이 훼손되는 일만큼은 용케도 피할 수 있었던 것이 아니었는지는 모르겠다. 그러했던 것이 비록 미군공병대의 힘을 빌린 것이긴 하지만 해방 직후에 더도 말고 덜도 말고 원래대로의 모습을 번듯하게 되찾게 되었으니 그만하면 더 바랄 나위는 없지 않았나 싶다.

하지만 그것으로 끝은 아니었다. 다시 반세기의 세월이 흐른 지금 파고다공원의 원각사탑은 그 어색했던 시절의 풍경으로 고스란히 되돌아가고 말았으니 하는 말이다. 이제는 과밀한 거대도시화가 만들어낸 산성비, 그리고 비둘기떼의 배설물이 문제였다. 여기에 일차적으로 철재보호막이 덧씌워졌으니 이때가 1994년 11월의 일이었다.

그런데 그것으로도 모자라 원각사탑의 묵은 때를 벗겨내고 그 위에다 아예 통유리관으로 둘러씌운 것이 지난 1999년 12월이었다. 그러니까 허우대는 멀쩡한 듯이 보이긴 하지만 그것을 온전한 모습이라고 간주하기는 어려울 듯 싶다. 예나 지금이나 어색한 것이 일상적인 일이었던 원각사 석탑, 어느새 그것은 더 자연스러운 풍경이 되어버렸다. (2003. 5. 21)

해방 이전이나 지금이나 원각사 석탑이 여전히 어색한 몰골이기는 마찬가지이다.

파고다공원은 언제 만들어졌나?

파고다공원은 이제 더 이상 파고다공원이 아니다. 이곳이 사적 제354호로 지정된 것이 1991년 10월 25일이었다. 이때의 공식지정 명칭이 '탑골공원'이다. 따라서 이곳을 탑골공원이라고 부르는 것이 옳겠다. 하지만 파고다공원이라 부르던 시절이 하도 오래였던 지라 그렇게 표기하는 것이 더 자연스럽고 또 제격이라고 여겨지는 것은 어쩔 도리가 없다.

그런데 탑골공원, 아니 파고다공원은 도대체 언제 만들어졌을까? 흔히 광무 원년 즉 1897년에 해관총세무사이자 탁지아문고문관이었던 영국인 브라운의 발의로 만들어졌다고 알려져 있다. 대체로 맞는 말이다. 하지만 그 시기가 1897년이라고 단정짓는 것은 잘못이다.

이는 《경성부사》에 기록된 '고종시대 광무의 초년'이라는 구절을 마치 1897년을 지칭하는 것인 양 잘못 이해한 데서 비롯된 오류인 듯싶다. 실제로는 공원이 건립된 시기를 1899년이라고 보는 것이 옳다. 바로 그해에 "공원건축계획을 반대 운운"하는 내용의 공문서가 작성된 흔적이 수두룩하고, 실제로 《제국신문》과 《독립신문》의 기사 등을 보면 탑골의 민가를 헐어내는 일이 이루어진 때가 1899년이라고 확인되는 까닭이다.

물론 브라운이 "탑동의 석탑 부근에 있는 민가를 사들여 석탑과 비석이 있는 곳을 중앙에 놓고 공원을 만들어 대중들에게 행락을 할 수 있는 곳으로 만들기 위해 그 금액을 배정"하는 일을 한 것 역시 1899년의 일로 확인된다. 따라서 공원이 완공된 시기는 1900년 이후가 될 수 있을 지라도, 적어도 1899년 이전에는 파고다공원이 만들어지지 않았던 것은 분명하다.

흔히 '백탁안(柏卓安)'이라는 이름으로 더 유명한 브라운 총세무사는 파고다공원뿐만 아니라 덕수궁 석조전의 건립을 발의한 것으로도 잘 알려져 있으며, 주로 중국에서 활약하다가 1893년에 우리

나라에 건너온 것으로 확인된다. 나중에 그의 사망기사가 《매일신보》 1926년 4월 8일자에 수록된 것이 하나 남아 있는 것이 보인다.

구한국총세무사 '사- 막크리부 뿌라온' 씨는 6일 서거하였다. 향년은 78세인데, 씨는 원(元) 시나영국공사관 동역관이었고, 채(次)에 지나어 서기관보로부터 대리공사가 되었다가 1868년 구주에 파견되었다. 기후(其後) 지나사절에 수행하여 갱(更)히 재지(在支) 영국공사관 지나서기관대리로 되었고, 1878년 사직한 후 지나세무사로 되었다가 동 98년부터 구한국총세무사겸재정감독이 되고 1906년 구한병합에 의하여 일본의 훈일등서보장, 구한국훈일등태극훈장을 수여되었으며 한국을 떠나는 때에 영국황제로부터 '나이트'에 서하였었다. 명예법학박사라는 학위도 가졌고, 최근은 영국의 지나공사관 참사관으로 있었더라. (부기; 뿌라온 씨가 구한국총세무사로 있을 때의 일명(一名)을 아직도 세인이 공지함과 같이 '栢卓安' 이라는 이름으로 당시 혼돈막측하던 세무의 정리에 독특한 민완을 발휘하였음은 물론 '빠고다' 공원 등의 설계 등 아직도 씨를 추억할 유적이 많이 있다.)

원각사탑 복구의 숨은 공로자, 크네즈 박사

1946년 2월 17일에 있었던 원각사탑의 복구는 기실 유진 크네즈 (Eugene Knez)라는 미군대위의 활약이 있었기에 가능했던 것으로 알려져 있다. 군정청 교육문화담당관과 공보관이었던 그는 일찍이 원각사탑의 원형복구와 더불어 해방 직후 최초의 고고학 발굴조사였던 경주 호우총 발굴에 참여하기도 했다.
그리고 한국전쟁 때는 서울공보원장을 역임했던 그가 서역유물을 포함한 국립박물관 소장 유물을 부산으로 반출하는 데에 수송편의를 제공하는 등 문화재보호에 상당한 기여를 한 것으로 전해진다. 이러한 공로가 인정된 탓인지 1995년 12월 7일에는 그에게 은관문화훈장이 주어졌다. 그의 일대기에 대해서는 국립중앙박물관이 펴낸 《한 이방인의 한국사랑》(1997)이라는 책이 남아있다.

국립박물관장은 지낸 김재원 박사의 회고록에는 미군공병대가 원각사탑을 다시 세울 때에 경복궁 뜰에 방치되어 있던 산청범학리 삼층석탑도 함께 그 힘을 빌려 세웠다고 하였는데, 이 역시 크네즈 대위가 주선한 것으로 기록되어 있다.

가람 이병기 선생의 원각사탑 복원 참관기

원각사탑의 복구공사를 지켜본 가람 이병기 선생은 그날의 일기에 비교적 소상한 참관기를 남겼다. 마침 그 내용이 《향토서울》 제2호(1958)에 수록된 이상백(李相佰), "원각사의 시말고"의 말미에 따로 소개된 바 있어, 그것을 다시 여기에 옮겨놓는다.

(1946년) 2월 17일 오전 10시경 송석하, 조윤제, 태화정(泰和亭) 주인과 함께 탑골공원에 갔다. 오전 중에는 기중기로서 탑 서측 첩첩이 있던 3층을 옥개(屋盖), 동대(胴臺), 기대(基臺) 등을 따로 띄여 놓았다. 제11층 옥개상면에는 "成化三年二月 日 金石同 年十八刻"과 또 "白林 金石同"이라는 각자가 나란히 있고, 제12층 기대상면엔 "丁丑九月二十二日 化主 林茂"라는 각자와 이 각자 우에는 말고누판이 새겨있고, 제12층 동대상면에는 "壽"인 낙서가 새겨있다.

오후 1시반부터 여섯 시까지 그 층층이 상하면 양측이 구녁이 있고 중앙에도 큰 구녁이 뚫렸는데 그 양측 구녁엔 자긋자루만한 쇠못을 끊어 막고 세멘트로 메우고 그리고 이걸 옥개와 기대와 맞추기도 하고 동대만으로도 하고 또는 옥개, 기대, 동대를 다 맞추기도 하여 차례차례 기중기로 들어올려 채곡채곡 맞추고 꼭대기 옥개만 내일 올리기로 하였다. 제13층 기대상면에는 미군 라이언, James C. Welch 기외(其外) 역군 (그때 영등포 주재한 미공군부대)들이 싸잉을 하였고, 우리는 내가 "이날 모인이 學術 李秉岐"라고 모필(毛筆)로 묵서하고 다음에는 "宋錫夏, 趙潤濟, 金載元, 尹世九"라 각기 자필하였고 나는 또 "檀紀 四二七九. 二. 一七"이라 썼고, 한편에는 "技術 尹健老" 기타 군정청 토목과 종사원들의 자필이 있었다.

2월 18일 윤건로 군과 함께 탑골공원에 갔다. 망원경으로 측정해 본즉 탑의 높이가 45척 6촌(일본척) 가량인데 탑신이 중간부터 동북으로 좀 쏠리고 제13층 동대는 틀렸다. 어제 제12층 옥개와 제13층 기대와 동대와를 한꺼번에 올려놀 때 먼저 한편 구녁을 맞추고 다음 또한 구녁을 맞춰 내려 놓는데 탑신 상부가 좀 요동되었다. 그래서 제13층 동대가 좀 틀렸는지 모르겠다. 오후 네 시 기중기로서 꼭대기 옥대를 들어 올렸다. 그런데 그 하면에는 "金今山, 高吾乙, 末同, 崔仲山, 金貴丹, 天下 二錢" 등의 각자가 있다. 이도 한 낙서였다.

9
그들은 왜 서울성벽을
따라 돌았을까?

| 예전엔 과거합격에 효험이 있다는 풍설도 있었던 모양 |

고대하시던 순성장거(巡城壯擧)는 이번 14일 오전 7시 30분 남대문소학교에 회집(會集)하였다가, 8시 남대문에서 출발하는데 회비도 불요(不要)하고 점심만 휴대하면 누구라도 마음대로 참가합니다.

이것은 《매일신보》 1916년 5월 14일자에 수록된 안내기사의 한 토막이다. 모이는 장소가 '남대문소학교'라는 표기라든지 중간에 섞인 한자어투의 구절만 아니라면, 꼭 요즘의 여느 문화유산답사회에서 내보내는 모임안내문안 같아 보인다.

하지만 이건 오래 전에 실제로 있었던 풍경의 하나이다. 순성(巡城)이라 함은 성벽을 따라 돈다는 얘기인데, 그 대상은 물론 조선왕조의 수백 년 역사가 고스란히 배어있는 서울성곽을 말한다. 도심지 구간에는 성벽의 이음이 왕창 끊어져 있고 또한 북악산 일대는 군사작

'성벽돌기' 행사를 알리는 1916년 5월 무렵의 《매일신보》 안내문들이다. 비가 계속 내리는 바람에 이 행사는 당초의 예정보다 일주일을 미뤄 실시되었다.

전구역이라 하여 출입이 완전히 차단되고 있는 요즘의 형편으로서는 감히 상상하기 어려운 일이겠지만, 그때는 분명 누구라도 쉽게 서울 성곽을 한바퀴 돌 수 있던 시절이었다.

기록마다 약간의 차이는 있지만 서울성곽의 둘레는 18,127미터로 알려져 있다. 그러니까 40여 리를 조금 웃도는 거리이다. 중간 중간에 높이 치솟은 바위산에 포진하고 있으니 제대로 속력을 내기가 어려웠을 테지만, 대략 한바퀴를 도는 데에 일곱 시간 정도가 걸렸던 모양이었다. 당시의 《매일신보》 1916년 5월 16일자에는 이 날 행사의 경로를 이렇게 적고 있다.

선두에는 호적과 사기(社旗)가 서고 회원은 수백 명이며 때는 오전 일곱 시 사십 분이더라. 소학교 운동장을 출발한 일행은 즉시 성문 밖 좁은 길로 진행을 시작하여 서소문통을 지나며 헐린 새문턱을 방문한 후 다시 좁은 길로 들어서 한참 갔더라. 이와 같이 성밖으로 돌다가 행촌동(杏村洞) 월성터에서 성위로 올랐으니 비로소 비에 젖은 경지가 곱게 보이더라. 이곳은 이미 인왕산록이며 경기도의 조림지라 줄줄이 보기 좋게 심어놓은 솔, 아까시아 등은 가는 비에 빛을 더하여 마치 공원 가운데를 지나가는 듯한 경치를 이루었으며 언덕길은 점점 급하게 되었더라. (중략)
험준한 길을 경과하여 내려온 일행은 다시 계속하여 높은 성벽을 오르기 시작하였더라. 길은 점점 급한 산을 오르게 되어 앞사람의 짚새기 뒤축과 다음 사람의 이마가 맞닿게 되었으며 아래를 내려다보면 천야만야하게 되었더라. 그럭저럭 열 시 십오 분 가량이나 되어 북악산 절정에 도달되었는데 이곳에서 본즉 북한산은 북편으로 더 멀리 나가 섰으며 경성시가는 간모를 뒤집어 놓은 모양으로 보이고 남산은 비에 가리어 보이지도 아니하더라. 멀리는 한강 뚝섬으로부터 가까이는 삼청동의 늙은 솔 경복궁의 기지를 내려다보며 점심을 먹기로 예정한 곳에 도착하니 오전 십일 시 삼십 분이더라.

점심을 먹은 후 다시 내려오기를 시작하는데 비는 더욱 더욱 심하게 오며 산은 끝날 새 없이 계속 되었으며 또 성안에 솔밭이 있고 성밖에는 사방공사를 베푼 붉은 산이라 천천히 내려가 숙정문에 당도한 후 육군 포병 정령 어담(魚潭) 씨의 간단한 강연과 아부(阿部) 본사장의 인사가 있은 후 단원 일동이 만세를 삼창하여 백악이 흔들릴 듯하더라.

그 동안에 비는 점점 심하게 오는 고로 이곳에서 해산을 하고 남산까지는 각기 수의(隨意)로 돌자하니 일동은 응낙치 아니하고 끝까지 다 돌겠다하며 원기가 왕성한지라, 이로부터 두 부대에 나누어 창덕궁 뒤로 동소문 안에 이루며 낙타산, 동대문을 지나 한 시 사십 분에는 광희문에 도착하였으며 다시 백화원 뒤로서 장충단을 지나 남산 국사당에서 굿구경을 하고 일동이 남대문에 도착하니 때는 오후 세 시라. 이와 같이 우중임을 불구하고 순성은 대성공으로 종료하였더라.

그네들의 황태자가 온다하여 서둘러 성벽훼철을 처리하려고 했던 한국통감부(韓國統監府)의 위세에 눌려 남대문과 북쪽으로 연결된 성벽을 처음 헐어낸 것이 1907년 10월의 일이었으니, 말하자면 이때는 그로부터 딱 10년째가 되던 시점이었다. 그 사이에 동대문의 북쪽 성벽과 오간수문(五間水門) 일대, 남대문 남쪽 성벽이 허물어지고 말았으니 서울성벽은 이미 띄엄띄엄 이가 빠진 듯이 파괴가 진행되고 있던 상태였다.

그러니까 온전하게 성벽돌기를 했던 것이 아니라 드문드문 그저 성벽의 흔적을 따라 걸어야 했던 구간도 적지 않았던 것이다. 서소문과 서대문은 진작에 사라졌고, 그나마 비교적 온전하게 외형을 유지할 수 있었던 건 남대문과 동대문 정도가 고작이었다.

그것들이 임진왜란 때 그네들의 군대가 입성했던 곳이라 하여 보존의 특혜(?)를 입은 것이라는 논지가 있기는 한데, 반드시 그러했던 것인지는 속단하기가 쉽지 않을 듯하다. 어쨌거나 남대문과 동대문은 구태여 그러한 이유가 아닐지라도 복층 구조의 건축물인데다 나름의 보존가치를 지닌 역사적 유물이라는 사실에는 틀림이 없다.

서울성벽을 헐어내기 전의 모습들로 ❶ 서소문과 서대문 구간, ❷ 동대문 일대, ❸ 광희문 일대, ❹ 북악산 동편 일대의 풍경이다. 지금껏 이 가운데 비교적 온전하게 그 흔적이라도 남은 곳은 북악산 정도일 것이다.

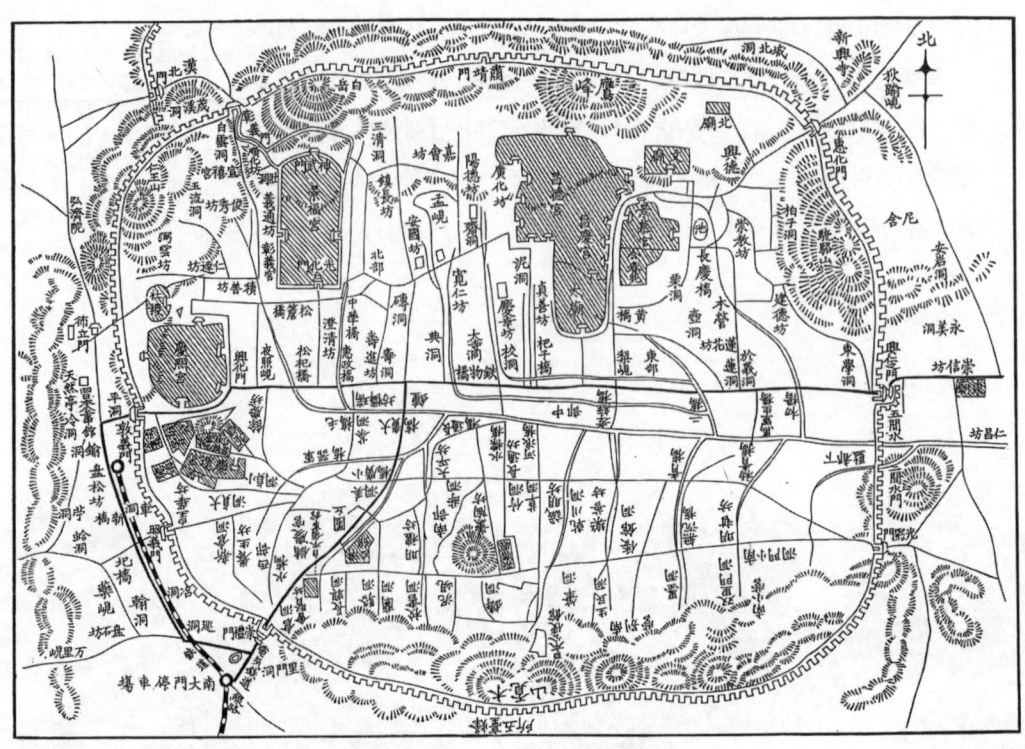

동대문, 남대문, 서대문이 있는 곳으로 각각 전차선로가 지나고 있었으나 성벽의 자태만은 고스란히 지키고 있던 시절의 모습이다. 하지만 1907년 10월에 남대문 북쪽성벽을 철거한 이래로 이러한 모습은 오래지 않아 사라지고 말았다.

하지만 이것 정도를 제외한다면 오래지 않아 혜화문 즉 동소문이 도시계획이라는 명분으로 다시 헐려나갔고, 나머지 숙정문과 광희문은 끝내 문루가 허물어진 채 겨우 석축만 남은 몰골로 그 흔적을 간직했던 것으로 전해진다. 제 아무리 근대화의 물결에 밀려나야 할 봉건시대의 유물이라고는 하지만 그토록 무참하게도 성벽과 성문을 잇달아 파괴할 것까지야 뭐가 있었을까 싶기도 하다.

그렇게 역사의 흔적이 아무렇게나 하나씩 사라져갔던 것은 이른바 '경성성곽(京城城郭)'을 고적 제25호로 지정했던 1936년 2월 21일의 상황에서도 여실히 확인할 수 있다. 식민통치자들이 뒤늦게나마 역사유물을 보존관리하겠다는 취지에서 그러한 조치를 취하긴 했으나, 그

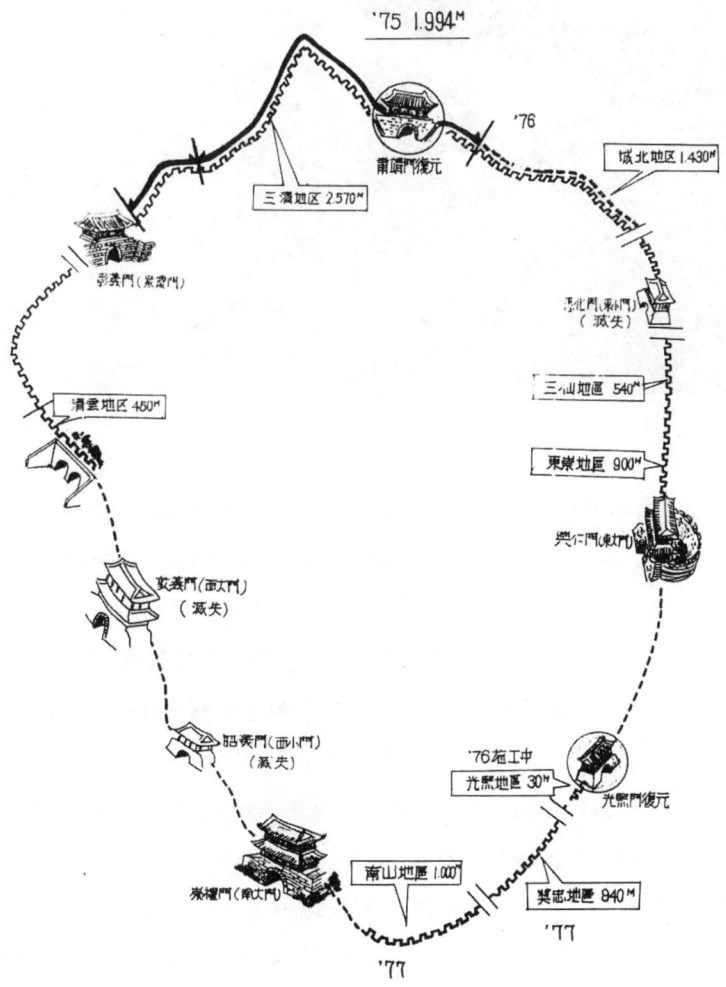

1976년에 작성된 '서울성곽복원계획도'의 모습이다. 전체 성벽둘레 18,127미터 가운데 복원이 불가능한 6,703미터를 제외하고 나머지 구간에 대해 그나마 '현대식' 복원이 이루어진 것은 이 시절에 이루어진 일이었다.

남대문로 상공회의소 쪽에서 순화동 방향으로 이어지는 길목에는 서울성벽의 흔적이 아주 '쬐끔' 남아 있다.

지정내역을 가만히 살펴보니 사직동 방향에서 인왕산과 북악산을 거쳐 혜화동과 종로 6가에 이르는 서울성곽의 북쪽일대가 전부이다.

그러니까 남대문 방면과 동대문의 이남이랄지, 이를테면 남산 일대의 성벽은 아예 그 보존대상구역에서 몽땅 다 빠져있었던 것이다. 처음 서울성곽을 헐어내기 시작한 지 고작 30년의 세월이 흘렀건만 그 사이에 절반 정도는 이미 그 존재가 지워지고 말았던 셈이다.

그나마도 폐허와도 같은 성곽의 흔적을 찾아 지금의 모습처럼 '현대식' 성벽의 구조를 덧씌워 놓은 것은 1976년 무렵의 일이었다. 청운동과 삼청동 일대의 성곽을 고쳐 세우고, 숙정문과 광희문을 다시 복원한 것 역시 이때에 이루어진 결과였다. 하지만 이러한 복원공사에도 불구하고 북악산 일대가 여전히 출입통제구역으로 남아 있는 형편인지라, 옛 시절처럼 온전하게 '성벽돌기'를 하는 것은 한참의 세월이 더 흘러야 가능해질 모양이다.

그런데 서울성벽을 따라 도는 일은 1916년 5월의 경우처럼 일회성 행사에 그쳤던 것은 아니었고, 그 후로도 이러한 종류의 성벽돌기는

현재 성벽복원공사가 한창인 광희문(光熙門) 일대의 모습이다. 불과 얼마 전까지만 하더라도 이곳의 성벽 위에는 주택가가 자리 잡는 희한한 풍경이 연출되고 있었다.

일제강점기의 막바지에 이르기까지 줄곧 있었던 것으로 파악된다. 대개의 경우에는 고적을 탐방하는 뜻에다 호방한 기운이랄지 그러한 것을 키워본다는 의미였던 것 같은데, 예전에는 그것 말고도 또 다른 숨은 뜻이 있었던 것으로 알려지고 있다.

예로부터 서울성벽을 따라 도는 일은 흔히 있어왔던 일이었을 뿐만 아니라 거기에는 다음과 같은 의미가 또 있었다는 것이다.

> 이번의 순성(巡城)은 옛날에도 풍성히 행하던 바이라. 더구나 옛날에 과거를 행하였을 때에는 당시의 고등문관 후보자가 성히 순유(巡遊)를 행하였더라. 순로는 서대문이나 또는 동대문을 시초로 삼아 성벽을 한번 돌아 가지고 다시 서대문으로부터 동대문, 동대문으로부터 서대문까지 놀았는데 이것은 동그란 데에 가운데를 뚫어 꼬인 모양 같이 되어 중(中)자를 놓고 과거의 점이 되면 매우 길하다고 기꺼워 하였던 것이라.
>
> 지금의 백작 이완용씨, 자작 박제순씨, 자작 임선준씨 등도 청년시대에는 매우 많이 놀러 다녔던 모양이라. 그러나 순성은 비가 오던지 바람이 불던지 꼭 하루에 마치지 아니하면 효험이 없는 것인즉 그것이 또한 재미있는 규정

돈의문 즉 서대문은 사라진 지 벌써 88년의 세월이 흘렀으나 그 편액(扁額)만은 이렇게 홀로 남겨졌다.

이라 생각하노라. 그 중에는 종로의 상인들도 자기 상점의 운수를 축수하노라고 남몰래 가만히 성벽을 한번 도는 등 옛날에는 순성을 일종의 신앙으로 여겼던 모양이라.

말하자면 과거시험에 합격을 기원하는 방편으로 성벽돌기는 크게 성행했던 것이라는 얘기이다. 꼭 시험합격이 아니더라도 그렇게 하루 종일 걷는 것이 건강증진에는 필시 보탬이 되었을 테니 그것만으로도 그리 나쁜 일은 분명 아닌 듯하다.

모르긴 해도 앞으로 부분적으로나마 성벽의 추가복원이 이루어지고 또한 출입금지구역이 완전히 해제되는 때가 되면 그러한 시험합격을 기원하는 뜻으로 '가운데 중(中)자' 성벽돌기에 동참할 수험생들도 결코 적지 않을 성싶다.

다만 바라건대 그러한 성벽돌기가 과연 효험이 있어 무사히 '공직자'가 되는 길에 들어설지라도, 앞의 인용구절에 등장하는 면면들과 같은 종류의 '빗나간' 고관대작은 되지나 말았으면 할 따름이다.

(2003. 10. 7)

동대문구엔 동대문이 없고, 서대문구엔 서대문이 없다

1907년 10월에 성벽철거가 개시된 이래 일제강점기를 거치는 동안 헐어내고 사라진 것은 성벽만이 아니라 성문(城門) 역시 두어 개가 일찌감치 사라지고 말았다. 서소문(西小門)과 서대문(西大門)이 바로 그것으로 지금은 그 흔적조차 확인하기 어려운 상태이다. 최근에 듣기로 그 서대문을 복원하려는 움직임이 있는가 본데, 기존의 도로구조를 피해 어찌 그것을 지혜롭게 다시 세울 것인지 자못 궁금해지지 않을 도리가 없다.

어쨌거나 서소문은 1914년 12월에 먼저 경매훼철되었고, 서대문(西大門) 또한 도로확장을 명분으로 이듬해인 1915년 3월에 공매처분되는 과정을 거쳤으니, 이들의 모습이 사라진 지는 벌써 90여년에 가까운 세월이 흘렀다. 하지만 서대문 같은 경우는 비록 그 존재가 사라졌으나 '서대문구(西大門區)'라는 행정지명으로 또렷하게 자취를 남기고 있으니 그것으로도 약간의 위안은 될 듯싶다.

그리고 보니 서울성벽은 그 오랜 역사만큼이나 다양한 관련지명을 남겼다. 가령 남대문로가 있는가 하면 신문로도 있고 또한 서소문동, 혜화동, 광희동, 흥인동이라는 이름 가운데에도 그 존재가 확연하게 녹아있다. 그리고 성북구나 성동구와 같은 명칭도 서울성곽의 방위개념에서 파생된 행정지명이니만큼 그 사례는 수두룩한 편이다.

그리고 또 하나, 동대문구(東大門區)가 있다. 그런데 흔히 동대문이 자리한 곳이 동대문구라고 오해하기 십상이나 엄밀하게 말하면 그 소재지가 '종로구 종로6가'이다. 동대문구가 처음 생겨난 1943년 이래 동대문이 동대문구에 속했던 적은 한번도 없었다. 그러니까 동대문구에는 동대문이 없는 셈이다.

가만히 보아하니 이러한 사정은 서대문구의 경우도 마찬가지이다. 예전에 서대문이 있던 자리는 중구와 종로구의 경계선상에 서 있을 뿐 서대문구의 경계구역에서는 조금 벗어나 있다. 그러니까 서대문구에도 역시 서대문은 이래저래 없는 셈이다.

그렇다면 남대문의 경우는 어떠할까? 남대문이 서 있는 곳은 처음부터 남대문로(南大門路)의 연장선상에 놓인 구역이니 달리 어색할 것은 없지만, 동대문이나 서대문의 경우처럼 행정지명의 이름으로 남지는 못했다.

혹자는 지금의 '중구'라는 이름을 버리고 '남대문구(南大門區)'로 바꾸어 부르자는 제안을 했다는 얘기가 있긴 한데, 구태여 그럴 것까지야 뭐가 있을까 싶기도 하다. 비록 그러한 것이 아니더라도 '남대문경찰서'랄지 '남대문시장'이라는 명칭이 더 확실한 유명세를 떨치고 있으니 말이다.

10
조선귀족회관,
결국 주차빌딩 되다

| 한국외환은행 본점 자리에 얽힌 근대사의 굴곡 |

　서울지하철 2호선 을지로입구역에서 내려 명동의 번화가로 들어가는 길목에는 한국외환은행의 본점이 있다. 그 뒤편에는 제법 널찍한 공간이 나오고, 거기에서 다시 아담한 크기의 동상 하나를 만난다. 주변이 그다지 북적이지도 않고 마침 동상도 서 있고 하니, 행여 약속장소로 삼기에는 마침맞은 곳이 아닌가 싶기도 하다.
　동상의 주인공이 누군가 했더니, 일제강점기 때 대표적인 경제수탈기구였던 조선식산은행(朝鮮殖産銀行)과 동양척식회사(東洋拓殖會社)에다 폭탄을 던지고 또 총격을 가한 뒤에 자결했던 나석주(羅錫疇) 열사였다. 이곳에 그의 동상이 세워진 것은 1999년 11월이었으니, 1928년 12월의 의거 이후 무려 70여 년을 넘기고서야 겨우 그만한 흔적 하나를 남기게 되었던 것이다.

그러고 보니 외환은행 건물의 서편 출입구 앞쪽에도 '나석주 의사 의거 기념터'라고 새긴 기념표석(記念標石)이 더 남아 있는 것이 보인다. 이 표지석은 지난 1994년 7월에 서울특별시가 세워놓은 것인데, 그러니까 여기가 바로 그놈의 '동척(東拓)'이 있던 자리가 확실하긴 확실한가 보다. 나중에는 비록 동양척식의 본점이었다가 경성지점(京城支店)으로 강등되긴 했지만 말이다.

그런데 약간 눈썰미가 있는 사람이라면, 외환은행 본점 주위를 둘러싸고 있는 기념표석들이 하나 둘이 아니라는 사실을 아는 것은 그리 어렵지 않다. 서울시내를 통틀어 이곳처럼 표지석이 많이 몰려있는 곳이 또 있는지는 모르겠지만, 여기가 그만큼 역사의 굴곡이 잔뜩 혼재된 장소라는 소리이기도 하다.

은행 앞쪽의 북서모서리에는 '장악원(掌樂院)터'라고 새긴 것이, 그리고 다시 뒤편의 남서모서리에는 '제중원(濟衆院)터'라고 적어놓은 표지석이 각각 보인다. 말하자면 동양척식이 있던 자리는 그 이전에 '장악원'이 있었다는 얘기이다. 그리고 또 우리 나라 최초의 서양식 의료기관이었던 '제중원'도 이곳에 있었다는 것이다.

적어도 겉으로만 드러난 역사가 그러하다는 것인데, 알고 보면 이 장소에 얽혀있는 '덜 알려진' 역사는 이것 말고도 수두룩하다.

다만 이 대목에서 한가지 사실만은 미리 짚고 넘어가는 것이 좋겠다. 지금에야 거대한 외환은행의 본점 건물이 지어지면서 하나의 지번(地番)으로 묶여있지만, 여기가 원래는 크게 구분되는 두 개의 구역으로 나뉜 곳이었다는 것을 말이다.

다시 말하여 은행의 전면에서 바라볼 때 오른쪽(즉 서쪽) 절반은 동양척식이 있던 자리이고, 왼쪽(즉 동쪽) 절반은 제중원이 있던 자리였다. 그러던 것이 두 구역에 걸쳐 외환은행 본점 건물이 지어졌고, 지번 역시 원래는 각각 을지로 2가 195번지와 193번지였던 것이 하나로 합쳐져 지금은 이 일대가 모두 을지로 2가 181번지로 통합이 된 상태

이다.

  그러니까 엄밀하게 말하면 이곳이 제중원이었다는 표지석은 지금의 자리가 아니라 완전히 반대편 쪽으로 옮겨서 재배치하는 것이 옳겠다. 동양척식이 있던 곳에 무심코 제중원의 표지를 남겨둔다는 것은 아무리 봐도 어색한 일이 아닐 수 없는 것이기에 하는 소리이다.

  식민지 시대의 역사를 자꾸 뒤적인다는 것이 그다지 달가운 일은 전혀 아니긴 한데, 그렇더라도 약간은 흥미로운 구석도 없지는 않다. 특히 제중원이 있던 을지로 2가 193번지 구역의 그것을 추적하다보면, 그러한 생각은 절로 든다. 이곳은 과연 어떠한 굴곡의 역사를 지

한국외환은행의 본점 주변에는 제법 많은 기념표석(記念標石)이 흩어져 있다. 서울특별시가 차례대로 '장악원터' (1986년 8월), '제중원터' (1990년 10월), '나석주의사 의거기념터' (1994년 7월) 표지석을 설치하였고, 나석주 열사의 동상은 1999년 11월에 따로 건립되었다.

 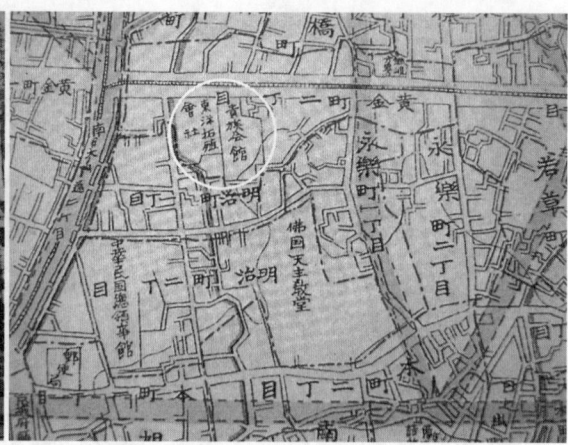

《경성안내》에 소개된 동양척식주식회사의 전경이다. 오른쪽의 《경성부명세신지도》(1914년)에는 동양척식과 더불어 '귀족회관' 자리가 나란히 표시된 모습이 들어있다. 그러니까 지금의 한국외환은행 본점 건물은 이 두 구역을 합친 터전에다 세워 올린 것이다.

닌 것일까?

관련자료를 뒤져보니, 원래 갑신정변의 주역이었던 홍영식(洪英植)의 재동 집터에 세워졌던 제중원이 구리개 즉 지금의 을지로 2가로 옮겨온 것이 1887년의 일이었다. 그러다가 한참의 세월이 흐른 뒤에 남대문 밖의 복숭아골에 세브란스병원을 따로 지어 그곳으로 다시 옮겨간 것이 1904년이었다.

그 바람에 제중원 터는 이듬해에 한국정부로 반환되었고, 그 와중에 대동구락부(大東俱樂部)가 이곳을 차지했던 것으로 알려진다. 대동구락부는 또 뭔가 했더니, 1904년 9월 무렵에 일본공사관의 서기관 하기하라 모리카즈(萩原守一)가 발기하여 조직했던 한일관민(韓日官民)의 친목단체였다고 적혀 있다.

그리고 완순군 이재완(完順君 李載完)이 이 단체의 총재로 추대되었다고 적어놓은 기록이 보인다. 그 시절 행세 깨나 했던 고관들이 두루 참여했고 또 고종황제 역시 하사금까지 내린 탓인지, 한때 이 단체의 위세는 상당한 지경이었던 것으로 짐작된다.

때마침 한국정부로 반환되는 제중원 터를 대동구락부가 손쉽게 접수했던 것도 그러한 배경이 작용했던 결과였을 것이다. 특히 이 과정에서 하기하라 서기관이 직접 개입했던 흔적이 적지 않게 발견되는데, 여하튼 그 결과에 대해서는 《황성신문》 1905년 4월 26일자에 다음과 같은 기사가 남아 있어 참고할 만하다.

> 제중원을 아정(我廷)에서 3만 5천 원에 매수하여 이층 양옥은 외부 고문관 수지분(須知分) 씨의 관사로 정하고, 기여(其餘)는 대동구락부로 의정하고 방금 수리하는데 역비(役費) 3천여 원을 탁지(度支)에서 지출한다더라.

여기에 나오는 '수지분'은 1904년에 외교고문으로 기용되었다가 1908년 전명운, 장인환 지사의 손에 절명한 미국인 스티븐스(Stevens)를 가리킨다. 그런데 제중원 터를 취득한 대동구락부는 막강한 재력을 바탕으로 이곳에다 새로운 건물을 지어올렸다는 얘기가 《만세보》 1906년 10월 31일사에 나온다.

> 대동구락부는 2만 8천 원을 비용(費用)하여 동현(銅峴)에 신축하고 그 설비 장식 등에 갱(更)히 1만 원을 요구되었는데, 해(該) 구락부의 자금은 목하(目下) 5천 원이 잉존(剩存)함으로써 금회 각 회원에게 10원 이상씩 기부하기를 발기하여… (중략) … 목하 회원은 내외국인이 합(合) 사백여 인인데 해 구락부에는 대동구락부(大東俱樂部)와 궁내부어용저(宮內府御用邸)라고 2개의 간판을 게(揭)한다더라.

그러다가 이 자리가 다시 세상의 주목을 크게 받은 것은 이른바 '경성박람회(京城博覽會)' 때였다. 1907년 가을에 내동구락부 건물을 본관으로 삼고 그 뒤편의 언덕 일대를 전부 진열공간으로 삼아 개최했던 이 박람회는 때마침 일본황태자가 한국을 방문했던 시기와 겹친 탓에 일본인들로서는 꽤나 흥청거렸던 행사였다.

그런데 흔히 이때의 경성박람회를 일컬어 우리 나라 최초의 박람회

1907년 가을에 동현(銅峴) 즉 구리개에서 개최된 경성박람회(京城博覽會)의 모습이다. 제중원이 있던 곳에 대동구락부가 들어섰고, 다시 그 자리에서 박람회가 개최되었다. 그리고 잠깐 농상공부가 들어섰다가 1912년에는 마침내 조선귀족회(朝鮮貴族會)가 그 자리를 차지했다.

라고 잘못 소개하는 자료들이 자주 보이는데, 이는 사실과 다르다. 확인해 보았더니 이에 앞서 기차박람회(汽車博覽會)라는 것도 있었고, 특히 1906년 5월 16일에 한일박람회(또는 부산박람회)가 개최된 기록이 분명히 남아 있었다. 따라서 경성박람회를 우리 나라 최초의 박람회라고 하기는 어렵겠고, 단지 서울지역에서 개최된 최초의 박람회였다는 정도로 정리하는 것이 옳겠다.

그러한 경성박람회가 종료된 뒤에는 엉뚱하게도 박람회를 주관했던 농상공부(農商工部)가 직접 이곳으로 청사를 옮겨왔다는 기록이 확인된다. 별로 쓸모도 없어 보이는 망국(亡國)의 관공서가 구태여 이곳까지 옮겨온 까닭이 무엇인지는 알 수 없으나, 결국 이 건물은 한일합병 이후에 조선귀족회관(朝鮮貴族會館)으로 변모되는 과정을 거친다.

말하자면 제중원이 물러난 자리는 어느새 친일귀족의 소굴이 되었다는 얘기이다. 회장에는 박영효 후작(朴泳孝 侯爵)이, 그리고 민영휘 자작(閔泳徽 子爵)이 부회장을 맡았던 조선귀족회(朝鮮貴族會)가 정

《매일신보》 1912년 5월 4일자에 소개된 조선귀족회관의 모습이다. 경성박람회 때의 사진에 등장하는 건물이 바로 가운데에 있는 높은 건물이다. 그런데 대문기둥에 여전히 '농상공부(農商工部)'라는 간판이 남아있는 걸로 봐서, 이 사진은 적어도 1910년 이전에 촬영된 것일 가능성이 높다.

식으로 발족한 것은 1912년 1월 22일의 일이었다.

그들이 하는 일이라곤 그저 자신들을 귀족으로 지명한 천황의 은덕에 감읍하고 또 그들만의 복리후생(福利厚生)을 꾀하는 것이었을 테지만, 그래도 귀족의 신분에 어울리는 번듯한 공간이 필요했던 것인지 새집이나 다를 바 없었던 예전의 대동구락부를 지목했던 것이 아닌가 싶다.

우연찮게도 이 과정에 대해서는 이완용(李完用)의 행적을 정리한 《일당기사(一堂紀事)》(1927)에 그 일단이 보인다.

(1911년) 8월 9일 조선귀족회 설립을 위해 대동구락부에 가다. 회관의 가사(家舍)는 대동구락부를 인계하는지라 그 변상을 5천 원으로 하며, 기타의 설비비는 5천 원 이상 8천 원 이내로 개산(槪算)하여 합계 1만여 원은 각 귀족의 소득, 공채액수에 의해 징수하기로 결정했고, 회관의 기본금은 거액에 달하여…(하략).

조선귀족회관, 결국 주차빌딩 되다

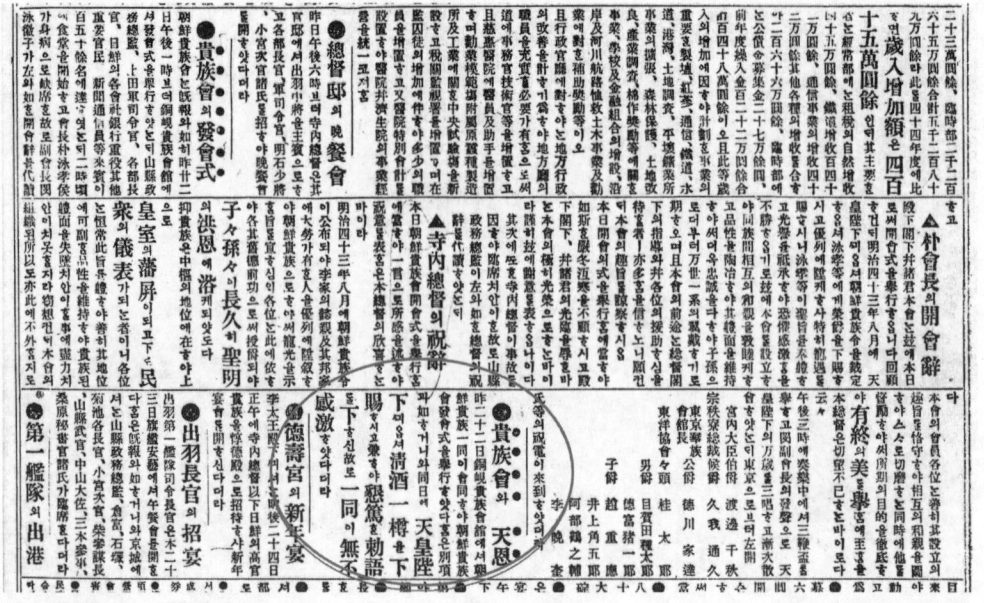

조선귀족회의 발회식을 알리는 《매일신보》 1912년 1월 23일자이다. 지면의 하단부에는 "때마침 천황폐하께옵서 청주(淸酒) 한동이를 하사하신 고로… 일동이 무불 감격하였다더라"고 적어놓은 내용이 들어 있다. 이른바 조선귀족들의 작태는 대개 그러한 것이었다.

종종 이곳에 모여 형편이 어려운 귀족들의 처지를 돕기 위해 성금을 갹출하거나 이들을 구제하는 차원에서 역둔토(驛屯土)를 불하해 달라고 총독에게 상신하는 내용의 모임을 열기도 했다는 얘기가 있긴 한데, 그들에게 귀족회관이란 것이 애당초 무슨 의미가 있었던 것인지는 도무지 짐작할 도리가 없다.

흔히 조선귀족들이 중용되던 중추원(中樞院)에서조차 툭하면 화투판이 벌어지기 일쑤였다는 신문기사가 자주 등장하고 있음에 비추어 본다면, 귀족회관에 모여든 그네들이 무엇으로 소일했을 것인지를 짐작하기란 그리 어렵지 않아 보인다. 더구나 도박이나 마약에 빠져 은사금(恩賜金)을 탕진하고 파산상태에 들어가는 불우귀족들(?)도 적지 않았다니, 그러한 작태가 더없이 한심하게만 느껴질 따름이다.

심지어 《매일신보》 1926년 8월 18일자에는 '곤궁한 조선귀족, 창경원 매각을 책동' 하였다는 내용도 발견된다. 이를 두고 어찌 참으로 얼

빠진 사람들이라 하지 않을 수가 있겠는가 말이다.

조선귀족의 생활 궁박은 해가 갈수록 심하여 근년에는 거의 극도에 달하였는 바 그 중에는 아침을 먹으면 저녁을 걱정할 만치 곤란한 때도 상당히 있는 바 요사이 궁박에 빠진 귀족들은 목숨을 이어가고저 각 방면으로 운동 중인 바 작년 봄에 일부 귀족 중에서 연서로 내각에 대하여 이왕직 소관의 창경원(昌慶苑)을 매각하면 일백 사십만 원은 될 터이오 다시 황금정(黃金町) 귀족회관을 십 오만원에 팔아서 동경의 화족회관(華族會館) 지부를 설치하고 이것을 조선귀족회관에 충당하면 약 일백 오십만 원으로써 곤궁한 귀족을 구하여 달라고 청원서를 제출하였었는데, 그 후 여러 가지 사정으로 그것이 실현치 못하였더니 요사이 이왕직에는 재정정리의 목적으로 전기 창경원의 경영일체를 이관한다는 풍설이 이왕직 관계자 귀족 중에서 흘러나왔으므로 일부에서는 그러면 그것을 그 전 계획과 같이 실현하자고 목하 운동하는 모양이므로 당국자는 극비밀리에 조사중이라더라.

그런데 나라를 저버리고 일신의 영달에나 몸부림쳤을 조선귀족들의 사랑방 정도로나 사용되었을 법한 이 귀족회관은 그 후 언제까지 존속했던 것일까? 이에 관한 세밀한 기록을 확인할 수 없어 단정하기가 어렵지만, 1920년대 후반기까지는 을지로 2가쪽에 그대로 남아 있었던 것으로 파악된다.

1927년에 발행된 《경성시가도》에는 '귀족회관'의 위치가 표시된 흔적이 분명히 남아 있으나, 그 직후 《조선》 1930년 9월호에는 제중원이 있던 이곳을 '황금정 이정목 타카이병원(黃金町 二丁目 高井病院)'이라고 소개한 글이 등장하는 걸로 미뤄보면, 아마도 그 즈음에 귀족회관은 벌써 다른 곳으로 옮겨신 것이 아닌가 추정할 수 있겠다.

실제로 1944년 9월에 발행된 《경성 전화번호부》에 따르면, 거기에 조선귀족회의 주소가 동대문 밖 "숭인정(崇仁町) 81번지"라고 적혀 있는 것으로 확인된다. 하지만 그것이 구체적으로 어느 시점에 이전이 이뤄졌는지는 안타깝게도 미처 더 이상의 단서를 추적하지 못했다.

토지대장을 확인해 보았더니, 귀족회관이 있던 을지로 2가 193번지는 해방 이후 귀속재산이 되었다가 민간기업에 불하된 것으로 기록되어 있는데, 그 후 다시 상당한 시간이 흐른 1978년 무렵에 한국외환은행이 본점 건물을 신축하기 위해 그 옆에 있던 동양척식 자리 즉 을지로 2가 195번지와 더불어 이 땅을 취득한 것으로 전해진다.

하지만 이미 거대한 본점 건물이 들어선 지 오래인지라 그 주위에 늘어선 서너 개의 기념표지석을 제외한다면, 그 시절의 흔적을 더듬어볼 만한 건더기는 아쉽게도 전혀 없는 셈이다.

상황이 이러한 판국이다 보니 이곳에 동양척식회사가 있었다는 것도, 제중원이 있었다는 것도, 스티븐스의 관사가 있었다는 것도, 시끌벅적한 경성박람회가 열렸다는 것도, 농상공부가 들어섰다는 것도, 대동구락부가 있었다는 것도, 광산기사 코지베 박사의 관사가 있었다는 것도, 일제말기에는 타카이의원이 있었다는 것도, 그리고 해방 이

을지로 2가에 있는 외환은행 본점의 왼쪽 절반은 원래 제중원이 있던 자리이자 한때 조선귀족들의 소굴이 자리했던 곳이었다. 외환은행이 이곳에 본점 건물을 신축이전한 것은 1981년 1월 30일이고, 그 옆에 보이는 주차빌딩(밝은 색의 폭이 좁은 건물)은 1990년에 완공되었다. 그러니까 귀족회관은 결국 주차빌딩이 되었던 것이다.

후에는 신한공사(新韓公司)가 있었다는 사실을 일일이 다 기억하기는 정녕 어려운 일이 되고 말았다.

하지만 행여 이 앞을 지나치거들랑 이것 하나 정도는 제대로 새겨두는 것이 좋겠다. 지금은 주차빌딩이 치솟아 있는 바로 저곳에 참으로 한심했던 조선귀족들의 소굴이 있었노라고 말이다. (2004. 2. 18)

'짓고땡'에 빠져든 조선귀족 이지용(李址鎔) 백작

조선귀족회가 구리개의 대동구락부 자리를 인수하여 '조선귀족회관'으로 삼고, 1912년 1월 22일자로 공식 발회식을 진행하던 바로 그 즈음에 엉뚱하게도 도박범(賭博犯)으로 검거되어 조선귀족의 품위를 한껏 떨어뜨린 이가 있었으니, 그는 바로 을사오적(乙巳五賊)의 하나였던 이지용이었다.

그가 빠져든 도박은 '지여땅이' 즉 '짓고땡'이었다. 그 시절의 신문기사에는 재판과정에 대해 비교적 소상한 내역을 담고 있어 그의 행적을 뒤져보는 것은 그리 어렵지 않은데, 어쨌거나 결국 그에게 내려진 판결언도는 곤장 100대였다.

실제로 그가 이러한 처벌을 직접 받았는지 아니면 종친(宗親)의 위세를 빌려 어찌어찌 처벌을 모면한 것인지는 알 수 없으나, 이로 인해 일한합병에 기여한 지대한 공로로 그 자신이 수여받은 '백작(伯爵)'의 예우는 1912년 4월 9일부로 성시상태에 틀어갔다가 나중에 1915년 9월에 가서야 겨우 복작되는 과정을 거쳤던 것으로 확인된다.

그런데 《매일신보》 1927년 4월 24일자에 보면 이지용의 실제(實弟)

라는 이범구(李範九)의 행적에 관한 내용이 하나 들어 있어 눈길을 끈다. 기사의 제목은 '이백작(李伯爵)의 실제, 아편 빨다 피착(被捉), 구한국시대의 궁내차관, 지금은 아편장이의 신세'라고 되어 있었다. 도대체 어떠한 세상의 고민이 그들을 도박과 아편(阿片)에 빠져들게 만든 것일까?

11

세검정초등학교 옆의
　　인도가 좁아진 사연

| 자동차에 밀려나는 문화재의 이모저모 |

　세검정 너머 구기터널로 올라가는 길목에서 만나는 신영삼거리에는 세검정초등학교가 있다. 길옆에 제법 높직한 방음벽이 설치되어 있는 본새가 여느 초등학교의 그것과 별다르게 보이지는 않지만, 이곳에 오면 아주 특이한 풍경 하나를 만난다.

　방음벽이 끝나는 부분에 배가 불룩한 축대가 이어지고 그 아래로는 도로에 바짝 붙은 인도가 자리잡고 있다. 그런데 보통사람들이 여기를 지나가기가 글자 그대로 참 '애로(隘路)'이다. 사람들로 붐비는 시장통이나 지하상가도 아닌 한길가인데 어린이들조차 서로 마주쳐 지나치기가 벅차다. 그러고 보니 인도(人道)가 어른 한 사람이 겨우 지나갈 정도의 폭만 남아 있다. 가장 좁은 지점에는 달랑 보도블럭 두 장만이 놓여 있다.

세검정초등학교의 석축 아래에 인도가 갑자기 좁아진다. 이곳을 지나치기에 참 '애로사항'이 많다.

하루가 멀다하고 길을 닦고 넓히는 일이 순식간에 이루어지는 이 시대에 구태여 이만한 불편을 감수해야 하는 까닭은 무엇일까? 알고 봤더니 이 역시 문화재의 힘이었다. 축대의 바로 위에는 '장의사지 당간지주'(보물 제235호)가 서 있었다. 세검정초등학교 교정의 모퉁이에 자리잡은 이 당간지주와 축대담장까지의 거리가 불과 3미터 남짓이다.

그러니까 이만한 거리로는 옴짝달싹 할 수 있는 공간적인 여유가 없다는 것이 문제였다. 인도를 넓히자니 당간지주가 배치되어야 할 최소한의 공간 확보가 어렵고, 현상대로 두자니 행인들의 불편은 가중되는 상황이 거듭되고 있다는 얘기이다. 문화재는 제자리에서 보존해야 하는 것이 대원칙이므로 쉽사리 자리를 물릴 수도 없는 노릇이니까 주민들의 입장에서 본다면 대단한 애물단지인 것만은 틀림이 없다.

실제로 당간지주의 위치를 물러달라는 청원이 없었던 것은 아니었던지 지난 1999년 7월 22일의 문화재위원회 제1분과 회의 때에는 '장

세검정초등학교와 신영삼 거리 일대의 전경이다. 축대 위에는 '장의사지 당간지주'가 있고, 그 밑으로 한껏 좁아진 보행도로에는 행인이 날렵하게 빠져나가고 있다.

의사지 당간지주 이전요청의 민원'이 검토되었으나 관련사항이 부결된 바 있었던 것으로 확인된다. 그리고 다시 2000년 4월 20일에 개최된 문화재위원회 제1분과 회의 때에는 한걸음 물러나 당간지주 쪽으로 인도폭만이라도 확장할 수 있도록 해달라는 요청이 있었으나 이 역시 결과는 부결이었다.

그러니까 앞으로도 당분간은 현재상태에 어떠한 변경이 이루어질 가능성은 거의 없어 보인다. 그런데 아주 오래 전의 기록을 뒤져봤더니 장의사지 당간지주의 이전을 결정했던 흔적이 없지는 않았다.

1968년 8월 5일에 개최된 문화재위원회 회의록에는 "보물 제235호 장의사지 당간지주를 교사신축에 따라 15m 이전하는 안, 가결"이라는 내용이 남아 있다. 하지만 이러한 결정에 따라 실제로 당간지주가

세검정초등학교 교정의 장의사지 당간지주이다. 개발논리에 맞서 굳건히 제자리를 지키고 있다. 그래도 그 상대가 자동차가 아니라 행인이라는 것이 덜 부담스럽다.

옮겨졌는지는 분명히 확인되지 않는다. 예전의 사진자료와 대조해보건대 이 당간지주가 제자리에서 옮겨진 것은 아닌 듯이 보인다.

돌이켜 생각건대 덕수궁 대한문과 광희문과 독립문과 영은문 주초와 보신각과 수표교와 삼전도비 등이 줄줄이 길 밖으로 밀려나거나 다른 곳으로 터를 옮겨야 했을 정도로 개발논리가 한창 판을 치던 시절이 그리 오래되지 않았음을 상기한다면, 이만한 몰골로나마 제자리를 지킬 수 있었다는 것이 참으로 용하다면 용하다고 해야 하는 것이 옳겠다.

간혹 서울 송파구의 석촌동 고분지역처럼 한번 큰길이 뚫렸다가 다시 지하차도가 개설되어 간신히 완전파괴를 모면한 사례도 없지는 않았지만, 한번 파괴되고 나면 다시 복구하기 어려운 것이 문화재이거늘 그러니까 문화재는 있는 그대로 두는 것이 최상의 방법이다. 하지만 거기에는 언제나 사람들의 불편이 따르는 법인지라 그것을 최소화하는 방안을 찾아내는 것 또한 항상 고민거리인 셈이다.

사실이지 문화재의 보존이 우선인지, 사람들의 편의가 우선인지를 완벽하게 가늠하기는 쉽지 않을 듯싶다.

그런데 이 대목에서 이런 생각이 퍼뜩 떠오른다. 장의사지 당간지주로 인해 불편을 겪는 대상이 행인들이었기에 망정이지 그것이 만약에 자동차였다면 결과는 어떠했을까? 그러고 보니 지금까지 자동차가 다녀야 할 길을 닦아내는 일에 '걸리적 거렸던' 문화재가 끝내 제자리를 지켜낸 경우는 거의 없었다.

가령 서울 노원구 하계동의 서라벌고등학교 건너편에 있는 '한글고비'(서울유형문화재 제27호)의 경우도 그러했다. 문화재의 보존을 단지 배부른 소리로만 치부하던 시절과는 상당한 시차가 있었음에도 이 비석 역시 1990년 이후 수년간에 걸친 거듭되는 논란에도 불구하고 끝내 1998년에 이르러 15미터나 뒤로 물러나면서 길을 비켜주었다. "영(靈)한 비라 건드리는 사람은 화를 입으리라"는 경고문이 비석에 버젓이 새겨져 있었음에도 불구하고 말이나.

《국보도록》(1957)에 수록된 장의사지 당간지주의 모습이다. 여전히 그 주변이 한적하게 느껴진다.

말이 좋아 문화재보존입네 뭐네 하였지만, 이미 비석 턱밑까지 왕복 6차선 도로를 닦아놓아 누가 봐도 비정상적인 도로구조를 만들어 놓은 판국에 그러한 배부른 소리가 막무가내의 개발논리를 감당할 재간은 없었을 것이다. 잘 달리던 차가 갑자기 길이 좁아지고 그것이 고작 1.4미터 높이의 비석 하나 때문이었다면 그러한 원망을 누가 다 받아주었을 것인가? 어차피 그럴 거라면 왜 진작에 계획수립단계에서 문화재지역을 비껴나 도로설계를 할 수는 없었던 것인지?

천만다행한 일이었지만 장의사지 당간지주는 아슬아슬하게도 도로계획선에서는 벗어나 있었던 모양이었다. 그 대신에 사람들이 통행해야 할 정도의 공간은 확보해주지 못한 탓인지, 오늘날 같은 약간 별스러운 보행자 도로가 만들어졌던 것이다. 그만큼 이 길을 이용하는 사람들의 불편은 가중되었다는 사실 정도는 충분히 헤아려주는 것이 마땅하겠다.

문화재보존과 사람의 편의라는 고민거리를 지혜롭게 풀어나가는 묘안은 정녕 없는 것일까? (2003. 2. 25)

《경성부사》에 수록된 장의사지 당간지주의 모습이다. 물론 지금과는 완연히 다른 풍경이다.

12
삼전도비, 감출 수 없는 치욕의 역사

| 넘어지고 다시 세우고 또 파묻기를 거듭하다 |

　문화관광부가 선정한 2004년 4월의 '이달의 문화인물'은 백헌 이경석(白軒 李景奭)이다. 때맞춰 경기도박물관에서는 지난 3월 12일 이후 한달 동안 특별전시회 '난세의 명재상, 이경석'이 있었고, 여기에는 100여 점에 달하는 유품과 더불어 현종 임금이 하사한 궤장(几杖, 보물 제930호)도 선을 보였다.
　조선시대를 통틀어 임금이 내린 궤장을 받은 이가 그리 흔치는 않았으니 그것으로도 가히 그의 위상을 짐작할 만하다. 그는 효종의 등극과 더불어 영의정의 자리에 올랐고, 병자호란 이후 한때는 청나라에 맞섰다가 거듭 영불서용(永不敍用)의 조치를 당했던 인물이었다.
　하지만 그러한 '명재상'에게는 평생토록, 아니 그 후로도 결코 벗어 던지기 어려운 굴레가 하나 있었다. 치욕의 역사 그 자체인 송파 삼전도의 '대청황제공덕비'에 새겨진 칭송의 글은 바로 그가 지은 것이었다. 어쩌다가 그에게 이 일이 주어졌고, 그로 인해 나중에 송시열의 맹렬한 비난을 샀던 일은 널리 알려진 사실이다.

그리고 다시 360여 년의 세월이 흘렀으나 그때의 삼전도 비석은 지금도 번듯하게 남아 있다. 비록 원래에 세워졌던 자리는 아니고 또 비석의 뒷면에는 누가 그랬는지 알 수 없으나 이경석의 이름마저 뭉개져 버린 상태이긴 하지만 말이다. 그러니까 저놈의 공덕비를 바라보는 심정이 여전히 곤혹스럽기는 마찬가지다.

해방 이후 한때는 이를 치욕의 흔적이라 하여 땅 속에 파묻은 적도 있었으나 그 시기 또한 그리 오래지는 못했다. 설령 부끄러운 역사라 할지라도 역사적 사실은 사실 그대로 받아들이라는 뜻인지 어쩐지는

2004년 4월의 '이달의 문화인물'은 백헌 이경석이며, 경기도박물관에서는 이와 관련한 특별전시회가 열렸다.

모르겠지만, 이내 한강의 대홍수가 지나면서 비석을 묻어놓은 자리를 고스란히 파헤쳐 놓았던 탓이었다.

그러고 보니 저 삼전도 비석이 처음 넘어진 것은 100년도 훨씬 더 된 때의 일이었다. 청일선생의 뒤끝에 사내의 상징이라 하여 영은문(迎恩門)이 지체없이 헐어낸 것처럼 이른바 청태종의 공덕비 역시 그 무렵에 뒤로 넘겨졌던 것이다. 혹자는 이때에 비석을 땅에 파묻었다고 적어놓은 자료들이 간간히 보이긴 한데, 구체적으로 그러했다는 흔적은 없다.

서울 송파구 석촌동 289-3번지의 역사공원에는 사적 제101호 삼전도비가 있다. 이 비석에는 원초적인 치욕의 역사뿐만 아니라 지난 100년간에 벌어졌던 굴곡의 역사도 함께 묻어 있다.

이 비석은 청일전쟁 이후 이처럼 그저 넘어져 있었을 뿐 흔히 잘못 알려진 것처럼 매몰된 상태는 아니었다. 한편 1909년 가을에 동경제국대학의 세키노 타다시 교수가 촬영한 또 다른 사진자료 하나도 《한홍엽》에 수록되어 있는데, 그 모습 역시 이것과 별반 다르지 않다.

ⓒ서울대학교 박물관

1909년 가을에 이곳을 탐방했던 동경제국대의 세키노 타다시(關野貞) 교수가《한홍엽(韓紅葉)》(탁지부건축소, 1909)에 남겨놓은 사진자료를 보면, 삼전도비가 있던 주위에 민가들이 들어찼긴 했지만 그 사이로 귀부가 그대로 보이고 비신만 넘어간 상태였다는 점에서 '비석을 매몰… 운운'은 사실이 아니라고 여겨진다.

그러던 것이 삼전도 비석을 결국 다시 세운 것은 조선총독부였다. 이에 관해서도 분명한 기록 하나가 남아 있다. 야츠이 세이이치(谷井濟一) 등이 정리한 《대정6년도 고적조사보고》에는 다음과 같은 구절이 보인다.

외교사상 중대한 일등 사료이며, 조선에 다시없는 만몽문(滿蒙文)을 새긴 비석인데, 나아가 조선시대 중기에 있어서 석비의 대표적 작품으로서 영원히 보존의 가치가 있는 유물이다. (중략) 명치 27,8년 전역(즉 청일전쟁) 후에 넘어졌고, 1909년 세키노 박사가 조사할 제에는 더욱이 민가의 담장 안에 드러누워 뒤집어져 있었으나 근년에 본부(本府)에서 수립보존의 의논이 점차 무르익어 대정 6년 즉 1917년 9월, 때마침 본관들이 송파리(松坡里)에 머물던 중 영선과원(營繕課員)의 손으로 수립(竪立)이 완료되었다.

이에 앞서 영은문이 있던 자리에 지어 올린 독립문의 존재를 기꺼이 용인한 것 또한 그네들이었으니, 진작에 조선정부가 일부러 넘어트린 삼전도비를 조선총독부가 구태여 일으켜 세우려고 했던 까닭이 무엇이었는지에 대해서는 구차한 설명을 달지 않아도 좋을 듯하다. 나아가 1916년에 '고적급유물보존규칙'이 제정되자마자 그 등록대장의 첫머리에 삼전도비를 '등록번호 제11호'로 등재하여 적극적인 보호대상으로 삼았을 정도였으니까 말이다.

조선총독부는 1917년 9월에 청일전쟁 이후 조선정부가 일부러 넘어트린 삼전도비를 구태여 다시 일으켜 세웠다. 그리고 이러한 보호정책은 이 비석을 조선의 보물로 지정하는 데까지 이어졌다.

다시 세월이 흘러 '조선보물고적명승천연기념물보존령'에 따라 조선의 숱한 고적유물들이 이른바 '보물'로 잇달아 지정이 되었을 때 이 삼전도비가 그 대열에 포함되는 것은 당연한 수순이었다. 이때가 1935년 5월 24일이었고, 이듬해여 보물 제164호 '삼전도 청태종공덕비'가 바로 그것이었다.

그리고 삼전도비의 소재지는 경기도 광주군 중대면 송파리 187번지였다. 말하자면 이곳은 인조 임금이 청태종에게 항복의 예를 올렸던 수항단이 세워졌던 자리라고 보면 되겠다. 그 사이에 을축년 대홍

《속경성사화》(1938년)에 수록된 '경성부근명승사적안내도'에는 청태종공덕비의 위치가 잘 표시되어 있다. 이것으로 보아 삼전도비의 원위치는 지금의 석촌호수 언저리였던 것임을 짐작할 수 있다.

수로 인해 인근의 송파마을은 거의 사라졌으나, 삼전도비만은 황량하나마 원래의 자리를 지켰다.

그러나 해방이 되자 삼전도비의 처지는 청일전쟁 직후의 상황으로 되돌아간다. 우리에게는 여전히 수치의 역사였고, 그러기에 이 비석의 존재를 순순히 받아들이기는 참으로 힘들었던 시절이었다.

그리하여 마침내 1955년 11월 4일에 개최된 '국보고적명승천연기념물보존회' 제2차 총회에서는 "내무부 치안국장의 요청에 의하여 국보 제164호로 지정되었던 삼전도 청태종공덕비가 치욕의 역사물이란 이유로 지정 해제되어 땅속에 매몰되게 되었다"는 결정이 내려졌던 것으로 확인된다.

이 땅의 사람들에게는 하나도 달가울 리 없었던 비석 하나는 세상에 태어난 지 320여 년만에 그렇게 땅속으로 내려갔던 것이다. 위의 결정이 지체없이 시행에 옮겨졌는지는 분명하진 않지만, 어떤 기록에는 1956년이라고도 하고 또 다른 곳에서는 "1958년 봄에 부근의 지하 7척 깊이에 매몰하였다"고 적어놓은 내용도 보인다.

그리고 이와 관련하여 삼전도비는 즉각 국보 지정에서 해제되었고, 그 대신에 비석이 서있던 자리가 1957년 2월 1일자로 고적 제147호 '삼전도 청태종공덕비지'라는 이름을 새로이 얻는 절차가 이어졌다. 그 후 1962년의 문화재보호법 제정과 더불어 이 명칭은 다시 '사적 제101호'로 재분류되기도 했다.

그런데 때로는 일이란 게 좀 얄궂은 데가 없지는 않았던지 애써 땅속에 파묻었던 비석이 불과 몇 년 사이에 다시 그 존재를 드러냈던 것이다. 우연찮게도 비석을 매몰하던 그 무렵에 한강에 대홍수가 밀려들었고, 그로 인해 삼전도비는 금새 원래의 자리로 되돌아갔던 것으로 보인다. 《고고미술》 1960년 8월호에는 당시의 상황을 이렇게 적고 있다.

> 그 후 홍수에 의한 하안유실로 인해 비신, 귀부가 모두 수중으로 전락하였으며 이대로 두면 강저(江底)에 매몰되어 버릴 위험이 뚜렷하므로 문교부에서는 시급히 이를 인양하여 석촌리의 고지에 이건할 계획이다. 그런데 비신의 무게만 약 15톤, 귀부의 무게가 25톤이나 되고 현위치의 지반이 매우 약하고 함몰되기 쉽기 때문에 그 공사는 여러 가지로 난공사가 되리라고 생각된다.

그런데 이처럼 애물단지가 되어버린 비석 하나가 시금의 모습처럼 정비된 것은 1980년내

1960년에 발간된 《지정문화재목록》에는 삼전도 청태종공덕비가 국보에서 지정해제되고, 대신에 그 자리가 고적 147호로 지정된 상황이 표기되어 있다. 이 무렵에는 진작에 매몰처리된 삼전도비가 홍수로 인해 다시 그 존재를 드러낸 때였다.

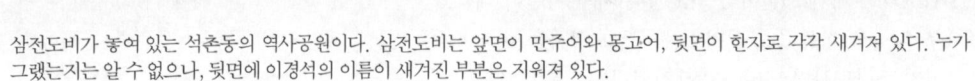

삼전도비가 놓여 있는 석촌동의 역사공원이다. 삼전도비는 앞면이 만주어와 몽고어, 뒷면이 한자로 각각 새겨져 있다. 누가 그랬는지는 알 수 없으나, 뒷면에 이경석의 이름이 새겨진 부분은 지워져 있다.

초반의 일이었다. 그 시절은 급속히 지역개발이 이루어지던 상황이었고, 여기에다 남한산성을 순시하던 차에 "삼전도에서 인조가 청태종에게 패하여 항복한 굴욕의 사실을 복원하여 굴욕의 역사 속에서도 교훈을 찾도록 하라"고 했다는 대통령의 지시내용이 충실히 존중(?)되던 때였다.

그 동안 사용되어 왔던 공식명칭 즉 '삼전도 청태종공덕비'라는 것이 과분하다 하여 '삼전도비'로 이름을 바로 잡은 것도 1981년 7월 10일의 일이었다. 그리고 송파구 삼전동 289-3번지에 조성된 역사공원에 삼전도비가 자리를 잡은 것도 이 무렵의 일이었던 것으로 보인다.

다만 그 시기가 명확하게 언제인지는 구체적으로 고증되지 않고 있으나, 1984년 7월 13일에 고시된 문화재보호구역 지정내역에 지금의 공원자리가 공식적으로 등장하고 있어 그 시기를 얼추 짐작하고 있을 따름이다. 도저히 감출 수 없는 부끄러운 역사의 흔적은 싫건 좋건 그렇게 보존이 되고 있는 셈이다.

치욕의 역사도 역사라는 말에는 별다른 이의를 제기할 마음이 없으나, 앞으로 또 어느 만큼의 세월이 흘러 다시 이 비석을 땅속에 파묻는 일이 과연 생겨날 것인지는 자못 궁금하지 않을 도리가 없다.
(2004. 4. 10)

삼전도비의 귀부는 파고다공원에 있는 대원각사비의 그것과 너무도 닮았다. 그리고 그 옆에서는 이와 흡사한 또 하나의 귀부가 놓여 있다.

삼전도비 옆에 있는
또 다른 돌거북의 정체는 무엇일까?

송파의 삼전도 비석은 파고다공원에 있는 대원각사비(보물 제3호)와 생김새가 닮은 구석이 참 많다. 특히 귀부(龜趺) 쪽은 세부적인 데까지 거의 표현양식이 일치하는 것으로 미뤄보아, 아마도 삼전도비는 대원각사비를 모델로 삼아 조성했을 가능성도 있다고 짐작할 수 있겠다.

그런데 현재 석촌동의 역사공원 구역에 옮겨진 삼전도 비석의 바로 옆에는 비록 비신(碑身)을 갖추지는 못했으나 약간 작은 크기의 돌거북 하나가 나란히 배치되어 있다. 이것의 정체는 과연 무엇일까?

이에 대해서는 원래의 삼전도비와 무관하다고 설명하는 견해도 있고, 그렇지 않다고 적어놓은 기록도 있다. 하지만 한눈에 보더라도 그 크기만 약간 다를 뿐 조각수법이 거의 흡사하다는 점에서 둘 사이의 연관성을 완전히 부인하기는 어렵다고 여겨진다.

그리고 삼전도비의 조성과 관련된 문헌상의 기록에 비춰 보더라도 여러 차례 석물(石物)이 준비되었다던가 조성계획이 때때로 변경된 흔적이 확연하다는 점에서 그 당시에 만들어진 잔여물일 가능성이 높다고 하겠다. 말하자면 더 큰 규모로 비석이 조성되기를 바라는 청나라 측의 변덕으로 원래에 만들어진 귀부가 용도 폐기되면서 남겨진 것이 아닌가도 싶다.

실제로 이 돌거북의 존재에 대해 이마니시 류(今西龍)가 제출한 《대정5년도 고적조사보고》에서는 위와 같은 취지의 설명문을 달고 있는 것을 확인할 수 있다. 그리고 경성전기에서 발행한 '경성하이킹 코스 제3집' 《풍납리토성》(1937년)에도 작은 귀부가 삼전도비와 관계가 있는 것으로 생각된다고 적고 있는 것이 보인다.

다만 여기에는 "부락민의 말로는 1925년 홍수에, 혹은 그 이전에 작은 귀부에 있던 비신이 행방불명된 바 있다"는 증언을 덧붙이고 있으나, 그다지 신빙성 있는 얘기로 들리지는 않는다. 하나 덧붙이자면 이 책에는 '삼전도비와 10여 발짝 떨어진 곳에 놓여진 작은 돌거북'의 사진이 그대로 남아 있어 그것을 참고할 만하다고 하겠다.

제3부
궁궐을 거닐며 역사를 만나다

경복궁의 서십자각은 왜 사라졌을까?
순종이 승하하니 영추문이 무너지도다
"차라리 창덕궁으로 길을 냈을언정…"
성종태실은 왜 창경궁 안에 있을까?
고종은 왜 덕수궁에 눌어 있을까?
고종이 승하하니 덕수궁이 찢어지도다
고종이 승하하니 덕수궁이 찢어지도다
덕수궁 선원전, 해인사 포교당 되다

13

경복궁의 서십자각은
왜 사라졌을까?

| 1923년의 '광화문~영추문' 전차선로 개설이 원인 |

　　경복궁 광화문 앞에서 오른쪽으로 길을 돌려 다시 삼청동 방향으로 꺾어 올라가는 길모퉁이에 때아닌 문루 하나를 만나게 된다. 이름하여 '동십자각(東十字閣)'이 바로 그것이다.

　　보나마나 그건 분명히 궁궐의 흔적이라고 할 수 있을 텐데, 그럼에도 정작 사적지로 지정된 경복궁(사적 제117호)의 권역에는 포함되지도 못하고 '서울시 유형문화재 제13호'라는 별도의 지정번호를 꿰어차고 있다는 것이 어째 영 어색하게 보인다.

　　그런데 어색한 것은 그것뿐이 아니다. 마치 교통의 섬을 이루듯 홀로 한길 가운데로 뚝 떨어져 나와있어 자동차들이 그 양옆으로 무시로 지나다니는 것 역시 그리 자연스러운 풍경은 전혀 아닌 듯하다. 돌이켜보면 동십자각에 연결된 궁장을 헐어내고 지금의 모습처럼 만들

마치 도로 한가운데에 나앉은 모양으로 서 있는 동십자각의 현재 모습이다. 하지만 변한 것은 주변의 풍경이었지 동십자각은 아주 오래 전부터 제자리를 굳건히 지키고 있었다.

어진 것이 1929년의 조선박람회(朝鮮博覽會) 때였으니, 그럭저럭 70여 년을 훨씬 넘긴 시절의 얘기가 되어 버렸다.

하지만 동십자각은 그러한 몰골로나마 확연하게 그 존재가 남아 있는 것과는 달리 광화문 너머 저 건너편의 대칭되는 지점에 있어야 할 서십자각(西十字閣)은 그 흔적조차 전혀 확인할 길이 없다. 지금은 국립중앙박물관이 들어서 있는 경복궁의 서남쪽 모서리를 아무리 둘러

총독부청사의 건립으로 궁장이 몽땅 헐려나간 뒤에도 동십자각(오른쪽 표시)은 그대로 남았던 반면 건너편의 서십자각(왼쪽 표시부분)은 벌써 사라지고 없다. 이 사진을 보더라도 전차선로가 지나는 탓에 궁궐의 서남쪽 모서리가 둥그스름하게 변해버린 상태라는 것을 금새 확인할 수 있다.

봐도 그저 둥그스름한 담장이 이어지고 있을 뿐 그곳에 동십자각과 똑같은 문루가 서 있었다고 짐작할 만한 단서는 전혀 남아 있지 않다.

그럼 동십자각은 버젓이 남아 있는데 서십자각은 사라지고 만 까닭은 도대체 무엇일까?

기록을 뒤져보면 서십자각을 헐어낸 것이 딱히 언제라고 단정할 만한 명시적인 구절은 보이지 않았으나, 광화문 앞에서 영추문 방향으로 이어지는 전차선로(電車線路)가 개설된 것이 직접적인 원인이었던 것은 분명하다. 이때가 1923년 9월이었다.

실제로 《동아일보》 1923년 9월 1일자에는 "조선부업품공진회가 열

리기 전에 경성부에서 경성전기회사와 교섭한 결과 광화문에서 부업품공진회의 출구(出口)가 되는 영추문(迎秋門) 앞까지 전차선로를 연장하기로 했다"는 요지의 기사가 들어 있다. 그런데 문제는 궁궐 서남쪽의 모서리부분을 전차선로가 어떻게 지나갈 수 있느냐 하는 것이었다.

다시 《동아일보》 1923년 9월 2일자에는 다음과 같은 내용의 기사 하나가 이어진다.

경성전기회사에서 새로 광화문에서 영추문까지의 전차를 부설한다 함은 작일 보도한 바이어니와 설계내용을 대강 듣건대, 경기도청 앞에서 광화문선과 연락하여 단선으로 영추문까지 이르게 하는 것인데, 연장은 삼백 육십여 칸이며 총경비는 이만 원 가량이나 되는 바 현재의 길모양대로 전차길을 내려하면 길 굽이가 여러 군데가 되어 전차의 운전이 거북할 뿐만 아니라 궁장의 서십자각 부근은 길도 좁고 또는 굽이가 너무 심하여 궁장을 그대로 둔다하면 그 부근 인가를 철폐하여야 할 터인데… 운운.

말하자면 곡선으로 지나가야 할 전차선로가 직각형태의 궁궐 모서리 부분을 어떻게 지나갈 것인가에 대한 논란이 있었다는 얘기였다. 그러다가 결국 서십자각 쪽의 모서리 일부를 헐어내기로 결정했던 모양이었다. 《매일신보》 1923년 9월 2일자에는 이때의 상황을 다음과 같이 적었다.

그런데 전차를 부설하는데 한가지 유감되는 것이 있다. 그것은 지금 광화문으로부터 영추문 앞까지의 도로는 경복궁장으로 말미암아 길이 모가 되어 있으므로 가옥을 파훼하거나 경복궁장을 파훼치 아니하면 전차를 부설할 수 없는데 가옥을 파훼한다 하면 경비가 많이 들어 도저히 할 수 없는 고로 하릴없이 역사의 한가지 유물되는 경복궁장을 약 육십 칸 길이로 파괴하여 선로를 만들지 아니치 못하게 되었다 한다. 또 파괴한 궁장 뒤에는 우선 간이공사로 궁안을 감출만한 담을 쌓을 예정이라 한다.

그해 10월 5일에 열리기로 예정된 조선부업품공진회(朝鮮副業品共進會)에 때를 맞추어 전차개통을 하려고 했던 탓인지 선로부설공사는 매우 신속하게 이루어졌다. 그 즈음 이른바 '내지'에서 관동대지진(關東大地震)으로 인해 빚어진 참상이 속속 전해지고 있

었으나, 이에 아랑곳하지 않고 궁장을 헐어내는 작업은 지체없이 이루어졌던 사실을 확인하기란 그리 어렵지 않다.

이때의 궁장철거공사와 더불어 서십자각을 헐어내는 공사도 한꺼번에 이루어졌는지의 여부는 단언할 수 없지만, 1926년 초에 작성된 '박물관관람안내도'에는 서십자각의 존재가 사라진 것으로 표기되어 있어 대충 그 시기를 짐작할 만하다. 광화문과 영추문 사이에 전차

《동아일보》 1923년 9월 9일자 보도사진으로 조선부업품공진회의 개회에 맞추어 전차선로를 개설하기 위해 서둘러 서십자각에 연결된 궁장을 헐어내는 풍경이다. 우연찮게도 그 시절 이른바 '내지'에서는 관동대지진의 여파로 조선인들이 대량학살되고 있었다. 어쨌거나 이것은 서십자각의 모습을 담은 마지막 사진이다.

경복궁의 서십자각이 버젓이 남아 있던 시절의 모습이다. 왼쪽이 서십자각이고, 오른쪽이 광화문이다.

선로가 개통되면서 광화문 해태 역시 1923년 10월 2일에 제자리에서 걸어내어 지는 수난을 당했으니 의외로 전차의 위력은 대단했던 셈이다.

그런데 동십자각 쪽은 전차노선의 개설과 전혀 무관했던 것일까? 천만다행으로 나중에 동십자각 방향으로도 전차선로가 부설되기는 했지만 광화문 쪽에서 안국동으로 곧장 이어지는 직선선로만 개설되는 통에 간신히 철거되는 위기에서 살짝 비켜설 수 있었던 것으로 보인다. 행여나 광화문에서 심칭동 쪽으로 꺾이지는 전차선로가 개설되는 일이 벌어졌더라면 동십자각 역시 철거되는 위기에서 벗어나기는 어려웠지 않았겠나 싶다.

더구나 1925년 9월에는 안국동, 중학동, 간동, 팔판동, 효자동, 창성동, 통의동, 적선동으로 이어지면서 경복궁을 포위하는 전차순환선을

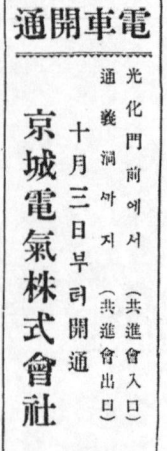

광화문에서 영추문으로 이어지는 전차선로는 개설이 논의된 지 한달 만에 완공되었다. 이 전차선로의 개통은 서십자각 철거의 단초를 제공했을 뿐만 아니라 광화문 앞을 지키고 있던 해태상이 철거되는 계기가 되기도 했다.

1929년 4월 22일, 그날 진명여학교 학생들을 가득 태운 전세전차가 전복되는 대형사고가 일어났다. 그런데 하필이면 그 장소가 서십자각을 헐어낸 곡선코스, 바로 그곳이었다. 당시 《중외일보》에 보도된 사고기사를 보면, 나중에 시인이 되는 '노천명(盧天命)' 학생의 이름이 부상자명단에 들어있는 것이 흥미롭다.

개설하려는 시도가 구체화된 적도 있었다. 그나마 이러한 계획이 무산되었기에 망정이지 그대로 실행되었더라면 동십자각 역시 서십자각처럼 이 땅에서 영영 사라질 뻔했던 것은 아니었나 모르겠다.

이제 서십자각이 전차선로의 개설과 더불어 영영 사라져버린 지 그럭저럭 80여 년에 가까운 세월이 흐르고 있다. 그리고 1990년 이후 착착 진행되고 있는 경복궁 복원계획과 더불어 광화문과 영추문과 서십자각의 원형복원을 위한 논의도 한창 진행되고 있는 모양이다. 하지만 서십자각의 원래 모습을 제대로 담아 놓은 사진자료 하나 변변하게 남아 있질 않으니 앞으로 복원될 서십자각은 그저 동십자각의 복제품 신세를 면하기는 정녕 어려울 듯 싶다. (2003. 9. 4)

서십자각 연결궁장의 철거 관련 기사

《동아일보》1923년 9월 2일자에 "영추문선 전차는 궁장을 헐고 십자각 뒤로, 광화문 앞 돌난간도 일부는 헐리게 될 모양이라고", "장차 추성문(秋成門)까지, 그편으로는 학교도 많고 교통이 복잡하므로 이왕부터 생각하여 오던 계획"이라는 제하의 기사가 남아 있다.

경성전기회사에서 새로 광화문에서 영추문까지의 전차를 부설한다 함은 작일 보도한 바이어니와 설계내용을 대강 듣건대, 경기도청 앞에서 광화문선과 연락(連絡)하여 단선(單線)으로 영추문까지 이르게 하는 것인데, 연장은 삼백 육십여 칸이며 총경비는 이만 원 가량이나 되는 바 현재의 길모양대로 전차길을 내려하면 길 굽이가 여러 군데가 되어 전차의 운전이 거북할 뿐만 아니라 궁장의 서십자각 부근은 길도 좁고 또는 굽이가 너무 심하여 궁상(宮墻)을 그대로 둔다하면 그 부근 인가를 철폐하여야 할 터인데, 이 같이 함은 그곳 주민에게 막대한 손해가 있을 뿐만 아니라 경비도 더 드는 까닭으로 총독부 당국과 교섭한 결과 서십자각으로부터 광화문 쪽으로 오십 칸, 영추문 쪽으로 열 칸 길이의 궁장을 무너버리게 되었으며 광화문 앞에 있는 돌난간도 다소 헐릴 터인데 이에 대한 비용은 전부 경성부에서 담당하게 되었다는데 공사는 각 관계당국의 양해가 있으므로 금명간에 곧 착수하여 될 수 있는 대로 부업품공진회가 개최되기 전에 완성하여 일반의 편리를 도모할 작정이라더라.

이에 대하여 경성부윤은, "궁장을 헐어버리는 비용을 경성부에서 담당하기로 한 것은 사실이올시다. 경비가 얼마나 될지는 아직 확정하지 아니하였습니다마는 궁장을 헐고 다시 경복궁 쪽으로 조그마한 담을 쌓아야 할 터이므로 (장래에는 없애야 할 것이지만) 적지 아니할 것이올시다. 그런데 이번 전차길은 특히 공진회를 위하여 부설하는 듯이 말하는 이도 있는 듯합니다마는 결코 그런 것이 아니올시다. 계획은 벌써부터 있던 터이외다.

원래 계획으로 말하면 영추문은 오히려 추성문 부근까지 하려던 것이 외다. 실상 그 부근에는 제2고보, 진명여자고보, 청운, 매동 등 보통학교가 있으므로 교통이 매우 복잡하게 되었습니다. 그런데 종래 교통기관이 불완전하여 일반의 불편이 막심하므로 부에서도 여러 가지로 생각하던 중에 경전에서 그곳에 전차를 부설할 계획이 있고 겸하여 공진회가 열리게 됨에 이 기회를 타서 그곳의 교통기관을 위하여 도와줌에 불과한 것이올시다"는 의미로 말하더라.

동십자각 연결궁장 철거 관련기사

《매일신보》 1929년 5월 11일에 "동십자각(東十字閣) 모퉁이 도로를 대확장, 박람회 입장자 위해 십자각은 노중(路中)에" 제하의 기사가 남아 있다.

금추(今秋) 개최할 조박(朝博) 준비는 착착 진행중인데 박람회 개회간중은 약 이백만 명의 관람자가 회장에 출입될 예상이므로 총독부 정문 전 전차정류소로부터 박람회 정문이 될 광화문까지 노면이 협소하야 다수인의 교통이 불편한 점이 불소(不少)하겠으므로 본부청사 동측에 재한 왕궁시대에 축조한 조선식 장벽을 전부 철거하고 현재 본부사용 정구장에 달하기까지 도로를 확장하여 대중의 통행에 불편함이 없도록 하기로 되었으며, 따라서 동남모퉁이에 있는 십자각은 조선식 색채가 있는 건물인 고로 존치하게 되었는데 우(右) 건물은 확장된 도로중앙에 남아 있게 되었다.

서십자각의 사진자료는 과연 어디에 남아 있을까?

참으로 안타까운 일이긴 하지만 이런저런 자료를 아무리 뒤져보더라도 서십자각의 원래 모습을 담아놓은 사진이 당최 잘 눈에 띄질 않는다. 가령 세키노 타다시(關野貞)가 남긴 《한국건축조사보고》(1904)나 그 후 발간된 《조선고적도보》 등에도 '동십자각'의 풍경만 나와있을 뿐이지 '서십자각'의 모습은 어김없이 누락되어 있었다.

그런데 서울시사편찬위원회에서 펴낸 《일제침략 아래서의 서울 : 1910~1945》(2002)에는 '헐리기 이전의 서십자각'이라고 적어놓은 사진자료 하나가 수록되어 있다. 하지만 이 사진의 원출처인 《First Encounters : Korea 1880~1910》(1982)를 다시 확인해보았더니 거기에는 딱히 '서십자각'이라는 표기가 들어있지 않았다. 따라서 그 사진이 서십자각의 모습이라고 단정할 만한 뚜렷한 근거는 없어 보인다.

그렇다면 정말 서십자각의 모습을 담은 사진자료는 전혀 남아 있지 않은 것일까?

천만다행으로 두 어 군데에서 그 흔적이 확인된다. 우선은 《민족의 사진첩, Ⅰ. 민족의 심장·정도 600년 서울의 풍물》(서문당, 1994) p.52에 등장하는 사진이다. 여기에는 '동십자각 (1910년)'이라는 설명문을 달고 있으나, 누각으로 올라가는 출입구의 방향이랄지 그 너머로 보이는 남산의 기울기에 비추어 볼 때 그것이 '서십자각'일 가능성이 아주 높다고 판단된다.

한편, 2002년 12월 24일부터 2003년 3월 2일까지 경기도박물관에서 개최한 사진전 '먼나라 꼬레 : 이폴리트 프랑뎅(Hippolyte Frandin)의 기억 속으로'의 관련자료로 발간된 《먼나라 꼬레》(경기도박물관, 2003) p.198에도 이와 똑같은 사진이 수록되어 있는 것이 보인다. 그러니까 이 사진은 원래 프랑스 외교관 프랑뎅이 촬영한 것이었음을 알 수 있다. 하지만 여기에도 설명문안에는 '경복궁 바깥 동십자각'이라고 표기되어 있다. 그것이 원작자의 표시에서 직접 따온 것이 아닌 한 여전히 '서십자각'의 착오일 가능성은 아주 높다.

그리고 또 하나는 《에카르트의 조선미술사》(열화당, 2003) p.40에 등장하는 사진이다. 여기에도 역시 '경복궁 성벽의 소각루(동십자각)'이라고 적었으나, 출입구 방향이나 주변의 거리풍경 등이 동십자각 쪽과는 전혀 일치하지 않는다. 이것 또한 동십자각이 아니라 '서십자각'이라고 보는 것이 옳겠다.

듣기로 궁궐의 '궐(闕)'이 동십자각과 서십자각과 같은 궐대(闕臺)를 지칭하는 것이고 따라서 이것이 마저 갖추어져야만 온전한 궁궐이라는 얘기가 있긴 한데, 어쨌거나 기왕에 서십자각의 원형복원이 추진되는 바에야 아무쪼록 서십자각의 사진자료에 대한 고증이 제대로 이루어졌으면 하는 개인적인 바람을 따로 적어둔다.

14

순종이 승하하니
영추문이 무너지도다

| 경복궁 영추문의 온전한 복원을 기다리며 |

　1926년 4월 25일 아침 6시 15분, 황제였으나 그 위세와 위엄은 전혀 누리지 못했던 조선의 마지막 군주 순종이 창덕궁 대조전에서 숨을 거두었다.* 비보를 접한 장안이 온통 애도의 물결로 넘치고 있을 무렵 경복궁의 서쪽 문인 영추문(迎秋門)의 한쪽이 돌연 무너져 내렸다. 그때가 바로 1926년 4월 27일 오전 10시, 순종이 승하한 지 이틀 만이었다.
　당시 《매일신보》는 이때의 일을 이렇게 적었다.

---

* 순종(純宗)이 승하한 때에 대해서는 기록들이 엇갈린다. 《순종국장록》(1926)에는 "1926년 4월 25일 상오 6시 15분"이라 되어 있으나, 《조선총독부 관보》에는 "1926년 4월 26일 오전 6시 10분 훙거(薨去)하였다"고 고시하였다. 기사에는 일단 《순종국장록》쪽의 기록을 따랐음을 적어둔다.

1975년에 시멘트로 지어진 지금의 영추문이다. 하지만 그나마 원래의 자리가 아니라 북쪽으로 50미터쯤 물러나 복원되었다.

경복궁(景福宮) 안에는 금년 일월 초순에 총독부가 이전되어 간 후 우렁차고 파탄 많은 광화문(光化門)을 그 뒤로 옮겨가기로 하고 목하 이축공사에 착수하여 불원간 그 웅자를 용이히 얻어보기 어렵게 되었음을 암암히 무엇이라 말못할 감상을 느끼고 있는 중인데, 작 이십칠일 오전 열시에 지금까지 흔적도 없던 경복궁의 영추문의 북쪽 한편이 돌연히 무너져 영추문 전부가 위태한 지경에 이르렀다.

정녕 비운의 왕이 떠나간 것을 그렇게 비통해 하여 문이 그렇게 무너진 것은 필시 아니었을 테고, 영추문이 갑자기 붕괴된 것은 무슨 까닭이었을까?

알고 봤더니 그 앞으로 전차(電車)가 무시로 왕래한 탓에 담장이 울려 결국 영추문이 무너져 내렸던 것이다. 요즘 식으로 말하자면 영추문 붕괴사건은 '예고된 인재(人災)'였다.

일제가 조선물산공진회를 연다는 명분으로 경복궁의 흥례문 구역을 몽땅 헐어낸 것이 1914년 7월이고, 다시 그 자리에 조선총독부 청사를 짓겠다고 지진제(地鎭祭)를 올린 것이 1916년 6월 25일이었다. 그로부터 건물을 완공하여 이른바 시용식(始用式)을 거행한

《매일신보》 1926년 4월 29일자에 수록된 붕괴 당시의 영추문 모습이다. 문루가 무너진 것은 순전히 그놈의 전차 탓이었다.

것이 1926년 1월 4일이었다. 그러니까 다 지어올리기까지 무려 10년 가까운 시간이 걸렸다.

그만한 세월이 흐르도록 수많은 공사인부들하며 묵직한 공사자재들은 다 어디로 들락거렸을 것인가 말이다. 그 시절에 조선총독부는 공사자재들 특히 동대문 석산(石山)에서 채취한 화강암을 운반하기 위해 채석장에서 광화문 광장의 기념비전을 거쳐 경복궁의 공사장 내에 이르기까지 직접 전차선로를 연결하여 끌어들인 것으로 확인된다. 그리고 또 한강의 모래와 마포연와공장의 벽돌과 용산에 옮겨진 대리석들을 모두 전차를 통해 운반했다는 기록이 보인다.

그러니까 이 난리통에 어찌 궁장(宮牆)이 울리지 않을 도리가 있었을까? 그런데 그 전차선의 종점이 바로 영추문 앞이었다. 게다가 그 사이에 교통량도 부쩍 늘어난 탓인지 영추문이 무너지기 직전에는 광화문에서 총독부 앞까지 복선으로 선로를 증설하여 개통했다는 기사도 보인다. 육중한 전차가 땅을 울리고, 그 사이에 영추문은 서서히

무너져 내렸던 것이다.

　보아하니 경복궁의 서쪽 담장을 따라 개설된 전차선로도 하필이면 담장에 바짝 붙어 있었다. 그 앞에 제법 널찍한 길이 닦여 있었건만 전차는 담벼락에 늘어선 전신주를 따라 그 아래를 지나다녔다. 붕괴사고가 일어날 당시에도 그 앞에 전차 한 대가 놓여 있었던 사진자료가 남아 있어 그때의 풍경을 확인하기란 그리 어렵지 않다.

　그런데 무너져 내리기 시작한 영추문은 그 이후로 어떻게 처리되었던 것일까? 가뜩이나 신청사를 준공한 조선총독부가 눈앞에 걸리적거리던 광화문조차 건춘문(建春門)너머로 밀어내던 판국이니 어찌 영추문 따위가 대수였을 것인가? 궁장의 붕괴를 핑계삼아 영추문은 결국 이 땅에서 지체없이 사라지고 말았다.

　그 뒤 서십자각(西十字閣)도 헐려나가고 다시 담장은 뒤로 물려졌으니 이제 제 있던 자리를 되찾기는 영영 어려워진 듯싶은데, 그 자리에 간결한 형태의 문짝 하나가 대신 만들어진 것이 그나마 영추문이

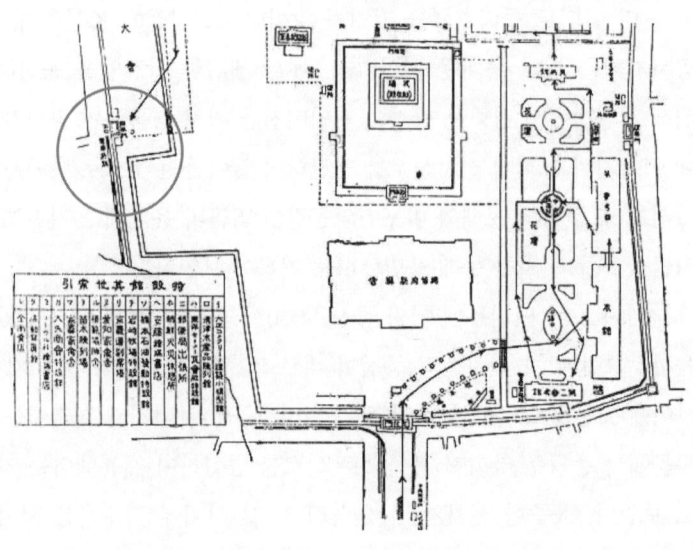

1923년 가을에 경복궁에서 개최된 '조선부업품공진회' 당시의 배치도이다. 여기에는 영추문이 전차선로의 종점이었다는 것이 그대로 드러나 있다.

《조선고적도보》에 수록된 영추문의 모습이다. 여기에는 우연찮게도 영추문 붕괴 당시의 사진이 실렸다. 담장에 바짝 붙은 전차 선로와 전신주가 늘어선 것이 보이고, 저 너머로 전차 한 대가 멈추어 선 풍경이 눈에 들어온다.

있었다는 흔적을 말해주는 정도였다. 일찍이 서대문이 공매처분되고, 서소문도 사라졌고, 이번에는 광화문이 원래 자리를 내어주었고 또 영추문이 이렇게 사라졌고, 몇 해 뒤 퇴락한 광희문과 혜화문마저 철거되었으니 문루라는 문루는 가히 수난의 연속이었다.

세월이 흘러 지금의 몰골로나마 영추문이 겉모양을 되찾게 된 것은 1975년의 일이었다. 하지만 광화문이 시멘트로 지어졌듯이 영추문 또한 콘크리트 신세를 면하지는 못하였다. 더구나 이미 담장이 뒤로 물려진데다 복구된 위치도 제 있던 곳에서 무려 50여 미터나 북쪽으로 밀려난 곳에 자리를 잡았다. 그러니까 이를 두고 온전한 복원이라고 하기는 어려울 것 같다.

영추문은 사라졌으나 편액만은 간신히 그 흔적을 남겼다. 위의 것은 작자미상의 원래 편액이고, 아래는 현재의 '영추문' 편액으로 일중(一中) 김충현(金忠顯) 선생의 글씨이다.

마침 1990년 이후 경복궁의 복원공사가 계획대로 착착 진행되고 있으니 언젠가는 영추문도 본디 제자리에 본래의 모습으로 복구되는 날이 오지 않을까 싶기는 하다. 하지만 애당초 복원 대상에 포함되어 있는 광화문도 저 모양으로 꿈쩍도 않고 그냥 버티고 있으니 영추문 정도야 언제 그 순서가 돌아올 것인지는 앞으로도 한참은 더 지켜봐야 할 일이 아닐는지? (2003. 3. 30)

후지시마 가이지로가 《조(朝)》 1926년 6월호에 남긴 '영추문을 애도하며'의 일부이다.

아, 영추문이여! 영추문이여!

조선총독부 청사의 준공을 앞두고 경복궁 정문인 광화문(光化門)의 철거 문제가 표출되었을 때 "광화문이여, 광화문이여, 너의 목숨이 이제 경각에 달려 있다"고 외친 일본인이 있었고, 그 바람에 그를 광화문을 구해낸 '좋은' 위인으로 또는 조선을 사랑하는 인물로 기억하는 사람들이 적지 않다.

《개조》 1922년 9월호에 '사라지려는 한 조선건축을 위하여'를 발표했던 야나기 무네요시(柳宗悦, 1889~1961)가 바로 그이다. 한국정부는 1984년 9월에 그의 아들에게 '대한민국 보관문화훈장'을 전달했다. 모르긴 해도 이때의 일이 틀림없이 거론되었을 법한데, 그것이 과연 훈장을 타갈 만큼의 공적이 되는지는 참으로 의문이다.

이러한 종류의 '배부른' 언사는 영추문의 경우에도 없지는 않았다. 조선예술잡지 《조(朝)》 1926년 6월호에 '영추문을 애도하며'라는 글이 하나 남아 있다. "영추문의 붕괴는 알지못할 쓸쓸함을 나의 마음에 가득차게 한다"는 구절로 시작되는 글이 말이다.

"조선에는 조선 특유의 아름다움이 있다. 건축에도…"라고 적고 있는가 하면, "나는 단지 영추문만을 애석해하는 것은 아니다. 이것을 하나의 예로서 장래의 교훈으로 하려는 것이다. 내버려두면 수년도 되지 않아 상당수를 잃어버릴지 모를 조선의 아름다운 건축에 대한 주의를 촉구하는 데 있다"고 글을 맺고 있다. 이 글을 적은 때가 1926년 5월 15일이다.

필자는 나중에 동경대학교 건축학과 교수이자 일본건축사학계의 거물이 되는 후지시마 가이지로(藤島亥治郎, 1899~2002)이다. 그 당시의 신분은 조선총독부 기사인 동시에 경성고등공업학교 교수였다. 그리고 그가 '건축잡지'에 연재했던 《조선건축사론》은 아직도 간간이 위력을 발휘하는 저작물로 남아 있다. 지독히도 장수했던 그는 100세를 훨씬 넘긴 지난해에야 사망했던 것으로 확인된다. 그러고 보니 그가 영추문을 애도했던 때는 갓 스물 여덟의 청년이었다.

한편 그로부터 2년이 흐른 뒤 후지시마는 《조선과 건축》 1928년 8월호에 '최근 제각(除却)된 성문을 애도하며'라는 글을 게재했다. 이번에는 그 대상이 광희문과 동소문(즉 혜화문)이었다. 그가 이런 글을 발표한댔자 두 문이 입찰을 거쳐 팔려나가는 것을 어찌 되돌려놓을 수 있었을 것인가? 누구는 헐어내고 또 누구는 그것을 애도하는 것, 그래서 식민지는 더욱 슬펐다.

15
"차라리 창덕궁으로
길을 낼지언정…"

| 종묘(宗廟)를 관통하는 도로는 이렇게 개설됐다 |

　1932년 4월 22일, '마침내' 이날 안국동에서 원남동 방면으로 곧상 이어지는 신작로(新作路) 하나가 정식으로 개통되었다. 식민통치자들이 처음 이 길을 계획하고 나서 실제로 관통도로의 완공을 본 것은 무려 20년만의 일이었으니 이 대목에서 '마침내'라는 표현을 쓰지 않는다면 오히려 그것이 더 이상하게 여겨질 법도 하다.
　도시가 발달하고 사람의 왕래가 잦아지면 원활한 소통을 위해 지름길을 내거나 길을 넓히는 것은 자연스러운 변화의 하나이긴 힐 테지만, 그렇더라도 그 대상을 골라도 애당초 아주 잘못 골랐던 듯싶다. 그것이 하필이면 조선왕조의 근본이라 할 만한 종묘구역이었으니까 말이다.
　한참 세월이 흐른 뒤에 '율곡로'라는 근사한 이름을 얻게 되었지만, 가뜩이나 창경궁 쪽에서 죽 뻗어 나온 지맥(地脈)을 잘랐다 하여 두고두고 조선 사람들의 반감을 자아냈던 곳 역시 바로 이 길이었다. 그러니까 종묘를 가로지르는 도로개설은 그 자체로 논란거리가 되지 않을 도리가 없었던 것이다.

돌이켜 보면 이 도로의 개설이 처음 계획된 것은 1912년 11월 6일의 일이었다. 이른바 '경성시구개수예정계획노선'이라 하여 조선총독부가 경성시내 일대를 바둑판처럼 다듬어진 반듯한 도로망의 구축을 발표한 것이 바로 이날이었다. 이 가운데 '광화문 앞에서 대안동(지금의 송현동) 광장을 거쳐 돈화문통을 횡단하여 총독부의원의 남부를 뚫고 중앙시험소 부근에 이르는 노선'이 하나 들어 있었다. 그 시절에는 달리 '북부간선도로'라고 불렀던 길이기도 했다.

근대적인 도시계획의 개념을 적용하려는 뜻이야 이해하지 못할 바는 아니로되 그것이 신성구역을 침범하여 종묘를 가로질러 간다는 것

1932년 4월 22일에 개통된 '종묘관통도로' 즉 지금의 율곡로 모습이다. 원래 이 길은 1912년에 개설계획이 수립되었으나 '전직' 황제의 뜻을 거스르지 못해 실제 완공되기에는 무려 20년의 세월이 걸렸다.

1912년 11월 6일자 《조선총독부 관보》이다. '경성시구개수예정계획'이라는 이름이 붙은 이날의 고시에는 광화문에서 돈화문을 거쳐 총독부의원으로 이어지는 '제6노선'의 개설계획이 포함되어 있다.

은 그것만으로도 그리 만만하게 처리할 수 있는 사안은 분명 아니었다. 아니나 다를까 식민통치자들로서도 진작에 그 실현가능성에 의문을 가졌던 것인지 이 구역에 대해서만큼은 계획노선도에다 그냥 '점선'으로만 표시해두었던 것으로 확인된다.

그리고 실제로 이때의 계획처럼 직선도로가 그대로 개설된다면 당장에 '영녕전(永寧殿)'의 뒤로 바짝 붙어 불과 수 십 미터 떨어져 길을 내야 한다는 것도 큰 문제였다. 그러니까 현실적인 반대의견을 불러오는 것은 당연한 결과였을 테고, 그러한 현실을 받아들였음인지 1919년 6월 25일에 가서는 '경성시구개수예정계획노선'을 수정했을 때에는 당초의 직선계획도로가 궁궐지역과 송묘구역 사이의 경계선을 따라 한창 휘어져 있음을 엿볼 수 있다.

더구나 이때에는 '전직' 황제였던 순종임금이 버젓하게 살아있던 시절이었다. 비록 망국의 황제였다고는 하지만 그 존재가 확연한 판국에 뜻을 거슬러 불쑥 종묘를 관통하는 도로를 뚫어내기는 그만큼

"차라리 창덕궁으로 길을 낼지언정…"

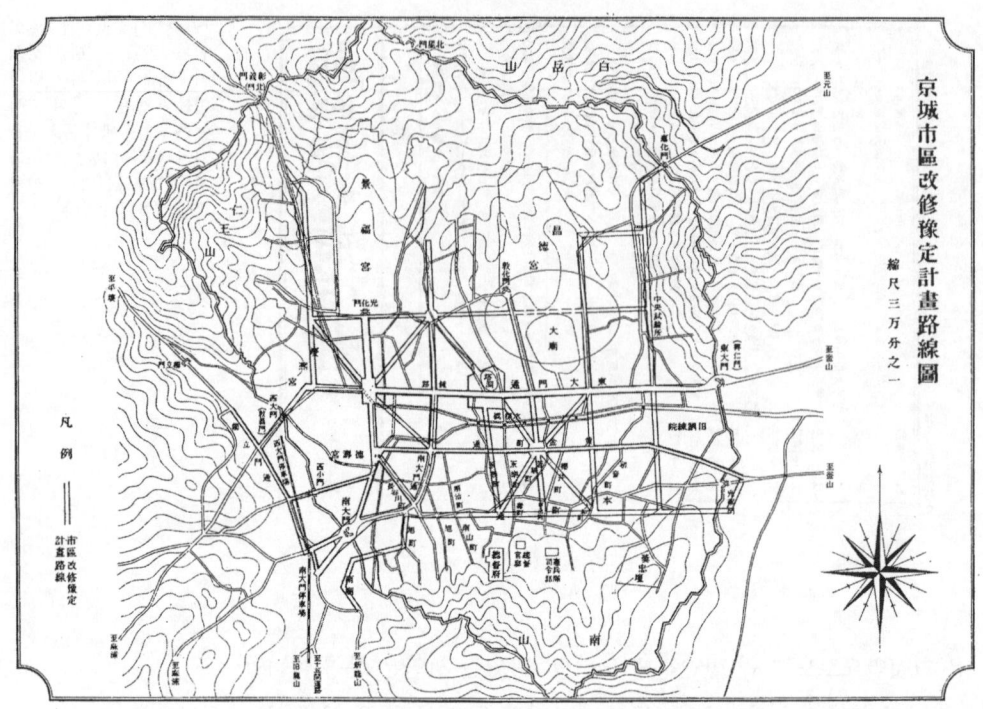

'경성시구개수예정계획노선도'의 모습이다. 경성시 내에 걸쳐 마치 바둑판처럼 반듯하게 정돈된 도로망이 표시되어 있으나, 유일하게 종묘관통구역만 '점선'으로 표시되어 있는 것이 보인다.

더 어려웠던 것이다. 실제로 이 문제에 관한 한 순종임금의 뜻은 단호한 편이었다.《동아일보》1922년 9월 21일자에는 다음과 같은 내용의 기사가 보인다.

　이왕 전하께서는 길이 종묘 뒷산을 끊고 나아가게 되었다는 소문을 들으시고 그 길은 중지할 수 없느냐 물으시며, 만일 그 길을 절대로 중지할 수 없으면 종묘의 대문을 영녕전 앞으로 들이세우고 종묘 앞으로 길을 내면 어떠하냐 될 수 있는 대로는 앞으로 길을 내라 하시는 처분과 그 다음에는 종묘 앞으로도 내일 수 없다 하면 종묘의 뒤로 내더라도 차라리 창덕궁영(昌德宮營)을 더 범하도록 하고 영녕전에는 가깝지 아니하도록 주선하라시는 처분이 계시었다 승문되는데, 원래 조선의 관습상으로 보면 산맥의 노후를 끊는 것은 사가(私家)에서도 대단히 꺼리는 터인데 종묘 중지의 노후를 끊

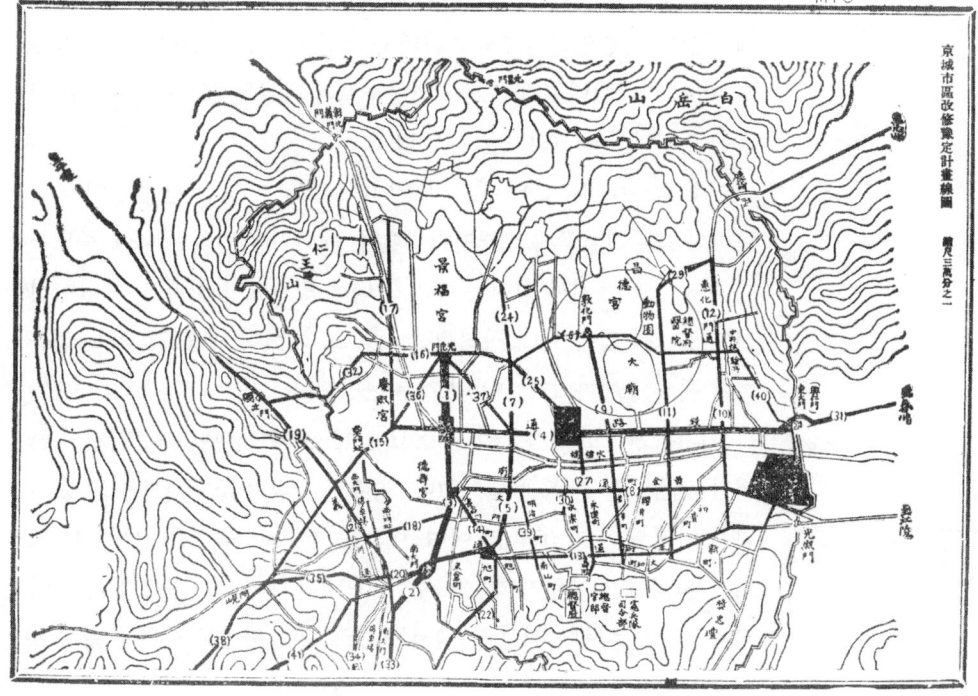

1919년 6월 25일에 발표된 '경성시구개수예정계획'의 수정노선도이다. 종묘 구역을 '직선'으로 관통하기가 쉽지 않다는 현실적인 어려움을 인식한 탓인지 앞서 계획노선도에 비해 개통예정선로가 한껏 꺾어진 모습이 역력하다.

는다는 것은 큰 문제이며 또 이번에 푯말을 박아놓은 것으로 보면 종묘 영녕전과 약 이십 칸의 거리밖에 아니되는 노후로 길이 나며 전차가 통할 터인즉 종묘는 자연 소란케 될 것이므로 전하께서는 될 수 있는 대로 종묘 앞으로 길을 내었으면 좋을 듯하다는 주장을 하신다고 승문되더라.

이를테면 '만일 그 길을 정지할 수 없거든 창덕궁 안의 땅을 내어수어서라도 종묘에는 가까이 범지 아니하도록 주선하라'는 뜻이었나는 것이다. 그것이 실상은 관통도로의 개설 자체는 어찌할 수 없는 것이라 받아들이지만, 그 대신 열성조의 위패가 모셔진 종묘만은 건드리지 말아달라는 일종의 애처로운 하소연이었는지도 모르겠다.

어쨌거나 이른바 '이왕 전하'의 한마디가 효험이 있었던 탓인지 관통도로의 개설은 계속 지연되고 있었다. 하지만 그러던 차에 1926년에 이르러 순종임금이 승하하자마자 사정은 완전히 달라지기 시작한다. 마치 기다렸다는 듯이 종묘관통도로의 개설문제는 표면화되고 있음을 확인하기란 그리 어렵지 않다.

미처 국상(國喪)도 다 치르기 전인데, 1926년 5월말 경에는 여러 신문마다 도로개설문제로 왁자지껄했다. 게다가 이번에는 아예 종묘를 다른 곳으로 옮겨야 한다는 얘기가 나돌 정도였던 것이다. 종묘이전설(宗廟移轉說)은 이내 잠잠해졌으나, 그 대신에 관통도로의 개설은 이미 훨씬 구체화되고 있었던 것은 분명했다.

드디어 거의 20년을 끌어온 종묘관통도로의 개설이 확정단계에 들어간 것은 1931년 봄 무렵이었다. 이때에 확정된 도로계획은 그 넓이가 22미터, 길이가 673미터이며, 이와는 별도로 "종묘를 관통하는 도로가 완성되면 이왕가(李王家)에서 종묘를 내왕하는 도로가 절단이 되게 되므로 이왕직(李王職)에서는 새로 생길 관통도로 위에 넓이 20

관통도로의 개설과 종묘이전문제를 담고있는 《시대일보》 1926년 5월 31일자의 기사내용이다. 이때는 순종임금의 국상이 미처 끝나기도 전이었으나 마치 기다렸다는 듯이 이 문제는 노골화되었다.

종묘관통도로 위에 만들어진 구름다리의 모습이다. 지금은 창경궁과 종묘를 오가는 관람객들의 차지가 되었지만, 원래 이 육교는 창덕궁에서 종묘 쪽으로 쉽게 건너갈 수 있도록 배려하는 차원에서 건설된 것이었다.

미터 가량의 육교를 신설한다"는 것이 주내용이었다.

 순종 임금이 세상을 떠난 뒤에는 전주이씨종약소(全州李氏宗約所)가 그 역할을 대신했지만 아무래도 그들로서는 총독부와 경성부청과 이왕직에 맞서 종묘관통도로의 개설을 전면적으로 저지하기가 역부족이었을 것이었다. 기껏해야 종묘구역을 직접 뚫는 방식을 피해 창덕궁 쪽과 종묘의 경계선을 따라 길을 내도록 했던 것이 나름의 성과였을 뿐이었다.

 그리고 개설되는 도로 위에 가설된 육교(陸橋) 하나를 얻어내는 것이 고작이었다. 지금은 창경궁이나 종묘 쪽에서 입장한 관람객이 서로 건너편으로 넘어가는 교통로의 구실을 하고 있지만, 원래 이 구름다리는 창덕궁에서 종묘로 쉽게 넘어갈 수 있도록 한다는 '성의표시' 차원에서 건립된 것이다.

이리하여 후딱 길을 뚫어내고 정식으로 이 도로를 개통한 것이 그 이듬해인 1932년 4월 22일이었다. 조선왕조의 허리와 지맥을 끊었다느니 하는 논란과 비난이 그치질 않았던 길 하나는 그렇게 겨우 완공되었다. 하지만 길은 비록 식민통치자들이 내었으나, 해방 이후에도 그네들이 애당초 의도했던 그대로 '간선도로'의 하나로 줄곧 잘 활용해왔으니 상황이 어째 좀 묘하긴 하다는 느낌이 든다.

듣자하니 이 종묘관통도로는 머지않아 410미터의 구간을 구조물로 덮어 터널화하는 계획이 시행될 모양이다. 그 위에는 원래의 모양대로 정돈하고 창경궁과 종묘의 담장도 새롭게 복원할 계획이며, 이를 위해 지금보다 지반을 더 낮추는 공사도 함께 할 것이라고 전해진다. 그러고 보니 어느 새 땅 밑으로는 지맥을 더 끊어내더라도 위로는 아무렇지 않게 지맥을 다시 이어주면 그만인 참으로 간단하고도 편리한 문명사회(?)가 되었다. (2003. 10. 23)

16

성종 태실은
왜 창경궁 안에 있을까?

| 보존상태가 제일 좋아 표본 삼아 옮긴 것이 그 이유 |

　사람의 기억구조가 원래부터 고질적인 것이었을까? 꽤나 조심한다고는 하면서도 벌써 폐기된 '국민학교'니 '서울운동장'이니 '수원성'이니 하는 용어들이 아직도 얘기 중에 불쑥 튀어나오는 것을 보면 확실히 그러한 측면이 있는 것도 같다. 그래도 '파고다공원' 정도는 좀 나은 축에 속하지만, 아주 고약한 것으로 '창경원'과 같은 사례도 더러 있다.

　동물원이 서울대공원으로 옮겨가고 또한 벚나무가 그득했던 유원지의 모습을 걷어낸 자리에다 궁궐의 외형이나마 되찾아 창경궁이란 이름으로 거듭난 것이 1986년 8월이었다. 그럭저럭 20여년이 다되어 가는 일이다. 그런데도 여전히 입에서 먼저 맴도는 단어는 창경원 쪽일 때가 있다.

《매일신보》 1917년 10월 25일자에는 '창경원(昌慶苑)'이라는 이름을 홍보하는 기사가 수록되어 있다. 이 명칭이 공식 채택된 것은 1911년 4월 26일이었는데, 기사내용을 보면 그 후로도 일반시민들은 입에 익은 '어원(御苑)'을 즐겨 사용했던 것으로 보인다. 사진 속의 간판은 이왕직 장관 민병석 자작의 글씨이다.

일부러 그러지 않는다는 건 알겠는데, 아무래도 추억 속에 어른거리는 것이 '창경원'인 탓이 아닌가도 싶다. 너무 나무랄 수도 없는 것이 누구는 난생 처음 보는 동물원의 모습으로, 누구는 수학여행 때의 아련한 모습으로, 누구는 청년시절의 풋풋한 감정으로, 또 누구는 행락인파 속의 가족나들이라는 정겨운 모습으로 그려낼 수 있는 공간이 바로 창경원이었지 않았던가 말이다. 사실 창경궁은 그렇게 좀 묘한 공간이다.

그뿐이 아니라 '창경원'이 창경궁을 꿰어찼던 기간은 일반공개만을 기준으로 하더라도 1909년부터 1983년까지였으니, 얼추잡아 70년이 훌쩍 넘는 세월이 된다. 그러니까 부지런히 원형복원을 추진하더라도 창경원 시절의 잔영을 말끔히 씻어내는 데는 상당한 시간이 걸릴 수밖에 없으리라 여겨진다.

원래 이왕가박물관 본관이었던 장서각 건물을 1992년 11월에야 뒤늦게 헐어낸 일이 있긴 했으나, 지금도 창경궁 안에는 춘당지(春塘池)가 남아 있고, 대온실이 남아 있고, 중국에서 건너온 팔각칠층석탑(보물 제1119호)이 남아 있고, 또 언제 반입된 것인지도 알지 못할 오층석탑 하나도 명정전 뒤편에 남아 있는 실정이다.

그리고 장서각 자리에서 춘당지 방면으로 내려가는 길목에서 만나는 성종태실비(成宗胎室碑) 역시 창경원 시절이 남겨놓은 흔적의 하나이다. 궁궐이라는 공간에서 만나는 '태실'이란 것도 어색하거니와 그것도 왜 하필이면 '성종대왕'의 것이 여기에 와 있는 것일까?

그런데 알고 보면 여기에도 그다지 유쾌하지 못한 식민지 시대의 애환이 있었다. 원래 경기도 광주군 경안면 태전리에 있던 성종태실을 창경원으로 옮긴 것은 1928년의 일이었다. 《매일신보》 1928년 9월

10일자에는 구태여 그 무거운 석물들을 옮겨온 까닭에 대한 기사 하나가 남아 있다.

    태봉에 암장시(暗葬屍)가 뒤를 이어 발견됨을 따라 이왕직에서는 황송함을 견디지 못하여 앞으로는 그 같은 일이 없게 하고자 신중히 협의한 결과 역대의 태봉 중에 가장 완전하며 가장 고귀하게 건설되었다는 광주(廣州)에 뫼신 성종의 태봉의 모든 설비를 그대로 옮겨다가 석물이고 건물이고 한결 같이 창덕궁 뒤 비원에다가 꾸며놓고 전문기사를 시켜 연구케 하는 중이라는데 새로이 건설되는 태봉은 성종태봉을 표본으로 경중히 뫼실 것이라 한다.

국왕의 태실로는 드물게 경기도 지방에 있던 성종 태실비가 이왕직(李王職)의 손을 거쳐 이곳 창경원으로 옮겨졌는데, 그때가 바로 1928년이었다. 안내문안에는 흔히 1930년 5월에 옮겨온 듯이 소개하고 있으나 이는 잘못이다.

국왕의 태실이, 그것도 하필이면 '성종대왕'의 태실이 창경원으로 옮겨진 것은 그것이 가장 상태가 좋다 하여 태실의 표본으로 삼기 위함이었다. 그러니까 이것은 더 이상 태실이 아니라 그저 박물관의 야외진열품이었던 것이다.

이게 무슨 소리인고 하면, 그 무렵에 이왕직에서는 전국 각처에 흩어진 왕실 태항아리를 수습하여 서울로 옮겨오던 중이었는데, 대개 태실의 석물은 현지에 그대로 내버려둔 채 태항아리만을 수습해오는지라 그 모습을 보전하기가 힘드니까 개중에 상태가 가장 좋은 성종태실 하나만을 골라 석물 일체를 창경원 쪽으로 옮겨오기로 했다는 그런 얘기이다.

그 시절에 수습되어온 왕실의 태항아리는 우선 시내 당주동 128번지의 이왕직봉상소(李王職奉常所)에 임시 봉안되었다가 이듬해 봄에 모두 서삼릉으로 옮겨지는 과정을 거쳤다. 그런데 원래 명당만을 골라 모셨을 태실 자리를 포기하고 구태여 태항아리를 한곳에 모으려고 했던 까닭은 또 무엇이었을까?

그것이 망국의 왕실이 겪어야 할 업신여김의 하나였는지는 알 수

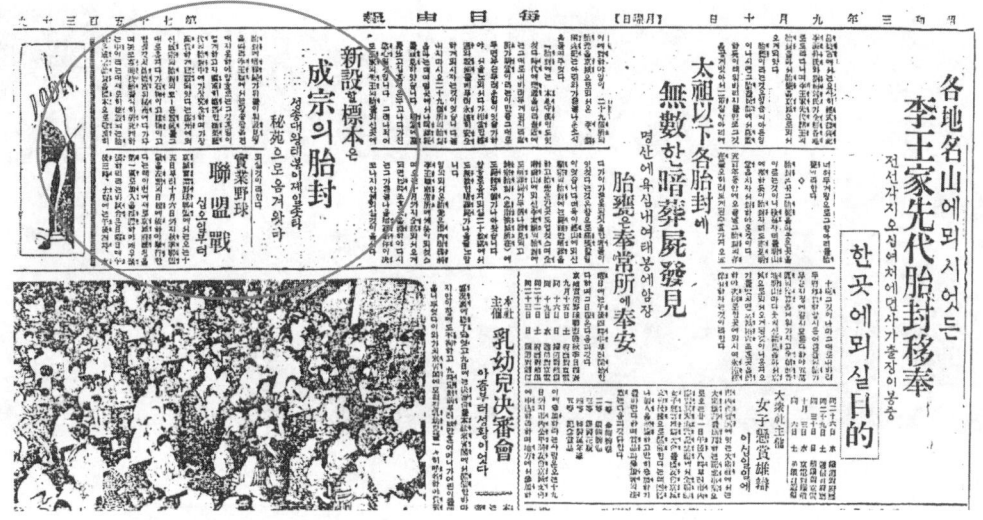

전국 각처에 흩어진 태항아리의 수습 사실을 적고 있는 《매일신보》 1928년 9월 10일자이다. 기사의 왼쪽에는 성종대실이 표본으로 선정되어 비원으로 옮겨졌다는 소식도 담고 있다.

없으나, 이를 두고 반드시 이왕직의 만행이라고만 치부할 수 없는 저간의 사정도 있었던 듯이 보인다.

그 당시의 기록을 확인해보면 무엇보다도 이 일을 관장했던 이왕직의 전사(典祀) 이원승(李源昇)과 유해종(劉海鍾)이 전국 각처의 태실을 순방한 것이 1928년 8월 무렵이었고 또한 그 때가 순종임금이 세상을 떠난 직후였으니 태실정리계획을 구체화하는 데에는 별다른 걸림돌이 없던 시점이었다는 것은 분명한 사실이다.

실제로 충남 홍성군 구항면 태봉리에 봉안했던 순종의 태실조차도 1928년 8월 18일에 봉출하였다가 홍성군청을 거쳐 그 다음날 서울로 옮겨버렸던 내목에서도 왕실의 위세가 진히 적용하지 못했음을 엿볼 수 있다.

그런데 정작 문제는 어디랄 것도 없이 태실의 관리현황이 너무 엉망이었다는 점이었다.

이들이 돌아다녀 본즉 역대 국왕의 태실은 여러 곳이 이미 도굴을

ⓒ국립문화재연구소

일제시대에 이왕직(李王職)은 관리상의 편의를 위해 왕실 태항아리를 일제히 수습하여 서삼릉(西三陵)에 옮겨놓았으니, 그때가 1929년 봄이었다. 위 사진은 지난 1996년에 국립문화재연구소가 서삼릉 태실구역을 발굴조사하여 재정비하던 당시의 모습이다. 현재 이곳은 비공개구역으로 남아 있다.

당하였고, 심지어 태실이 명당이라 하여 그 자리에다 민간인들이 시체를 암장한 곳도 수두룩한 지경이었으니, 온전한 태실의 관리를 위해서는 태항아리를 모두 한자리에 모아야 한다는 명분이 고스란히 먹혀들 수 있는 상황이었던 것이다.

가령 충남 예산의 현종(顯宗) 태실은 태항아리마저 온데 간데 없었고, 충남 금산의 태조 태실과 충남 홍성의 순종 태실에는 각각 암매장한 시신 두 구가 나왔다고 전해진다. 현재 서삼릉 태실구역으로 옮겨진 역대 국왕의 태실 가운데 소화(昭和) 연호가 새겨진 탑지와 더불어 신규 제작된 외호(外壺)에 담겨져 태항아리가 모셔진 사례가 적지 않은 것은 바로 이러한 까닭으로 풀이된다.

결국에 대다수 역대국왕과 왕실의 태실이 서삼릉으로 옮겨져 마치 공동묘지와도 같은 음산한 형태의 군락을 이루게 된 데는 그러한 측면도 없지는 않았다고 보는 것이 옳겠다. 그리고 그 와중에 창경궁으로 옮겨진 성종의 태실은 말이 태실이었지, 그저 이왕가박물관의 야외진열품으로 전락한 처지로 남겨졌던 것이다.

더구나 세월이 흘러 창경원은 다시 창경궁이 되었고 이왕가박물관

▲ 아직도 창경궁 안에 남아 있는 '창경원' 시절의 흔적들이다. 차례대로 창경궁 대온실, 춘당지와 팔각칠층석탑, 성종태실비, 명정전 뒤 오층석탑의 모습이다. 이 가운데 오층석탑 같은 것은 도대체 언제 어디서 반입된 것인지조차 전혀 확인할 수 없는 처지이다.

◀《동아일보》1928년 11월 2일자에는 창경원 안으로 옮겨진 성종태실의 사진자료가 소개되어 있다. 이로써 성종태실은 문화재 안내 문안처럼 1930년 5월에 옮겨온 것이 아니라 1928년 10월 이전에 벌써 창경원으로 옮겨졌던 것을 확인할 수 있다.

성종 태실은 왜 창경궁 안에 있을까?

은 사라진 지 오래였으니, 이제 성종태실은 딱히 오갈 데 없는 신세가 되고 말았다. 그나저나 이 성종태실이 더 이상 궁궐 안에 머물러야 할 이유는 없는 것 같은데, 앞으로의 처리가 어찌 될 것인지 자못 궁금하지 않을 도리가 없다.

그런데 원래 창경궁이란 것이 성종 14년 즉 1483년에 정희왕후, 소혜왕후, 안순왕후를 위해 건립한 궁궐이라 하였으니, 성종 태실이 이곳까지 흘러온 것은 혹여 그러한 인연이 작용한 탓은 아니었을까?

(2004. 3. 4)

서삼릉 태실군의 관련자료 몇 가지

일제시대에 서삼릉으로 옮겨진 태실군의 현황과 각 지방에 흩어져 있는 태실 석물의 연혁에 대해서는 다음과 같은 몇 가지 자료들을 참고할 만하다.

우선 서삼릉 태실에 관한 종합적인 발굴조사보고서로 국립문화재연구소, 《서삼릉태실》(1999)이 있고, 이와 관계된 연구논문인 윤석인, 《조선왕실의 태실변천연구》(단국대 석사학위논문, 2000)과 윤석인, "조선왕실의 태실석물에 관한 일연구", 《문화재 제33호》(국립문화재연구소, 2000) 등에도 비교적 잘 정리되어 있다.

그리고 이왕직에 의한 태실이봉의 내용을 담은 일제시대의 신문자료는 이러하다.

《동아일보》 1928년 4월 6일자, "육십여 태봉, 일처도 무완, 왕가에서 전부 불하계획"

《매일신보》 1928년 8월 19일자, "인조조 왕남 태봉발견, 광주 서방면"
《동아일보》 1928년 8월 22일자, "순종태실이안, 홍성의 태실을 옮겨모셔 19일 경성에 봉환"
《매일신보》 1928년 9월 10일자, "각지 명산에 뫼시었던 이왕가 선대 태봉이봉"
《매일신보》 1928년 9월 10일자, "신설한 표본은 성종의 태봉"
《동아일보》 1928년 11월 2일자, "성종의 태봉을 창경원에 이봉"
《매일신보》 1929년 3월 1일자, "역대의 태옹 서삼릉에 봉안, 얼음풀리면 곧 착수, 전부 39개"

이밖에 국립중앙박물관이 정리한 《유리원판목록집 III》(1999)에는 이 당시 반출된 태항아리와 지석의 모습을 담은 사진자료가 다수 남아 있다.

끝으로 현재 서삼릉으로 옮겨진 역대 국왕의 태실 가운데 현지의 잔존한 석물이 문화재로 지정 보호되고 있는 경우들은 다음과 같이 정리될 수 있다.

태조대왕태실 (충남 유형문화재 제131호), 충남 금산군 추부면 마전리
세종대왕태실지 (경남 기념물 제30호), 경남 사천시 곤명면 은사리
문종대왕태실비 (경북 유형문화재 제187호), 경북 예천군 상리면 명봉리 명봉사
단종태실지 (경남 기념물 제31호), 경남 사천시 곤명면 은사리
예종대왕태실 및 비 (전북 민속자료 제26호), 전북 전주시 완산구 풍남동 3가 경기전
명종대왕태실 및 비 (충남 유형문화재 제121호), 충남 서산시 운산면 태봉리
선조대왕태실비 (충남 문화재자료 제117호), 충남 부여군 충화면 오덕리 오덕사
숙종대왕태실비 (충남 문화재자료 제321호), 충남 공주시 태봉동
경종대왕태실 (충북 유형문화재 제6호), 충북 충주시 엄정면 괴동리
영조대왕태실 (충북 기념물 제69호), 충북 청원군 낭성면 무성리
정종대왕태실 및 태실비 (강원 유형문화재 제114호), 강원 영월군 영월읍 정양리
순조대왕태실 (충북 유형문화재 제11호), 충북 보은군 내속리면 사내리 법주사

17

저 종은 왜
덕수궁에 놓여 있을까?

| 흥천사 동종이 박물관으로 옮겨진 사연은 이러했다 |

서울 시내의 구석구석에 뒤틀린 근대사의 흔적을 간직한 데가 어디 한두 곳일까마는, 그 가운데 구태여 하나만 고르라고 한다면 그 으뜸은 단연 덕수궁(德壽宮)의 몫이 아닌가도 싶다. 우선은 경운궁(慶運宮)이었던 원래의 이름이 사라진 것이 그러하고, 식민지 시대와 해방 이후의 혼란기를 거치는 동안 광대한 궁역(宮域)이 잔뜩 잘려나간 사실 자체가 그것을 잘 말해주고 있는 듯하다.

다른 궁궐에 비해 유난히 많이 눈에 띄는 서양풍의 건축물 역시 그러한 흔적의 하나이다. 또 지금은 한껏 뒤로 물러나 앉은 대한문(大漢門)의 신세가 그러하며, 난데없는 세종대왕의 동상이 궁궐의 한가운데 자리한 것 또한 그리 자연스러운 풍경은 결코 아니다.

그리고 대한문을 들어서서 석조전(石造殿)으로 이어지는 관람로를

덕수궁 광명문의 모습이다. 원래 함녕전의 정문이었다가 1938년에 유물진열의 전시공간으로 사용하기 위해 지금의 자리로 옮겨 온 것이다. 여기에는 왼쪽부터 '창경원'에서 옮겨온 신기전기화차, 흥천사 동종, 보루각 자격루가 차례대로 전시되어 있다.

죽 따라가다 보면, 그 중간쯤에도 참으로 어색한 풍경을 하나 더 만날 수 있다. 이름하여 '광명문(光明門)'이라는 편액이 나붙은 공간이다. 하지만 이 문을 더 이상 사람은 드나들지 못하고 보루각 자격루(報漏閣 自擊漏)와 흥천사 동종(興天寺 銅鐘)과 신기전기화차(神機箭機火車) 등의 유물들만 나란히 줄지어 섰다.

보아 하니 별다른 연관성도 없을 것 같은 이러한 유물들이 이곳에 잔뜩 모여 있어야 할 까닭은 달리 있는 것일까? 그리고 이곳이 박물관도 아닌 바에야 하필이면 이러한 모습으로 진열되어 있어야 하는 이유는 또 무엇일까?

그런데 그 해답은 의외로 가까운 곳에 있었다. 불과 수 십 미터 떨어진 곳에 자리한 큼직한 건물, 즉 흔히 국립현대미술관 덕수궁 분관으로 부르는 '미술관 신관'이 바로 그것이었다. 세월을 한참 거슬러 올라가면 이 건물은 바로 '이왕가미술관(李王家美術館)'이었으니, 말하자면 광명문 안에 진열된 유물들은 모두 그 시절의 잔영(殘影)이었던 것이다.

저 종은 왜 덕수궁에 놓여 있을까?

이른바 '창경원'으로 불렸던 시기에 만들어진 '이왕가박물관'이 '이왕가미술관'으로 이름을 바꿔 달고 덕수궁 쪽으로 옮겨온 것은 1938년의 일이었다. 그러니까 창경궁 쪽에 진열되어 있던 보루각 자격루와 흥천사 동종이 몽땅 이곳에 옮겨진 것은 바로 그것들이 이왕가박물관의 수장품이었던 까닭이었다.

그러던 것이 해방 이후 이왕가미술관은 '덕수궁미술관'으로 개칭되었다가 1969년 5월에 마침내 국립박물관에 흡수되어 사라지는 과정이 이어졌다. 이왕가박물관의 수장품들이 '국립박물관' 즉 지금의 국립중앙박물관으로 일괄 귀속된 것은 당연히 이때의 일이었다.

그리고 오래지 않아 1972년이 되자 경복궁(景福宮) 내에 신축된 박

흔히 미술관 서관으로도 부르는 '국립현대미술관 덕수궁분관'의 전경이다. 이 건물은 원래 1938년에 준공된 '이왕가미술관'이었는데, 해방 이후 1972년까지는 박물관의 용도로, 그 후로는 주로 미술관의 용도로 사용된 바 있다. 그 오른쪽에는 1910년에 준공된 원래의 석조전이 있다.

물관으로 국립박물관이 통째로 이사를 가버렸으니, 덕수궁과 이왕가박물관의 결코 짧지 않았던 인연은 그것으로 일단락되었던 셈이다. 하지만 이 대목에서 선뜻 이해하지 못할 일이 하나 있었다.

어찌 된 영문인지 의당 경복궁으로 옮겨졌어야 할 광명문 안의 유물들은 덕수궁에 고스란히 남겨졌던 것이다. 국립박물관에 귀속된 유물이 확실하다면 박물관이 이사할 때 함께 수습해 가는 것이 당연한 일이었겠지만, 유독 그것들만 덕수궁에 그대로 남겨진 까닭이 달리 있었던 것인지는 확인할 도리가 없다.

필시 무슨 사연이 있었을망정 나중에라도 옮겨가는 것이 마땅할 것 같은데, 무려 30년에 가까운 세월이 흐르도록 그러한 일은 없었다. 실제로 1981년 6월에 이르러 국립중앙박물관이 덕수궁 석조전 인근에 남겨진 야외석조유물을 마저 수습하여 경복궁으로 옮겨가는 기회가 더 있긴 하였지만, 그때에도 결국 아무런 일이 발생하지는 않았다.

그러니까 자격루와 흥천사 동종은 까닭도 모르게 그렇게 덕수궁에 남겨졌던 것이다.

그런데 흥천사의 동종의 경우, 이 종이 덕수궁에 머물러 있어도 좋음직한 그럴싸한 핑계거리 하나를 찾는다면, 원래 '흥천사(興天寺)'라는 것이 정동지역에 있던 사찰이었다는 사실 정도를 지적할 수 있지 않을까 싶다. 흥천사 동종으로서는 덕수궁이 제 고향이나 다를 바 없는 셈이라는 얘기일 수도 있겠다.

하지만 설령 그렇다고 할지라도 애당초 흥천사 동종이 덕수궁과는 무관한 유물이라는 사실에는 아무런 변함이 없다. 그것도 일제강점기의 막바지에 이왕가박물관이 구태여 덕수궁 쪽으로 이사를 한 탓에 그렇게 된 것뿐이지, 이 종이 덕수궁으로 반입되어야 할 이유는 처음부터 없었던 것이다.

돌이켜 보면 흥천사 동종이 창경궁의 이왕가박물관으로 들어온 것은 식민통치가 막 시작되던 1910년 9월의 일이었다. 기록에 따르면,

1909년 11월 1일에 정식으로 개관한 창경궁의 '이왕가박물관'의 모습이다. 사진 속의 건물은 1911년 11월 30일에 준공된 '박물본관(博物本館)'이며, 그 앞에 '보루각 자격루'가 옮겨져 있는 풍경이 눈에 들어온다.

그 직전까지 경복궁 광화문에 놓여 있던 것을 마키노 츠도무(牧野務)라는 일본인 골동상이 떼어다가 거금을 받고 팔아먹은 것이 이 유물의 반입경위였다.

원래 세조 8년(1462년)에 주성되었다는 흥천사 동종은 중종 시대에 절이 훼철되자 다시 동대문 쪽으로 옮겨져 그 인근에 방치되었다고 전해지는데, 마침내 이 종이 경복궁 광화문 문루에 걸리게 연유는 무엇이었을까? 이에 대해서는 청오 차상찬(靑吾 車相瓚) 선생이 《조광(朝光)》 1938년 8월호에 기고한 '덕수궁으로 온 흥천종의 내력'이라는 글에서 이렇게 적어놓았다.

그러다가 근대에 와서 이태왕(즉 고종) 3년에 경복궁이 낙성되고 광화문이 또한 신축되니 대원왕(즉 대원군)께서는 그 문루에다 종을 둘 필요를 크게 느끼시고 물색하는 중에 내가 선두로 간택이 되어 그 문루로 옮겨가게 되었다.

　홍천사 동종이 광화문에 매달려 있었다는 사실은 오래 전 1902년에 동경제국대의 세키노 타다시(關野貞) 교수가 촬영한 사진자료가 《한국건축조사보고》에 수록된 것이 남아 있으니, 그것으로도 잘 확인된다.

　어쨌거나 제 아무리 일본인의 권세가 판을 치는 세상이 되었다고는 하나, 멀쩡하게 광화문 부분에 매달려 있던 종을 떼어다가 박물관에 팔아먹는 처사는 참으로 어이없는 일이라 하지 않을 수 없겠다. 그런데 이와 똑 같은 사례는 하나 더 있었다.

　현재 국립중앙박물관의 불교미술실에 진열 전시되어 있는 '천흥사 동종(天興寺 銅鐘)'이 바로 그것이었다. 고려 현종 원년(1010년)에 성

얼핏보면 이 종을 매달아 놓은 것인지, 그냥 돌로 받쳐놓은 것인지는 잘 분간이 되지 않는다. 그나마 1938년에 덕수궁으로 옮겨진 후 한동안 바닥에 그냥 놓아두었던 것을 해방 이후 1946년 5월 20일에야 미군 기술자의 도움을 빌려 겨우 이 종을 매달았다는 기록이 남아 있다.

홍천사 동종의 내력에 관해 정리한 글 하나가 《조광》 1938년 8월호에 수록되어 있다. 여기에는 홍천사 동종을 창경원에서 덕수궁으로 옮겨오는 데만 그해 5월 29일부터 6월 3일까지 무려 6일간이 걸렸다고 적고 있다.

거산 천흥사(聖居山 天興寺)에서 주조되었다는 명문이 남아 있다 하여 지금은 국보 제280호로 지정되어 있다. 그리고 이 종은 이왕가박물관으로 반입되기 이전에는 경기도 광주의 남한산성 종각에 옮겨져 있었다는 사실이 확인된다.

이 역시 세키노 타다시 교수가 1909년에 이곳을 조사할 당시에 촬영한 사진자료가 그대로 전해지고 있으므로 그 사실관계를 의심할 여지는 전혀 없다. 그런데 천흥사 동종의 운명 또한 홍천사 동종의 그것과 하등 다를 바가 없었다. 거의 동일한 시기에 요시다 쿠스케(吉田九助)라는 일본인 골동상이 이를 떼어다가 이왕가박물관에 매도했던 탓이었다.

하지만 천흥사 동종의 경우에는 홍천사 동종보다 그 규모가 작았던지라, 박물관에 반입된 이후에 줄곧 실내공간에만 진열 전시되었다가 국립박물관의 이동과 더불어 결국 '무사히' 경복궁 쪽으로 옮겨갔기 때문에, 홍천사 동종처럼 덕수궁에 홀로 남겨지는 일만은 피할 수 있었던 것이다.

그러고 보면 덕수궁 자체가 고단했던 근대사의 상처를 고스란히 안

고 있는 것과 마찬가지로 지금까지 광명문 안에 남아 있는 흥천사 동종 또한 그에 못지 않게 꽤나 고단했던 내력을 지닌 셈이다. 상당히 늦어지긴 했지만 흥천사 동종*과 보루각 자격루(국보 제229호)는 지금에라도 '적절한' 곳으로 다시 옮겨져야 하는 것은 아닌가 싶다. 궁궐은 그냥 궁궐이면 되었지 더 이상 박물관은 될 수 없는 곳이기에 하는 말이다. (2004. 1. 10)

왼쪽은 1902년 세키노 타다시(關野貞)이 촬영한 광화문 문루의 흥천사 동종이고, 오른쪽은 광주 남한산성의 종각에 있다가 일본인 골동상의 손을 거쳐 이왕가박물관으로 반입된 천흥사 동종(天興寺 銅鐘)의 모습이다.

* 현재 광명문 앞에 놓여진 안내문안에는 흥천사 동종에 대해 "1510년(중종 5년) 흥천사가 불타면서, 1747년(영조 23년) 경복궁의 광화문으로 옮겼다가 창경궁을 거쳐 현재의 위치에 보관되었다"고 적고 있으나, 이러한 설명은 임진왜란으로 폐허가 되어 있었을 시절에 경복궁의 광화문에다 이 종을 옮겨 달았다는 얘기가 되는지라 이 내용을 선뜻 받아들이기가 어렵다. 따라서 흥천사 동종이 광화문으로 옮겨진 때는 경복궁의 중건이 이루어지는 고종시대 이후의 일로 상정하는 것이 옳겠다.

미군의 힘으로 달아 올린 흥천사의 동종

해방 직후에 파고다공원의 '원각사 십층석탑'과 경복궁 안에 있던 '산청범학리 삼층석탑'이 미군의 도움을 받아 원형을 되찾았다는 얘기는 비교적 잘 알려진 편인데, 알고 보니 흥천사 동종 역시 그러한 사례의 하나였다. 그 시절에 발행된 《농민주보》 1946년 6월 1일자에는 일제 말기에 창경원에서 덕수궁으로 옮겨진 흥천사 동종이 문루에 매달리지도 못하고 그냥 방치되어 있었던 것을 미군 기술자의 힘으로 다시 달아 올렸다는 내용을 다음과 같이 전하고 있다.

> 문교부 발표에 의하면 지난 5월 20일 덕수궁 안 폐허에 두어있던 흥천사의 종을 다시 덕수궁 전각에 달았다 한다. 이 종은 지금으로부터 484년 전 이조 세조대왕 때에 주조된 것으로 중량이 12톤이나 되는 청동의 종인데 1510년 흥천사의 화재로 인하여 경복궁 광화문 누각에 이전하였던 것을 1910년 일인이 창경원으로 이전하였고, 그 후 지금으로부터 9년 전에 덕수궁으로 이전되어 이 때까지 폐허에 버려두었던 것을 금번 미군 기술자의 손에 의하여 다시 달게 된 것이다.

18

고종이 승하하니
덕수궁이 찢어지도다

| (1) 그 많던 어진(御眞)은 다 어디로 사라졌나? |

　1954년 12월 26일, 전쟁은 끝이 났지만 여전히 피난민들이 잔뜩 진을 치고 있던 부산의 용두산(龍頭山) 인근에서 느닷없이 불길이 치솟아 올랐다. 판자집들이 다닥다닥 붙어 있는 피난민촌이었으니 순식간에 불이 번져나가는 것은 그야말로 일도 아니었다. 그런데 그 가운데에 붉은 벽돌창고가 하나 있었다. 마침내 불길이 그 벽돌창고에 이르렀을 때 조선왕조의 역사는 한 움큼 허공에 사라지고 말았다.

　그 시절 부산 동광동(東光洞)의 부산국악원 창고였다는 그곳에는 바로 난리통에 소개(疏開)된 조선왕조의 유물들이 가득 들어 있었던 탓이었다. 거기에는 창덕궁 선원전에 있다가 옮겨진 역대국왕의 진영(眞影)과 더불어 어필(御筆)과 궁중유물이 그득했는데, 화재로 말미암아 대다수의 유물이 한 순간에 재로 변해버렸던 것이다.

1954년 12월의 부산화재로 인한 궁중유물의 피해내역을 보도한 《경향신문》1955년 1월 6일자이다. 이때의 불로 그 숱한 조선역대국왕의 어진(御眞)은 홀랑 다 불타버리고 온전한 것으로는 영조임금의 것만 남게 되었다. 그런데 혹여 불타버린 어진들의 사진자료는 어딘가에 남아있지 않은 것일까?

당시 구황실재산관리총국과 치안국의 조사에 따르면, "12대 임금의 어진영(御眞影)과 궁중일기(宮中日記) 등 약 4천 점 중에 3천 5백 점이 화마(火魔)에 의해 재로 화했다"는 사실이 확인되었다고 전해진다. 특히 휴전(休戰)의 뒤끝이라 머지않아 서울로 다시 유물을 되돌려놓을 계획이 한창 진행되고 있던 찰나에 그러한 일이 벌어졌다는 사실은 못내 안타까운 대목이 아닐 수 없겠다.

그러나 어쩌랴, 이미 일은 그렇게 벌어지고 말았던 것이다. 진작에 안전한 보관장소가 선택되었거나 그게 아니었더라도 좀더 서둘러 서울로 옮겨졌더라면 최악의 상황은 피할 수 있었을 테지만, 잿더미 앞에서 그러한 소리가 무슨 소용이 있었을 것인가 말이다.

하지만 그 와중에 용케도 불길을 피한 어진도 없지는 않았다.

그렇게 살아 남은 어진이 바로 영조(英祖)와 철종(哲宗)의 그것들이다. 그나마 철종의 어진은 왼쪽이 3분의 1이나 타버렸으니 온전한 것은 오로지 영조의 어진 하나였다. 그리고 또 하나 연잉군(延礽君) 시절에 그려진 영조의 어진이 하나 더 있긴 한데, 이것 역시 한쪽이 완전히 불타버린 채로 남았다.

그러니까 지금 남아있는 조선국왕의 어진은 전주 경기전(慶基殿)에 모셔진 태조(太祖)의 초상을 비롯하여 영조와 철종과 고종의 것이 남아 있는 것이 전부이다. 이것 말고도 추존왕 익종(翼宗)의 어진이 화재에 크게 훼손된 채로 남아 있다고는 하는데 더 이상의 구체적인 내역을 알지 못한다.

이렇게 본다면 결국 조선시대 국왕의 모습을 직접 확인할 수 있는 것은 직접 사진이 남겨진 고종과 순종의 경우를 합치더라도 태조, 영조, 철종, 익종의 여섯 임금을 넘어서지 못한다. 국왕의 초상으로 국가문화재에 지정된 것이 경기전의 '조선태조왕이성계상'(보물 제931호)과 궁중유물전시관의 '조선영조왕이금상'(보물 제932호), 이렇게 겨우 둘 뿐이라는 사실이 이러한 형편을 잘 말해주고 있는 셈이다.

그런데 원래 국왕의 어진들은 이토록 소략했던 것이었을까?

알고 보니 전혀 그렇지는 않았다. 얼추 100년 전의 상황만을 간추려 보더라도 북부 순화방에 있던 선희궁(宣禧宮) 자리에 옮겨진 평락정(平樂亭)에는 정조, 순조, 익종, 헌종, 철종의 어진이 봉안되어 있었고 또 경모궁(景慕宮) 자리에 옮겨진 영희전(永禧殿)에는 태조, 세조, 원

1920년 무렵에 촬영된 덕수궁 일대의 전경이다. 아관파천 이후 고종이 환궁할 적에 덕수궁의 영역은 저 너머 서대문 쪽 경희궁이 있는 부근에까지 이르고 있었으며, 그 중심에는 '선원전'이 있었다. 그러나 고종이 승하한 이후에는 다시 지금과 같은 규모로 크게 줄어들게 되었다. 아래에 보이는 대문이 '대한문'이고, 저 멀리 보이는 대문은 '영성문'을 표시한 것이다.

고종이 승하하니 덕수궁이 찢어지도다

종, 숙종, 영조, 순조의 어진이 그대로 남아 있었던 것으로 확인된다.

그리고 또 선원전(璿源殿)이 있었다. 그 무렵 아관파천(俄館播遷) 이후 고종이 경운궁(慶運宮) 즉 지금의 덕수궁을 환궁할 곳으로 정하고 여기에 대대적인 공역을 벌이기에 앞서 가장 먼저 신축한 것이 바로 선원전이었다. 그리고 여기에다 경복궁의 집옥재(集玉齋)에 있던 역대선왕의 진영(眞影)을 서둘러 옮겨오도록 했다는 것이다. 이때가 1896년 9월 4일이었다.

여기에도 모두 태조를 비롯하여 일곱 국왕의 어진이 모셔졌던 것으로 기록되어 있다. 이렇게 본다면 역대국왕의 어진은 중복된 수효를 감안하더라도 비교적 풍부하게 두루 남아 있었다는 것은 분명한 사실이다. 하지만 이 시기에 존재했던 어진들이 지금까지 그대로 남아 있는 것은 전무하다시피 하다고 보는 것이 옳겠다.

1954년의 부산화재로 인하여 대부분 소실된 탓도 있지만, 남겨진 어진조차도 1900년에 이르러 새로이 옮겨 그려진 것들이었던 까닭이다. 과연 그러했다. 경운궁에 새로 지어진 선원전은 1900년 10월 13일 밤중에 화재가 발생하여 건물은 물론이고 그 안에 모셔진 어진들이 몽땅 다 불에 타버리는 참화를 당한 것이었다.

그러자니 불타버린 어진들은 당연히 기존의 것을 본떠 다시 만들어내는 도리밖에 없었다. 실제로 1900년 11월 19일에는 영희전(永禧殿)과 냉천정(冷川亭)과 평락정(平樂亭) 등에 흩어져 있던 태조, 숙종, 영조, 정조, 순조, 익종, 헌종의 어진을 모두 흥덕전(興德殿)에 이봉(移奉)하여 모사에 착수하게 했다는 기록이 보인다.

그리고 선원전의 위치도 아예 새로운 자리를 물색하게 하여 결정하였으니 '영성문내서변신좌지지(永成門內西邊辛坐之地)'가 그곳이었다. 말하자면 한때 경기여고가 자리했던 그 권역이었다. 딱히 그 위치를 가려내자면 경기여고가 있던 쪽은 아니었고, 지금의 미국부대사관저가 있는 쪽이라고 하는 것이 정확하다. 달리 말하여 요즘 미국대사관 직원용 아파트와 미국대사관 신축예정부지라 하여 세상을 시끌벅적하게 하는 바로 그 자리이다.

그런데 알고 보면 이곳 선원전에만 역대국왕의 어진이 모셔진 것은 아니었다. 선원전과 나란히 붙어 있던 사성당(思成堂)이란 곳에도 역시 어진이 들어 있었다. 영희전에서 옮겨온 세 국왕의 어진이 여기에 모셔졌던 것은 분명한데 그것들이 언제 이곳으로 옮겨진 것인지는 구체적으로 확인하기가 수월치 않다.

다만 1908년 7월 23일에 "영희전, 목청전, 화녕전, 냉천정, 평락정,

오다 세이고(小田省吾)의 《덕수궁사》에 수록된 1910년 2월경의 '덕수궁평면도'이다. 지도에 표시된 부분이 역대 임금의 어진을 모셨던 선원전(璿源殿) 과 사성당(思成堂)이 있던 구역이다. 그리고 거기에서 북동 방면에는 덕수궁의 북쪽 출입구였던 영성문(永成門)이 있었다.

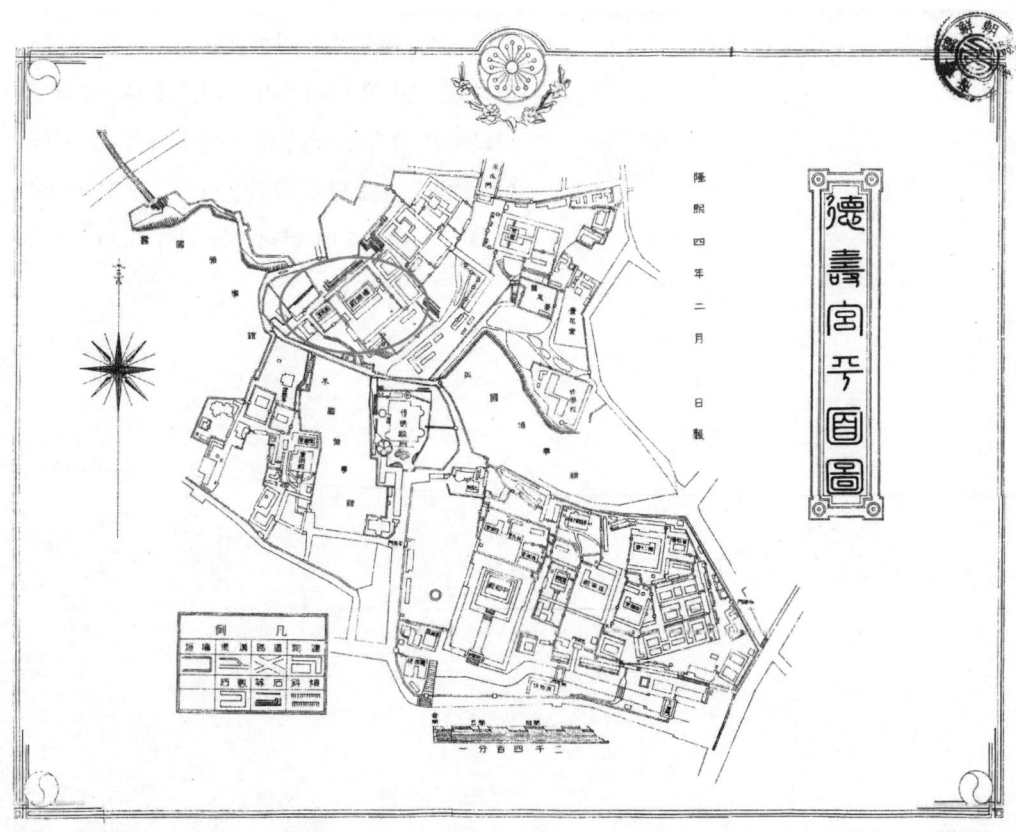

고종이 승하하니 덕수궁이 찢어지도다

《매일신보》 1920년 2월 14일자에는 역대임금의 어진들이 덕수궁의 선원전을 떠나 창덕궁으로 옮겨 모셔진다는 소식을 싣고 있다. 이로써 고종 임금이 승하한 지 딱 1년만에 선원전 권역은 본격적으로 해체의 길을 걷는다.

성일헌 등에 봉안하였던 어진을 모두 선원전에 이안하였다"는 기록이 따로 남아 있는 걸 보면 아마도 이 무렵에 옮겨진 것이 아닌가 싶기도 하다. 그런데 여러 곳에 적절하게 분산 배치되어 있던 역대임금의 어진들을 구태여 한곳에 다 모아야 할 이유가 달리 있었던 것일까?

어쨌거나 이러한 경우에 자칫하다가는 한꺼번에 어진들이 몽땅 소실되는 위험에 노출되는 가능성은 그만큼 더 높아졌다고 보는 것이 옳겠다. 결과론적인 얘기이겠지만 만약 그 즈음에 전주 경기전에 있던 태조의 어진까지도 한꺼번에 수습했었더라면, 그리고 이것마저 난리통에 부산으로 옮겨졌더라면 결국 그것마저도 영영 사라져버리는 일이 생겨날 수도 있지 않았을까? 피난지 부산의 어느 벽돌창고에서 수두룩했던 어진들이 한꺼번에 허공에 사라졌던 50년 전의 바로 그날에 말이다. (2003. 5. 5)

덕수궁 선원전에 있던 어진들은
언제 창덕궁으로 옮겨졌나?

1900년 10월의 화재발생으로 덕수궁 선원전이 완전히 소실되고 그 바람에 영성문 안쪽에서 새로운 터전을 마련하고 또한 기존의 어진들을 모사하여 봉안할 '선원전'의 신축공사가 마무리된 것은 그 이듬해 7월 11일이었다. 하지만 이때에 세워진 선원전 역시 제 역할을 다한 것이 불과 20년 남짓이었다.

영성문 안쪽 터에다 선원전을 세운 것이 고종임금의 뜻이었다면, 결국 그곳에서 선원전이 사라지게 했던 것 역시 고종임금 그 자신이었다. 고종임금이 승하하자마자 선원전 권역은 지체없이 잇달아 훼철(毁撤)되는 운명을 겪어야 했던 탓이다. 말하자면 덕수궁의 주인이 사라졌으니 궁궐로서의 기능은 더 이상 유지될 수 없다는 것이 그럴싸한 핑계로 내세워졌다는 얘기이다.

결국 덕수궁 선원전에 봉안된 어진들은 1920년 2월 16일에 창덕궁의 '구선원전'으로 몽땅 옮겨지게 된다. 그때가 고종임금이 세상을 떠난 지 겨우 한 해가 지난 시점이었다. 창덕궁으로 옮겨진 어진들은 다시 그 이듬해 3월 20일에 북일영(北一營) 자리에 신축된 '신선원전'으로 다시 자리를 옮기는 과정을 거치게 되는데, 어쨌거나 나중에 여기에 모셔진 어진들은 부산에서 대부분 불타버리고 말았으니 두 선원전은 지금껏 모두 주인을 잃은 빈집으로만 남아 있는 셈이다.

고종이 승하하니 덕수궁이 찢어지도다

19
고종이 승하하니
덕수궁이 찢어지도다

| (2) 정동의 선원전 권역은 어떻게 해체되었나? |

　흔히 덕수궁(德壽宮)이라고 하면 시청 앞의 대한문 쪽으로 들어가는 궁궐을 떠올리게 되지만 한때 덕수궁의 권역은 언덕 너머 서대문 방향의 경희궁(慶熙宮)으로 죽 이어지는 곳까지 미치고 있었다. 현재 사적 제124호로 지정되어 있는 덕수궁의 지정면적이 미처 2만 평을 넘기지 못하지만, 원래 덕수궁 권역이었던 '정동 1번지' 일대를 몽땅 합친다면 그 면적은 4만 평을 훌쩍 넘긴다는 사실을 확인하기란 그리 어렵지 않다.

　그러했던 것이 어쩌다가 덕수궁은 이토록 쪼그라든 몰골로만 남은 것일까? 하지만 곰곰이 생각해보면 이 질문에 대한 대답은 그리 복잡할 것도 없어 보인다. 덕수궁의 영역을 한껏 확장한 것이 고종임금의 뜻이었다면, 그러한 궁궐이 해체되기 시작한 것 역시 고종의 죽음 그

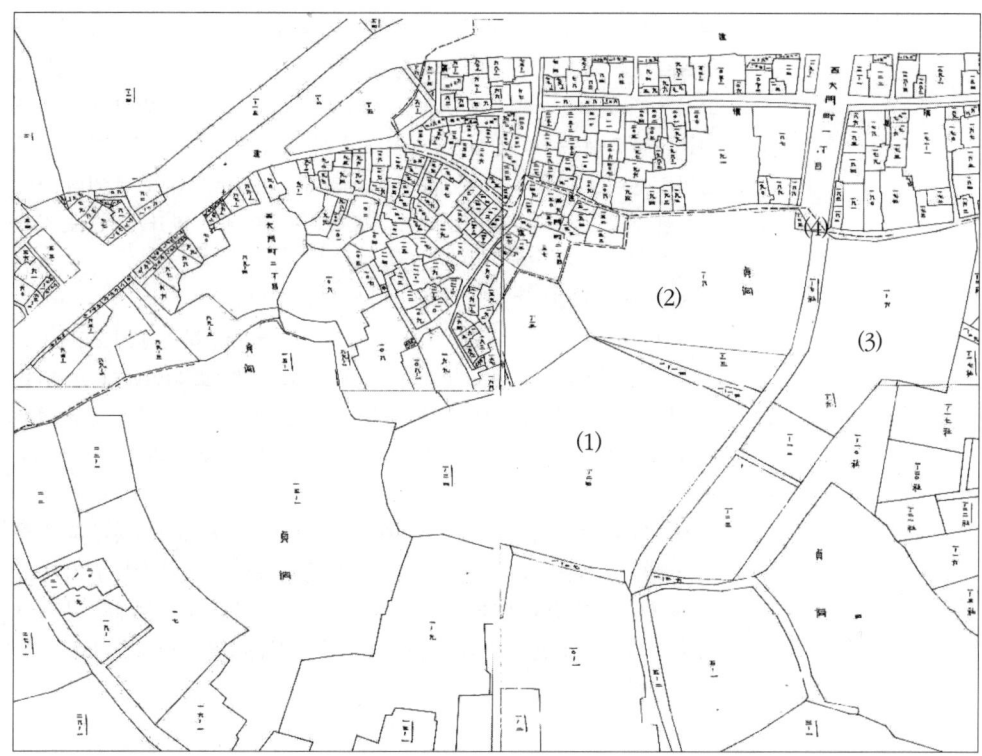

자체에서 비롯된 일이었다.

　말하자면 주인을 잃어버린 궁궐의 운명이란 것은 이미 거기에서 절반쯤 정해진 것이나 다를 바 없었을 테니까 말이다. 게다가 식민통치자들의 속내가 실제로 그러했던 것이라면 궁궐로서의 기능은 더 이상 유지되기가 정말 어려웠을 것이다. 사실이 그러했다. 《매일신보》1920년 1월 19일자에는 '덕수궁의 처분문제'에 대해 고쿠분 쇼타로(國分象太郞) 이왕직차관(李王職次官)이 그 입장을 표명한 내용이 하나 수록되어 있다.

　덕수궁은 현재대로 영구히 보존하는 외에 달리 처분할 길이 없다. 그래서

《경성일필매지형명세도》에 표시된 정동 일대의 현황이다. (1) 표시가 된 부분은 선원전(璿源殿)과 사성당(思成堂)이 있던 '정동 1-24번지' (즉 지금의 미국부대사관저)이고, (2) 표시가 된 부분은 흥덕전(興德殿)과 흥복전(興福殿)이 있던 '정동 1-8번지 일대' (즉 예전의 경기여고 자리)이며, (3) 표시가 된 부분은 의효전(懿孝殿)이 자리하던 '정동 1-6번지' (즉 지금의 덕수초등학교)이다. 그리고 위쪽에 (4)로 표시된 곳이 북쪽 출입구였던 영성문(永成門)이다.

일년제가 마치시면 차차로 세상에 문제가 되겠는데 장래 총독부가 경복궁 안으로 옮기게 되면 태평통은 경성전시의 중심점이 되어 덕수궁도 물론 그 요지가 되겠는데, 어떻든지 경성시중 뛰어난 곳의 토지를 일만 팔천 평이나 되는대로 놀려두기는 경성번영상에도 심히 유감천만인 듯하오. 건물 정원 등의 보존비도 연연히 막대한 숫자를 나타내는 바 결국 장래는 궁안의 한쪽 필요한 건물 있는 지역을 젖혀놓고 다른 것은 떼어내어 민가를 세울는지도 모를 일이다.

지금 궁안에 있는 이조역대의 초상을 모신 선원전은 당연히 창덕궁에 옮기려고 불원에 이전할 차로 창덕궁 안에 그 기지를 선정하는 중이오 또 이왕전하의 웃대를 제사지내는 의효전도 창덕궁에 옮기기로 되었는데, 이 건물을 이왕가에는 필요한 건물로서 기타 이, 삼은 반드시 둘 건물이 있고 석조전 같은 굉장웅대한 건물은 이것을 움직이기 어려우므로 그대로 무엇에든지 쓰겠지요.

또 이같이 필요치 않은 부분은 떼어내어 장사하는 집이 세워지게 되면 경성의 번영상 진실로 기꺼운 일인즉 좋기는 좋으나 아직 이런 의논을 전혀 없고 혹 한, 두 사람의 조선인이 거짓말을 전파한 덕수궁 불하문제가 아주 성가시게 되었는데 전혀 형적도 없는 일이나 어떻든지 일주년제가 마치면 무슨 의론이 있겠지요.

이때가 바로 고종임금이 승하한 지 겨우 1년을 넘기고 있던 시점이었다. 그리고 실제로 덕수궁의 선원전에 모셔진 역대국왕의 어진들은 1920년 2월 16일에 창덕궁의 선원전으로 모두 옮겨졌고, 그 직후 영성문(永成門) 안쪽의 선원전 일대를 두루 헐어내는 공사가 진행된 바 있었다. 이른바 '영성문 대궐'이라고 부르던 선원전 권역은 그 무렵부터 사실상 기능이 정지된 상태에 들어갔던 것으로 풀이된다.

그런데 《윤치호일기》 1919년 11월 22일자에는 다음과 같이 적어놓은 대목이 들어있다. 이로 보아 실제로 덕수궁의 해체작업은 상당히 이른 시기부터 착착 진행되고 있었음을 엿볼 수 있다.

(이왕직장관을 지낸) 민병석과 (이왕직찬시를 지낸) 윤덕영이 덕수궁 즉 고종황제의 궁궐과 영성문 안쪽의 인근 부지를 일본인들에게 팔았다. 이 비

열한 매국노들을 정확하게 표현할 수 있는 단어는 웹스터 사전에도 나오지 않을 거다.

선원전(璿源殿) 옆에 있던 흥덕전(興德殿)의 전각은 창덕궁의 외전 행각을 보충하는데 쓰겠다고 1919년 겨울에 벌써 그곳으로 헐어내 갔다는 기록도 보인다. 그렇게 진작에 덕수궁, 특히 선원전 권역은 해체되고 있었던 것이다. 정동지역을 남북으로 관통하는 도로가 개수(改修)된 것도 바로 1920년 여름에 이루어진 일이었다. 그런데 《동아일보》 1921년 7월 25일에는 아주 특이한 기록이 하나 보인다.

서대문통에 고색이 창연하게 서 있던 '영성문'이 헐리기는 작년 여름의 일이다. 지금은 그 영성문 자리로부터 남편으로 정동까지 탄탄한 신작로가 새로이 뚫려있다. 이 신작로의 왼편 대궐자리에는 지금에 절이 되어 '선원전'의 뒤편자리에는 금칠한 부처님이 들어앉았다. 일시 정치풍운의 중심으로 동양의 주목을 모으는 '수옥헌'은 외국사람들의 구락부된 지가 이미 오래지마는 외국사신접견의 정전으로 지었던 '돈덕전'은 문호가 첩첩이 닫힌 대로 적적히 길가에 서서 가지 부러진 고목의 나머지 녹음 사이로 불볕에 이우른 갈무봉의 고탑만 행인의 눈에 보이다. 이곳은 어찌하여 이다지 몰라보게 변하였는가? 경비가 군졸하여 이왕직에서는 대궐을 팔아먹은 까닭인데… 운운.

여기에는 선원전이 있던 쪽에 난데없이 '절'이 들어섰다고 적혀 있다. 불과 1년 전까지 궁궐이었던 곳에 어찌 절이 들어설 수 있는 것인지는 선뜻 이해하기 어려운 일이 아닐 수 없다.

그런데 선원전 권역의 해체를 촉진했던 또 하나의 요인이 있었다. 그것은 뭐니뭐니해도 이곳이 학교부지로 활용되기 시작했다는 사실이 아닐까 싶다. 원래 흥덕전(興德殿)과 흥복전(興福殿)이 있던 지역에는 '경성제일공립고등여학교'가 들어섰고, 신작로 건너편의 의효전(懿孝殿)이 있던 곳에는 '경성여자공립보통학교'가 자리를 잡았던 것이다. 이때가 바로 1922년 봄이었다.

원래 남산동 2가 2번지 즉 지금의 남산초등학교 자리에 있던 '경성공립고등여학교'가 '경성제일공립고등여학교'라는 이름으로 고쳐 정동으로 이전해 온 것이 1922년 5월 13일이었는데, 이 과정에 대해서는 《조선》 1922년 11월호에 간략한 기록이 하나 남아 있다. 여기에는 "1921년 9월에 기공하여 이듬해 3월에 전부 준성(竣成)하였다"고 적고 있다.

그리고 "부지는 1921년에 매수면적 2,418평 7합 이외에 총독부가 양여한 것으로 15평이 있었고, 1922년에는 다시 인접지 1,063평 2합을 매수하여 합계 3,496평 9합에 달하는 것으로 계획되었다"고 표기되어 있다. 말하자면 1921년과 1922년에 매수한 부지는 '정동 1-8, 1-13, 1-14, 1-15번지' 일대를 가리키는 것으로 확인된다.

이 자리는 해방 이후에 '경기여자고등학교'가 있던 곳으로 널리 알려지게 되지만, 그건 어디까지나 해방 이후의 일이었을 뿐이지 그 이전에는 두 학교가 아무런 상관이 없었다. 이를테면 정동 1-8번지에는

신문로1가 세안빌딩 쪽에서 덕수궁 안길로 들어서는 곳에 영성문(永成門)이 있었다. 진입금지 표지판이 서있는 곳이 영성문이 있던 자리로 추정된다. 그 너머에 보이는 4층건물이 '덕수초등학교'이고, 그 오른쪽으로 담장만 살짝 보이는 곳이 예전의 '경기여고 자리'이다.

일제시대를 통틀어 줄곧 '경성제일공립고등여학교'가 있었을 따름이었다.

이와는 달리 길 건너편의 덕수초등학교 쪽은 그 연혁이 좀 더 복잡하다. 원래 서대문 밖 충정로1가 34번지에 있던 경성여자공립보통학교가 '정동 1-6번지'로 옮겨온 것이 1922년 4월 12일이었다. 그러니까 경성제일공립고등여학교와 거의 같은 시기에 정동 지역으로 진입한 것이라고 보면 될 듯싶다.

그런데 이 학교는 1935년 봄부터 남녀공학으로 변경되는 동시에 '덕수공립보통학교'가 되는 것으로 나타난다. 학교 이름에 '덕수'라는 명칭이 등장하는 것은 이때부터이다. 그에 앞서 인근의 서소문로 76번지에 있던 '정동공립보통학교'와 합병이 시도된 흔적이 여러 군

운동장이 보이는 곳이 예전의 경기여고 자리이고, 그 너머로 언덕진 곳이 미국대사관 부대사저 지역이다. 미국대사관과 대사관 직원아파트를 짓는다고 하여 논란이 되고 있는 곳이기도 하다.

《대경성사진첩》에 수록된 '경성제일공립고등여학교'(왼쪽)와 '덕수공립보통학교'(오른쪽) 시절의 전경이다. 덕수공립보통학교로 개편되기 이전에는 '경성여자공립보통학교'였다.

데 보이긴 한데, 실제로 그러한 일이 있었는지는 미처 확인하지 못하였다. 그리고 1940년 4월 26일에는 화재발생으로 학교가 전소(全燒)되는 사태를 겪기도 했다. 여하튼 지금의 덕수초등학교는 그러한 내력을 지녔다.

그렇다면 선원전과 사성당이 있던 '정동 1-24번지'는 어떻게 변했던 것일까?

1921년 무렵 그곳에 절이 들어섰다는 《동아일보》 보도기사가 있긴 했지만 그것 말고는 구체적인 흔적을 찾아내기가 좀체 쉽지 않다. 다만 약간 세월이 흐른 다음 1934년 12월 24일에 이르러 조선저축은행이 이 터를 인수하여 중역사택을 짓는다는 기록이 보인다. 그러니까 이곳이 지금의 미국대사관 부대사관저가 있는 곳이다.

《조선과 건축》 1938년 7월호에 수록된 내용에 따르면, "정동 1-39번지 1,333평의 대지"에 이 건물이 지어진 것으로 적혀 있다. 원래 선원전 구역은 '정동 1-24번지'인데다 그 면적도 4,348평이나 되었던 것인데, 살펴 보건대 나중에 지번분할이 이루어졌고 그 일부에다 조선저축은행의 사택이 건축되었던 것이 아닌가 짐작된다.

그런데 이 구역은 어쩌다가 미국대사관의 구역으로 편입되었던 것일까? 몇 가지 자료를 뒤져보았더니, 아니나 다를까 거기에는 막강한 위세를 떨치던 미군정 시절의 힘이 있었다.《서울신문》1948년 9월 19일자에는 '한미행정이양협정에 의해 미국이 취득한 토지건물의 명세' 제하의 기사가 하나 수록되어 있는데, 여기에 정동지역과 관련된 사항만 추려보면 대충 이러했다.

(가) 미군가족 주택 제20호 급 대지(138평) 정동 1의 39

(나) 러시아인 가옥 제1호(720평) 정동 1의 39

(다) 현재 미국영사관 서편 공지(1,414평) 정동 1의 9

(라) 현재 미국영사관 남편 공지, 서울구락부에 이르기까지 현재 미국영사관 곁으로 통한 도로의 일부, 정동 8의 1, 8의 3, 8의 4, 8의 5, 8의 6, 8의 7, 8의 8, 8의 9, 8의 10 및 8의 17

(마) 미군가족 주택 제10호 급 러시아인 가옥 제1호 정동편에 있는 삼각지형 대지 급 기타 지상에 있는 창고 1동, 가옥 3동 급 기타 건물 (1,675평) 정동 1의 39

(바) 전군정청 제2지구 전부 급 기타 지상에 있는 약 43동의 가옥 급 기타 건물. 차는 차지역에 있는 식산은행 소유재산 전체를 포함한 정동 9의 1 전부, 사간동 96, 97의 2, 98, 99, 102, 103의 1, 104의 1, 급 104의 2 급 그 대지상의 기타 건물 약 9,915평

(사) 반노호텔 급 그 동변에 연섭한 주차상 1,944평 을시로 18의 2.

이렇게 본다면 결국 선원전 자리가 있던 곳은 물론 미국공사관을 둘러싼 인근지역에 있던 예전의 덕수궁 자리가 광범위하게 통째로 미국대사관의 구역 안으로 편입되었다는 사실을 생생히 확인할 수 있

《매일신보》 1926년 5월 23일자에 보도된 덕수궁의 은행나무 모습이다. 1926년 12월에는 경성여자공립보통학교의 뒤편 언덕에 '경성방송국'(정동 2번지)이 들어섰다. 그런데 그 자리에 큰 은행나무가 걸리적거리자 이를 '베어버리자, 돈이 들더라도 다른 곳으로 옮기자' 하는 논란이 있었던 모양이었다. 이 은행나무는 그 후 어떻게 되었을까?

다. 하지만 일은 거기에서 그치질 않았다. 한참 세월이 흐른 뒤의 일이긴 하지만 이번에는 경기여고가 있던 자리가 재산교환의 형태로 미국대사관 측에 넘겨졌다. 이러한 합의가 이루어진 것이 지난 1986년의 일이었다.

그런데 또 이번에는 이 자리에 미국대사관과 대사관 직원용 아파트를 짓는다고 하여 말썽이다. 그러고 보니 고종임금의 죽음을 계기로 식민통치자들에 의해 순식간에 해체된 덕수궁 즉 선원전 권역의 태반이 유독 미국대사관 측으로 몽땅 다 넘겨진 셈이다. 그것도 불과 60년 정도의 세월이 흐르는 사이에 말이다. 결국 덕수궁의 해체는 일제의 식민통치자들을 위한 것도 서울시민을 위한 것도 아닌, 그저 미국대사관을 위한 일이 되고야 말았던 것이 아닐까? (2003. 5. 5)

아, 영성문대궐(永成門大闕)의 운명(運命)이여!

《매일신보》 1920년 5월 11일자에는 '전대무주야초반(殿臺無主野草班)!! 영성문대궐(永成門大闕)의 운명(運命), 모래 한 알갱이도 주인을 생각하는 듯한 이 대궐! 이를 차마 어찌하나?'라는 제목이 나붙은 기사가 하나 들어 있다. 여기에는 선원전 일대가 헐어지는 당시의 상황이 비교적 소상히 묘사되어 있다. 전각과 출입문의 배치현황을 설명하고 있는 부분도 주목할 만하다고 여겨진다.

이 대궐(大闕)은 십대왕(十大王)과 민비(閔妃)를 모시는 존엄한 대궐

영성문(永成門)대궐! 이 대궐은 어떠한 대궐인지를 우리가 생각하는가? 이 대궐 안에는 우리이조 역대제왕 가운데 칠대왕(七大王)과 영희전에 뫼시었던 삼대왕(三大王)과 창덕전하의 민비전하(閔妃殿下)의 높으신 사당을 뫼시고 친히 봉사하옵시던 존엄무비의 대궐이었다. 그러나 일한합병이 된 뒤로는 무슨 까닭으로 역대선왕께 봉사하는 전차까지도 폐하게 되었었는지? 십년 동안을 두고 오늘까지 이르도록 춘추봉사를 폐지하고 다만 해마다 새절기에 생기는 과실(果實)과 새곡식이 나면 그때마다 천신 차례나 행하여왔었다. 그러나 원래 소중한 대궐인고로 형식상으로 전사(典祀)와 수복 등의 직원을 두었었다. 그러나 이태왕 전하께옵서 승하하옵신 후로 일주년이 못되어 영성문대궐과 덕수궁(德壽宮) 일부를 민간에 불하하리라는 문제가 세상에 전하여 졌었다. 그러나 덕수궁의 일부를 불하한다는 말은 전혀 풍설이요. 다만 영성문대궐만 식산은행(殖産銀行) 사택지로 불하하였으나 이것도 필경은 양방이 해약함에 이르렀음으로 소위 양궁불하문제는 아주 없어지고 말았는데 이와 같이 사회의 일대문제거리가 되던 영성문대궐의 운명은 과연 어찌 되었는가?

무령(無靈)한 부월(斧鉞)이 피금전옥루(彼金殿玉樓)를 함부로 헐고 마나?

우리 민간의 사사집이라도 화려한 건물을 훼철하는 것은 눈으은 보기에 좋지 못하여 보이는 것이 우리의 인정인데 하물며 이와 같은 역사 있는 궁궐이리요. 영성문이라는 뚜렷한 액자가 걸린 숭엄한 삼문은 보기 싫은 널판조각으로 둘러막고 그 정문까지도 헐어 없애버리게 되었는데 요사이 수십명의 역부가 들어덤비여 영성문 안에 크나큰 전각을 날마다 훼철하여 모든 재목과 기와를 마차에 실어서 내이는 중이다. 그리하여 어소문(於昭門) 안에 태조(太祖)대왕, 숙종(肅宗)대왕, 영종(英宗)대왕, 정종(正宗)대왕, 순조(純祖)대왕, 익종(翼宗)대왕 일곱 분의 사당 뫼시었던 선원전(璿源殿)의 장엄한 전각도 모두 훼철하며 좌우 행각까지도 장차 훼철하겠으며 정안문(靜安門)을 들어서서 유정문(惟靖門) 안에 창덕궁 민비전하의 사당을 뫼신 의효전(懿孝殿)의 숭엄한 전각과 동행각과 재실까지 모두 훼철하였고 또는 홍대비(洪大妃) 전하와 민비 엄비 전하의 삼년상을 받들은 역사가 소여한 회안전(會安殿) 같은 곳까지도 순서대로 불일 훼철하겠으며 소안문(昭安門) 안에 흥덕전(興德殿)은 홍대비국상이 계시옵셨을 때에 빈전(殯殿)으로 불일 성지를 하여 지었던 전각으로 민비의 빈전으로도 지냈으며 또는 엄비 빈전도 되었던 역사 있는 전각인데 이 전각은 창덕궁에 조하는 외전(外殿) 행각을 건축하는데 보충하여 쓰려고 작년 겨울에 훼철하여 창덕궁으로 옮겨간 고로 흥덕전 자취는 벌써 쓸쓸한 바람에 잡초만 발이 빠지게 되었다.

창덕궁 북일영(昌德宮 北一營)에 신조(新造)되는 선원전(璿源殿) 십이 실로 만든다

그러면 이와 같은 존엄한 궁궐은 왜 그와 같이 훼철하여 화려하고 장엄하던 영성문대궐도 황량한 벌판이 되게 하는가? 본래 이 대궐에 뫼시었던 선원전과 의효전을 창덕궁 뒤편에 있는 북일영(北一營)

에다가 옮기여 지으려고 그와 같이 모든 전각을 헐어서 창덕궁으로 옮겨가는 것이다. 그러나 이번에 북일영에 새로이 건축하는 선원전으로 말하면 본래 일곱 대왕의 존령을 뫼셨던 터임으로 칠실(七室)의 선원전이었지만 이번에는 특별히 오실(五室)을 늘이여 십이실의 큰 전각을 건조하실 것인 고로 그와 같이 제일 큰 전각만 모조리 헐어가며 심어지 돌 한 개까지라도 남기지 않고 모두 북일영으로 옮기여 가는 터이로다. 그런데 이번에 새로 짓는 선원전 어찌하여 십이실로 변경을 하는가? 영희전대궐에서 영성문대궐 사성당(思誠堂)으로 이안하옵셨는 삼실은 북일영에 새로 짓는 선원전에 뫼실 터이며 나머지 이실은 당분간 비워 두었다가 승하하옵신 이태왕 전하의 존영을 뫼실 터이요 또 일실은 장차 앞날에 어찌 될는지? 혹시 창덕궁 전하께옵서 승하하옵시면 나머지 일실 듭시게 될는지? 이것은 우리가 아직 알 수 없는 바이다.

두견성 두견성(杜鵑聲 杜鵑聲)! 무량(荒凉)한 궁전(宮殿)의 적(跡), 뜰 아래 풀도 한을 머금어

아! 영성문대궐의 운명! 이후로부터는 우리가 날마다 배관하던 영성문이랑 숭엄한 궁궐을 다시는 볼 수 없게 되었도다. 벌써 지금부터 그 대궐 안에는 처량스러운 봄풀만 푸르렀고 화려하던 궁궐은 모든 경색이 처참하게 되었도다. 전일 이태왕전하께옵서 생존하옵셔 완전한 다례를 하옵실 때에 친히 궁중을 납시여 덕수궁 후원을 넘으사 유녕문(由寧門) 어로를 통과하옵셔 며느님의 영존이 계신 의효전을 가끔 살피시고 백화가 난만한 화원과 그 외에 모든 화초를 기르는 온실과 기타 양어지(養魚池)를 친히 어람하시며 존엄하신 옥체를 머루르시던 곳은 몸이 파묻히는 망초가 슬픔에 매치인 듯하며 울울창창한 보는 녹음은 사랑하던 주인을 잃고 풀이 없이 늘어진 듯하도다. 그 중에도 전일 왕세자전하께옵서 수학하시던 수학원(修學院)의 건물은 반을 떼리여 어떤 서양인의 소유가 되어 시꺼먼 판장으로 막았으며 나머지 일부도 불일간 헐어 없앨 터인데 그 한편에는 테니스의 운동장을 닦느냐고 법석을 하는 모양도 과연 한심하게 보이는데 유녕문 앞에 푸르러있는 은행나무(銀杏木)는 때마다 이태왕 전하의 용안을 지영하던 역사를 말하는 듯 하였다. 아, 영성문대궐의 무르녹은 녹음은 장차 누구를 위하여 길이 푸르러 볼까?

20
덕수궁 선원전,
해인사 포교당 되다

| 친일승려 이회광의 야욕과 몰락의 그늘 |

　그리 잘 알려진 일은 아니지만 오래 전에 하마터면 팔만대장경 경판이 몽땅 일본으로 옮겨질 뻔한 적이 있었다. 일본에서 대장경을 간행하겠다고 해인사 주지승과 일본인 사토 로쿠세키(佐藤六石)가 공모하여 추진했던 이 일이야 결국 당국의 사전저지로 무산되고 말았지만, 어쨌거나 팔만대장경 밀반출 미수사건은 1910년 3월에 실제로 있었던 일이다.

　자칫 이 땅에서 팔만대장경이 한순간에 사라질 수도 있었다는 생각을 떠올린다면 누구라도 그저 섬뜩한 느낌을 지우기는 힘들어 보이는데, 어찌된 일인가 했더니 그토록 험한 꼴을 당할 위기의 이면에는 친일승려로 널리 알려진 이회광(李晦光, 1862~1933)이라는 존재가 있었다는 소문이 파다했다.

일찍이 1908년에 불교교단 원종(圓宗)을 성립한 이래 1910년에 일본 조동종(曹洞宗)과의 예속적 연합을 추진하였고, 사찰령(寺刹令)의 제정 이후에도 계속하여 30본산 연합체제를 주도하면서 1920년에는 역시 일본 임제종(臨濟宗)과의 병합을 추진하는 등 일관되게 친일의 길을 걸었던 이가 바로 그였다.

그런데 나름의 권세를 한껏 누렸을 것 같은 그의 행적을 죽 따라가 보면 어째 말로(末路)가 전혀 평탄하지 못했던 사실을 확인하기란 그리 어렵지 않다. 그것이 친일행위에 대한 당연한 업보였는지는 알 수 없으나,《동아일보》1924년 8월 18일자에는 '이회광(李晦光)의 과실(過失)로 해인사의 대치욕(大恥辱), 돈

1917년 8월의 어느 날, 우연찮게 친일승려 3인방이 나란히 섰다. 왼쪽이 용주사 주지 강대련(姜大蓮)이고, 가운데가 통도사 주지 김구하(金九河)이며, 오른쪽이 문제의 해인사 주지 이회광(李晦光)이다.

십원에 가장 집물을 경매, 부처님만 무사하게 되었다'는 제목의 기사 하나가 들어 있는 것이 보인다.

시내 정동(貞洞)에 있는 합천 해인사 중앙포교소에서는 광화문 금융조합에서 육천 원을 차용하였던 바 그 기한이 지났으되 변리도 물지 않으므로 광화문 금융조합에서는 약 한 달 전에 그 포교소 안에 있던 가장 집물을 차압하여 두었던 바 드디어 재작 16일 오전에 경매하여 버리고 말았는데, 경매 당한 물건은 풍금과 난로 등 기타 약 백 구십여 원어치이며 부처님만은 겨우 무사하였다는데 기만(幾萬)의 재산을 가진 대본산 해인사로 이와 같이 몇 십원을 변통치 못하여 변리도 못물다가 내종에 차압을 당한 것은 현주지 이회광 씨와 본사와의 갈등이 심한 까닭이라더라.

이게 과연 무슨 뜻금 없는 소리일까? 알고 봤더니 사건의 개요는 대충 이러했다. 해인사 주지 이회광이 정동 일대의 광활한 부지를 인

수하여 그곳에다 '해인사중앙포교소(海印寺中央布敎所)'라는 이름으로 사찰을 건립한 것이 1920년 봄 무렵이었다. 그리고 여기에 해인사에서 직접 불상을 모셔오기까지 했는데, 정작 그 관리와 운영은 아주 엉망이었던 모양이었다.

분명히 포교소 건립과 관련된 자금은 그 자신이 주지로 있는 해인사 측에서 나왔을 테지만, 정작 해인사의 명의로 확보한 것도 아니고 그저 자기 개인명의로 해둔 데다 그 마저도 식산은행이나 한성은행과 같은 금융기관에 여기저기 저당을 잡혀 추가자금을 변통했던 지라 그럭저럭 수년의 세월이 흐르는 동안 빚이 잔뜩 누적되어 더 이상 감당할 수 없는 지경에 이르렀다는 것이었다. 말하자면 이회광 개인의 영광과 권세를 위해 애꿎은 해인사의 재산을 순식간에 다 부려먹은 꼴이 된 셈이다.

《매일신보》 1926년 5월 22일자 기사이다. 이때까지도 이른바 '이회광 사건'과 관련된 법률적 분쟁이 이어지고 있었다.

그러니까 당연히 이 일로 인하여 이회광은 해인사 주지로서의 권능은 완전히 상실했을 뿐만 아니라 실제로 1924년 9월 11일에는 조선총독부가 김만응(金萬應)을 해인사 후임주지로 인가함에 따라 그는 스스로 친일승려의 자격(?)조차도 상실하는 처지에 이르렀던 것으로 확인된다. 일관되게 친일행적을 보여왔던 그를 구태여 내칠 까닭이 뭐 있겠냐 싶지만, 그는 이미 구제불능의 '사고뭉지'였던 것이냐.

더구나 그는 수년 전부터 일본 임제종 묘심사(妙心寺)를 끌어들이는 과정에서 조선불교에 관한 모든 권한과 결정권이 조선총독에게 귀속되어 있었음에도 불구하고 공연히 일본 본국의 고관들을 들쑤시고 다닌다고 하여 총독부 당국의 눈밖에도 벗어난 상태였다. 그러므로 총독부로서도 그의 과오를 감싸줄 리는 만무했을 터였다. 친일승려 이회광의 몰락은 그렇게 진행되고 있었다.

그런데 가만히 보니까 이회광이 1920년에 건립했던 불교포교소가 바로 '정동(貞洞)'이라고 했다. 승려의 도성출입금지가 해제된 것이 1895년이고 보면, 불과 25년 사이에 시내 한복판에 번듯한 사찰을 세웠으니 그것이 제나름의 큰 공적이라면 공적이었을 수도 있었겠다. 어쨌거나 이 대목에서 주목할 만한 사실은 이 포교소라고 말하는 것이 있었던 곳이 다름 아닌 '덕수궁 선원전(德壽宮 璿源殿)' 구역이었다는 점이다.

잘 알려진 바대로 흔히 '영성문 대궐(永成門 大闕)'이라는 이름으로 통용되던 덕수궁 선원전 구역이 해체되기 시작한 것은 1919년에 고종 임금이 승하한 때부터 벌어진 일이라는 사실은 새삼 강조할 필요가 없을 듯하다. 그 중에 일부는 '경성제일공립고등여학교'가 되었고 또 일부는 '덕수공립보통학교'가 되기도 했던 것이다.

이쪽이야 지금도 학교부지는 그럭저럭 그 형태를 유지하고 있으니 대략 그 영역과 이후의 내력이 어떠했는지를 짐작하기가 그다지 어렵지 않아 보인다. 그런데 당최 그 윤곽을 그려내기가 어려운 곳이 하나 남아 있었으니 원래 선원전(璿源殿)과 사성당(思成堂)이 자리했던 정동 1-24번지 일대 (즉 지금의 미국대사관 부대사 관저지역)였다.

이 자리에 대해서는 약간 세월이 흐른 다음 1934년 12월 24일에 이르러 조선저축은행이 이 터를 인수하여 중역사택을 짓는다는 기록이 남아 있기는 한데, 그렇더라도 적어도 1920년 이후의 10여 년간의 연혁은 전혀 알려진 바 없었던 지역이기도 했다. 그런데 알고 봤더니 그 역사의 공백기에는 친일승려 이회광이 건립했던 사찰이 있었던 것이다.

서대문통에 고색이 창연하게 서 있던 '영성문'이 헐리기는 작년 여름의 일이다. 지금은 그 영성문 자리로부터 남편으로 정동까지 탄탄한 신작로가 새로이 뚫려 있다. 이 신작로의 왼편 대궐자리에는 지금에 절이 되어 '선원전'의 뒤편자리에는 금칠한 부처님이 들어앉았다. 일시 정치풍운의 중심으로 동양의 주목을 모으는 '수옥헌'은 외국사람들의 구락부된 지가 이미 오래지마는 외국사신접견의 정전으로 지었던 '돈덕전'은 문호가 첩첩이 닫힌대로… 운운.

이것은 《동아일보》 1921년 7월 25일에 수록된 기사의 한 토막이다. 여기에 등장하는 '대궐 자리의 절'이란 것이 바로 '해인사 중앙포교소'였다. 그러니까 선원전 구역을 헐어냈던 1920년부터 이른바 '이회광 파문'으로 불거진 사태의 수습을 위

《매일신보》 1920년 12월 22일자 기사이다. 여기에는 분명히 "영성문 대궐 구적 (즉 덕수궁 선원전 구역) 칠천팔백 평의 넓은 터에 해인사 포교당이 건설되었다"는 구절이 들어있는 것이 보인다.

1920년 12월 25일에는 해인사에서 직접 불상을 모셔와 총독부 관리의 참석 하에 화려한 봉불식(奉佛式)을 거행하였다.

해 '정리위원회'가 구성된 1925년 무렵에 이르기까지는 불교사찰이 버젓이 선원전 자리를 차지하고 있었다고 사실관계를 정리하는 것이 옳겠다.

그런데 이회광은 왜 하필이면 덕수궁 선원전 자리에다 절을 지으려고 했던 것일까?

여기에도 그냥 흘려듣기 어려운 숨은 뜻이 들어 있었다. 나중에야 결국 일개 '해인사'의 포교당으로 귀결되고 말았지만, 애당초 이회광은 이곳에다 일본 임제종에 부속된 '임제종태고파(臨濟宗太古派)'가 자신의 계획대로 성립하는 경우에 그 종무원(宗務院)을 세우려고 했던 것이다.

또한 빈민을 위한 시약원(施藥院)도 만들고 또 불교청년회 중앙회관도 만들 계획이었던 모양이었다. 이를테면 조선불교의 본산을 구축하겠다는, 그것도 도성 한복판의 광활한 자리에다 절을 지어 올리

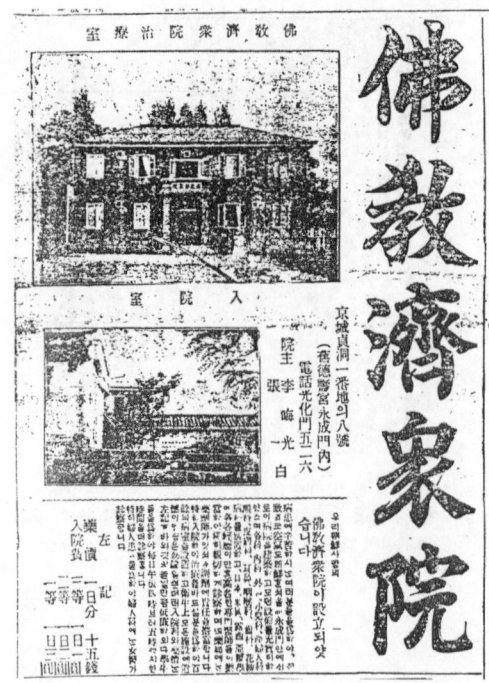

이회광은 내친 김에 불교포교소 자리에다 '불교제중원'을 개업하였으니 그때가 1923년 9월 1일이었다. 여기에는 주소지가 정동 1-8번지로 표기하고 있으나, 실제로는 정동 1-24번지 구역에 자리했던 것으로 보인다. 아마도 지번의 분할이 이루어지기 이전의 번지를 계속 사용했을 가능성이 높다.

겠다는 야심이 작용했던 것이다. 그가 무리하게 육, 칠천 평에 가까운 선원전 구역을 사들이려고 했던 까닭이 바로 그것이었다. 물론 그것이 나중에 스스로의 몰락을 자초하는 결과를 불러오는 직접적인 단초가 되긴 했지만 말이다.

어쨌거나 덕수궁 선원전 구역의 해체 이후 굴절된 역사의 단면은 그렇게 이어지고 있었다. 다시 세월이 흘러 이곳은 해방 이후 미국대사관 권역으로 편입되고 말았으니 그 곤혹스러운 내력은 더욱 가중되

고 있는 것이 아닐는지? 그나저나 여기가 한때나마 어느 친일승려의 야망과 좌절이 잔뜩 배어든 곳이었다는 사실을 기억하는 이는 이제 몇이나 남았을까? (2003. 6. 26)

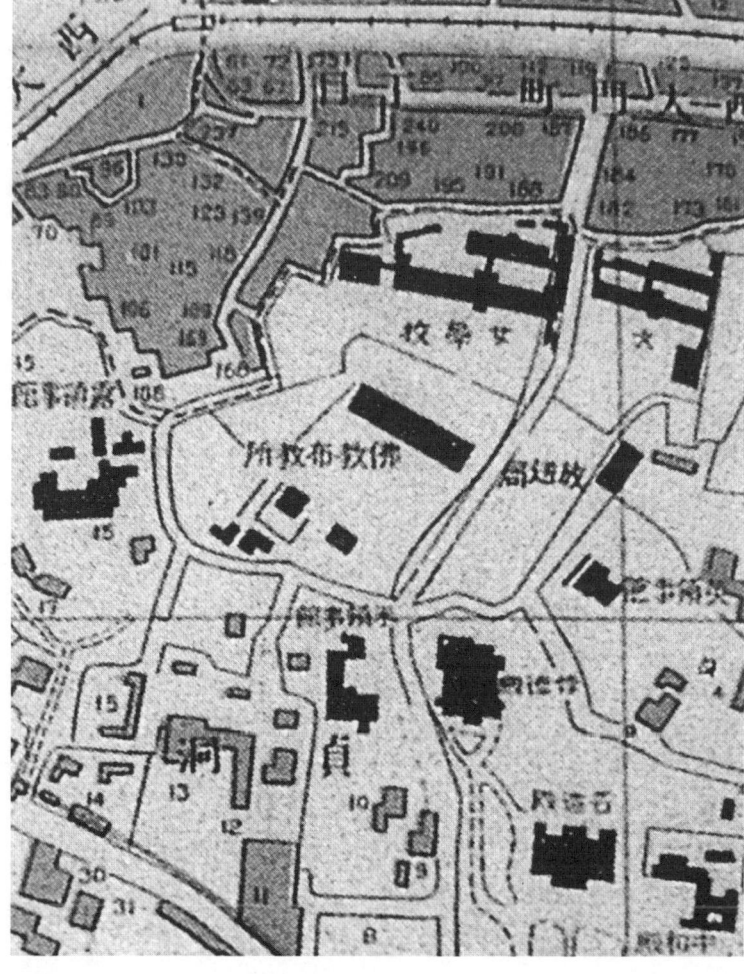

1927년에 발행된《경성시가도》에는 불교포교소의 위치를 확인할 수 있는 표기가 확연히 남아 있다.

"풍전의 등화 같은 해인(海印) 고찰의 운명"
―친일승려 이회광의 말년행적은 이러했다

《조선일보》 1924년 10월 29일자에 '풍전의 등화 같은 해인(海印) 고찰의 운명, 이회광의 포교소 설치 이래로 그럭저럭 진 빚이 삼십여 만 원, 부속기관도 전부 폐지' 제하의 기사가 들어 있다. 여기에는 친일승려 이회광의 말년 행적이 어떠했는지가 잘 정리되어 있다. 그 전문을 옮겨보면 다음과 같다.

합천 해인사의 보물 전부를 광화문금융조합(光化門金融組合)에게 차압(差押)을 당하였다 함은 이미 작지에 보도하였거니와 이제 그 해인사의 자세한 내용을 듣건대 속담에 '십년 공부 남무아미타불'이라더니 참으로 천여 년 동안 쌓고 쌓은 탑의 운명이 바람 앞에 촛불처럼 과연 애처롭게도 되어 있다.
그 절에서는 대정 9년(1920년) 경 당시 주지 이회광(李晦光) 시대에 경성에다 불교중앙포교소(佛敎中央布敎所)를 두기로 하고 정동(貞洞) 일번지의 건물을 육천 원에 매수하여 가지고 포교사업을 계속하던 바 그 포교소 구내에 있는 제중원(濟衆院)으로 말하면 그 절의 경영이 아니오, 다만 이회광 씨와 그 원장 장일(張一) 씨와의 사사 경영인데 지금 그 건물 소유권을 보면 그 포교소는 이회광 개인의 명의로 있고 제중원은 더욱이 중도 아닌 장일의 명의로 있는 바 본래 절 돈으로 산 개인명의로 권리를 넘겨 놓은 것은 잘못이며 또는 그 기지(基地) 육천 평에 대하여는 지난 12년(즉 1923년) 이왕가(李王家)와 2월에 십 삼만 팔천 원에 매수하기로 계약하고 매년 일만 삼천 팔백 원씩 납부하기로 한 바 그것은 사내의 경비 곤란으로 인하여 작금 양년(兩年)에 한 푼도 납부치 못하였으며 장차도 도저히 어렵게 되겠음으로 그 장소를 그대로 포교소로 사용할 수는 없겠으며 포교소의 존폐 문제는 본사에서 결정되기 전에는 말할 수 없는 것이며, 기지에 대하여는 결국 이왕가와 해약하는 수밖에 없다는데 해약케 되면 계약에 의하여 매월 백 원의 위약금만 물어주면 그만이고 그 건물 중 포교소는 이회광 씨의 명의로 한성은행 남대문지점(漢城銀行 南大門支店)에 삼천 오백 원에 저당되어 있고 그 제중원은 장일 씨가 금년 2월에 영동역전(永同驛前) 모에게 이천 오백 원에 저당하였던 바 이것만 이곳이 포교소의 건물과 기지에 대한 복잡한 문제이며 이 포교소 설치 이래에 그 영행이 직접 해인사에 미쳐 마침내 해인사 자체의 존폐 문제가 박절해왔다. 그 동안 소비한 금액이 절의 동산 소모가 십 사만 원이며, '해인사 주지 이회광'의 명의로 현금 돌아다니는 수형(手形)이 구만 원이니 십만 원이니 하여 자못 요령을 얻을 수가 없으며 그외 그때 사무원으로 있던 진창수가 이회광의 명의로 시내 수창동(需昌洞) 일백 칠십 번지 천일청(千一淸)의 재산을 사기횡령한 것이 육만 이천여 원이라.

이것을 통계하면 근 삼십만 원의 거액의 금전이 경성중앙포교소를 중심으로 하고 일어난 소비액이다. 그 가운데 현재 채무로 되어 있는 것이 이회광의 유행 수형까지 합산하면 십 오만 원 이상이나 되는데 현재 해인사의 재산이라고는 남은 것이 다만 산림(山林)분인 바 그 산림은 직경 사십 리에 평가 사 오만 원밖에 되지 않는다 하니 무엇으로써 이 채무를 보상하고 사내의 일을 정리할까 하여 사내승려 이백여 명은 좌불안석으로 매우 초조한 상태에 있으며 또는 일백 오십여 명이나 수용하는 사내학교는 부득이 지난 4월부터 문을 닫았다 하니 천여 년의 역사를 가진 조선 불교계의 기초인 해인사의 운명이 장차 과연 어떻게 될 것인가.

이것을 아무래도 정리해 보겠다는 정신에서 지난 9월 11일에 새로 주지의 자리를 김만응 씨가 차지하게 되어 여러 가지 교섭차로 일전 상경하였다가 차압의 급보를 듣고 재작 27일밤 차로 귀사하고 작 28일 밤차로는 농사 권업(勸業) 주임으로 있는 백성원(白聖元) 씨도 귀사하였으며 포교소에는 김구봉(金九奉) 씨가 혼자 남아 있어 본사의 결정을 기다린다더라.

제4부

문화 속의 역사, 역사 속의 문화

만원권 지폐에 들어있는 석탑의 정체
해외유출 문화재의 반환에 시효 따위는 없다
한송사 석조보살좌상, 90년만에 반쪽 귀향
같은 절터인데 문화재 이름은 제각각
순종 왕릉의 석물은 일본조각가의 작품
안기부가 머문 자리에 석탑이 남아 있네!

21
만원권 지폐에
들어있는 석탑의 정체

| 경복궁 복원으로 달라진 풍경 미처 반영 못해 |

    십 수년도 더 된 시절의 얘기지만 10원 짜리 동전의 다보탑 속에 불상을 새겨 넣어 노태우 대통령의 당선에 일조하였다는 유언비어가 세상을 휩쓸고 지나간 적이 있었다. 민주화가 좌절된 반감의 표출인지 아니면 그저 말하기 좋아하는 얄팍한 재미의 표현이었는지는 모르겠지만 정녕 그러한 시절이 있었다.
    불국사 다보탑 위에 놓여진 석사자상(石獅子像)을 그렇게 오인하여 야단법석을 떤 결과였지만, 모든 사람들의 주머니 속에 들어있는 돈이었기에 그러한 일이 쉽게 벌어지지 않았나 싶기도 하다. 뒤집어 보면 그것이 불상이 아니라 탑 위에 간신히 하나 남은 석사자상이라는 사실 하나 만큼은 똑똑히 기억시켜 주었으니 그 바람에 문화재에 대한 이해력을 높이는 좋은 계기가 되었던 것은 분명하다.

그러니까 돈의 위력은 대단한 것이다. 알고 보면 역사와 문화재에 대한 얘깃거리치고 돈만큼 더 확실하고 재미있는 것은 없다. 그러한 재미는 하나 더 있다. 아는 사람은 알겠지만, 우리 나라 화폐 중에는 10원 짜리 동전의 다보탑 말고 '석탑(石塔)'이 도안된 것이 또 있다. 그것은 뭘까?

정답은 만원권 지폐의 뒷면이다. 경복궁 경회루의 오른쪽 옆부분을 자세히 들여다보면 희미하나마 삼층석탑이 하나 서 있다. 경회루의 모습이 처음 만원권 지폐의 뒷면에 등장한 것은 1979년 6월 15일에 발행된 '나만원권' 부터였으나, 그 이후 1983

만원권 지폐의 경회루 전경이다. 1983년에 지금의 도안처럼 약간 세밀하게 변경처리되었으나, 그 이후의 변화된 모습은 전혀 담아내지 못하고 있다. 동그라미 표시부분에 석탑이 보인다.(위쪽) 경복궁 복원공사로 이렇듯 경회루 주변의 모습은 이제 크게 달라졌다.(아래쪽)

년 10월 8일에 교체된 '다만원권' 이후 도안이 좀 더 세밀하게 변경된 것으로 알려져 있다.

하지만 지금의 '마만원권'에 이르기까지 기본도안의 변경은 없었다. 그러므로 우리가 만원권 지폐를 통해서 보는 경회루의 모습은 적어도 20년 전의 상태라고 보는 것이 옳겠다. 그런데 현상은 어떠한가? 아쉽게도, 아니 아쉬울 것도 전혀 없이 지금의 그것은 만원권 지폐의 뒷면에 나타난 모습과 사뭇 다르다.

경복궁의 복원공사가 착착 진행되어 이른바 침전구역인 강녕전(康寧殿)과 교태전(交泰殿) 자리에 대한 발굴조사가 이루어진 것이 1990

경복궁의 침전 권역이 복원되기 이전에 석조문화재들이 나란히 줄지어선 모습이다. 제일 왼쪽에 있는 석탑이 만원권 지폐의 뒷면에 등장하는 보제존자사리탑 (동탑)이고, 그 너머로 교태전 뒤 아미산 구역이 살짝 보인다.

년이었다. 그리고 강녕전과 교태전 일대의 중건공사가 완료된 것이 1995년이었으니 경회루 주변의 모습이 크게 달라진 지는 이미 세월이 흘러도 한참 흐른 셈이다. 그러니까 그만한 세월만큼 지폐의 도안은 전혀 변화된 풍경을 담아내지 못하고 있다는 얘기가 된다.

그럼 만원권 지폐의 뒷면에 살짝 드러난 석탑의 정체는 무엇일까? 지금은 경복궁 주차장 옆의 잔디화단으로 옮겨진 '영전사보제존자사리탑' (보물 제358호)이 바로 그것이다. 원래 강원도 원주의 영천사(靈泉寺)에 있던 것으로 1915년의 조선물산공진회 때 야외전시유물의 하나로 수집된 쌍탑이다. 말하자면 만원권 뒷면의 도안에는 원하건 원치 않건 간에 일제시대의 역사가 고스란히 배어있다.

돌이켜 보면 경회루의 동편 일대가 완전히 광장으로 변한 것은 오래 전 1917년이었다. 일찍이 1910년부터 경복궁의 전각이 상당수 방매(放賣)되었고, 조선물산공진회를 앞둔 1914년에 다시 홍례문 권역과 동궁전 일대가 몽땅 허물어졌으니 황량한 벌판의 모습은 그리 새

박물관 권역으로 옮겨진 영전사보제존자사리탑(보물 제358호)이다. 뒤쪽의 것이 만원권 지폐 속에 등장한 석탑이다.

삼스러운 것은 아니었다. 그러던 것이 때마침 창덕궁의 화재를 빌미로 경복궁의 침전구역까지 몽땅 뜯어 옮겨갔으니 그 이후 경복궁 안쪽의 '광장 아닌 광장'은 총독부박물관의 야외전시구역으로 전락하고 말았던 것이다.

그 사이 1923년의 조선부업품공진회나 1929년의 조선박람회와 같은 난장판이 벌어지지 않았던 것은 아니었으나 이곳의 기본 용도는 어디까지나 총독부박물관의 관할에 귀속되어 있었다. 총독부박물관이 수집한 갖가지 석조문화재들이 1927년에 건춘문 너머로 옮겨진 광화문(지금의 국립민속박물관 정문자리)과 경회루의 중심축을 따라 양쪽으로 나란히 이열배치되어 있었던 것은 바로 이 때문이었다. 그리고 이러한 배치형태는 해방 이후에도 그대로 존속되었다. 가만히 기억을 더듬어보면 우리에게도 그리 낯설지 않는 풍경이었다.

우리는 그렇게 불과 10수년 전까지도 누가 시킨 것도 아니었는데 일제가 남겨놓은 모습을 오래도록 잘 보존(?)하고 있었던 셈이다. 경

1917년 창덕궁의 화재를 기화로 일제가 경복궁 내 전건물을 뜯어 옮겨짓기로 결정한 이래 경회루 동쪽은 완전히 광장으로 변하고 말았다. 그리고 그 자리에는 대신에 총독부박물관이 수집해온 각종 석조문화재들이 속속 들어섰다.

천원권 지폐의 도산서원 전경이다. 아래의 타원형 표시가 금송(金松)이고, 큰 원 표시가 회화나무이다.

복궁 복원공사의 진척에 따라 차츰 원래의 모습을 찾아나가고 있으니 자연스레 씁쓰레한 식민지 시대의 흔적이 하나씩 지워져야 할 텐데, 정작 그렇지도 못한 것이 지금의 형편이다. 기억의 힘이란 그래서 무서운 것이다. 더욱이 만원권 뒷면에 그 시절을 떠올릴 수 있는 확실한 기억의 끄나풀이 남아 있으니까 말이다. (2003. 2. 9)

만원권 지폐의 변천사

1972년 4월 11일에 발행 공고되었다가 석굴암 본존불과 불국사 전경을 도안한 것이 문제가 되어 결국 발행 취소된 이래 여러 차례의 도안변경 및 부분적인 개선이 있었다.

(명칭, 발행일자, 도안내용의 순서)
가만원권, 1972. 4. 11, 세종대왕초상, 경복궁근정전
나만원권, 1979. 6. 12, 세종대왕초상(물시계), 경회루(무궁화)
다만원권, 1983. 10. 8, 세종대왕초상(물시계), 경회루
라만원권, 1994. 1. 20, 세종대왕초상(물시계), 경회루
마만원권, 2000. 6. 19, 세종대왕초상(물시계), 경회루

천원권 지폐 도안에도 문제가 있다는데…

천원권 지폐의 뒷면에 등장하는 도산서원. 그 도안에도 몇 가지 문제가 있다는 사실이 지적되고 있다.
우선은 최초 도안이 만들어진 지 오랜 세월이 흘렀다는 것이 문제의 하나이다. 천원권 지폐에 도산서원의 모습이 처음 등장한 것은 1975년 8월 14일이었다. 그 후 1983년 6월 11일에 일부 도안에 약간 손질이 가해지긴 했으나 예나 지금이나 한결 같은 모습이다. 그러니까 우리가 보고 있는 천원권 지폐 속의 도산서원은 적어도 30년도 더된 시절에나 구경할 수 있었던 풍경이다.
그런데 안타깝게도 그 사이에 수령(樹齡) 400년의 회화나무가 말

라죽었다. 그러다가 결국 2002년 11월 21일에는 밑동만 남긴 채 나무가 완전히 잘려나갔다고 전해진다. 지폐 뒷부분에는 아직도 수세(樹勢)가 왕성하게 살아있어 잎이 무성한 나무인양 그려져 있지만 말이다. 그러니까 지폐도안 속의 풍경은 지금의 것과는 상당한 차이가 있다고 할 수 있겠다.

그리고 하나 더 있다. 1970년 12월 8일에 박정희 대통령이 기념식수 했다는 금송(金松)이 문제이다. 금송(錦松)이라고 잘못 표기되어 있다는 이 나무는 원래 일본특산수종이고, 따라서 우리 화폐의 도안 속에 버젓이 포함되어 있다는 것은 잘못이라는 지적이 있어 왔다. 수년 전부터 이러한 주장을 이어오고 있는 사람은 계명대학교 생물학과 김종원 교수이다.

그는 이에 대해 도산서원의 담장 밖으로 이 나무를 이식(移植)하는 방안을 대안으로 제시하기도 했다. 하지만 아직까지 이 문제에 대해 구체적인 해결책이 시도된 적은 없다. 달리 보자면 이 부분은 딱히 지폐도안의 잘못이라고까지 연결하기는 힘들어 보이는데, 어쨌거나 '금송'의 처리만큼은 어떠한 형태로든지 간에 조속히 마무리 지어져야 할 성질의 문제가 아닌가 싶다.

22
해외유출 문화재의 반환에
시효 따위는 없다

| 조선총독부가 기증한 오쿠라집고관의 이천향교방석탑 |

1966년 5월 27일, 일본에서 날아온 아주 특별한 비행기 두 대가 김포공항에 도착했다.

국립박물관의 최순우 미술과장이 호송책임을 진 이 날의 하역물품은 1,326건에 달하는 반환문화재였다. 도자기, 고고자료 및 석조미술품이 438건, 전적류가 852건, 체신관계품목이 36건이었다. 이는 모두 전년도 6월 22일에 서명된 한일기본관계조약과 그 부속협정의 하나인 이른바 '문화재협정'이 발효된 결과였다.

당초 우리측에서 제출한 청구품목은 4,479점이었다. 그러니까 그 성과는 턱없이 미흡했다는 것이 일반적인 평가였다. 그나마 이것도 직접 회담에 나선 교섭대표가 나름의 애를 쓴 결과이긴 할 텐데, 아무튼 시대적 상황이 여러모로 역부족이었던 탓도 없지 않았으리라 여겨

경복궁의 자선당을 통째로 뜯어 옮겨 오쿠라슈코칸(大倉集古館)의 조선관(朝鮮館)으로 삼았다. 하지만 이 건물은 애석하게도 1923년 관동대지진 때 불타버리고 간신히 유구만 남았다가 1996년 1월에야 겨우 그 잔석만 국내로 되돌아왔다. (자료 : 김정동 교수)

진다.

하지만 그날 이후 더 이상의 문화재반환은 이루어지지 않았다. 그럼 이때 돌아오지 못한 나머지 문화재들은 어찌 하라는 것인지? 문화재협정 그 자체에 대한 평가가 크게 엇갈리는 것은 바로 이 때문이었다.

그리고 무엇보다도 민간소유의 유출문화재는 아예 교섭대상에서 제외되었다는 것도 문제였다. 개인이 소유한 문화재는 일본정부로서도 어찌할 수 없다고 하고, 또한 국유물(國有物)이라고 하더라도 가령 대학기관과 같은 곳에 귀속된 것은 자기네들이 이래라 저래라 할 수 있는 입장은 아니라고 강변을 거듭하였다니, 애당초 최소한의 성의만 표시하겠다는 것이 일본측의 저의가 아니었을까 싶다.

그런데 더욱 큰 문제는 하나 더 있었다. 문화재협정을 통해 어쨌거나 그만한 생색을 냈으니 문화재반환의 문제는 그것으로 일단락되었다는 인식이 알게 모르게 통용되고 있다는 대목이다. 말하자면 문화재협정으로 유출문화재의 소유에 대한 기득권을 공연히 추인해 준 꼴이 되지 않았나 하는 얘기이다. 그리하여 마땅히 되돌아와야 할 우리 문화재가 오히려 그로 인해 발목이 잡혀버린 것은 아니었던가 하는 우려도 없지는 않다.

이러한 점은 문화재협정이 서명된 지 40년이 가까운 세월이 흐르도록 이렇다 할 추가적인 교섭의 재개 내지 협정의 개정을 위한 정부차원의 공식적인 조치가 전혀 없었다는 사실에서도 그대로 확인된다. 그나마 1991년 5월에 영친왕비의 복식 등의 양도에 관한 협정이 하나 있었던 것이 유일한 예외였다면 예외였을 뿐이다.

만에 하나 문화재협정을 가리켜 유출문화재의 반환을 포기한다거나 이에 대한 논의를 종결하는 근거로 삼는다면 그것이야말로 참으로 고약한 일이 아닐 수 없을 것이다. 하지만 누가 뭐라건 간에 유출문화재의 반환에 대한 당위성은 전혀 훼손된 바 없으며 또한 그에 대한 논의는 여전히 진행형이라는 명제는 아무런 변함이 없다고 보는 것이 옳겠다.

그런데 과연 민간소유의 문화재로 이미 귀속되었다고 하는 것이 문화재의 반환을 거부하는 절대적인 근거가 되기는 하는 것일까? 백 번을 양보하여 문화재의 유출 경위가 투명하다면 간혹 그럴 수도 있는 일이라 여겨지지만, 대개는 그렇지도 못한 것이 사실이니까 설령 개인의 소유물이라고 한들 문화재반환의 대상에서 무턱대고 제외하기

《월간 아리랑》 1996년 1월호의 표지에 수록된 '이천향교방석탑'의 모습이다.

는 어려운 노릇이다. 더구나 그것이 일방적인 권세와 횡포가 판을 치던 식민지 시대에 벌어진 일이었다면 말이다.

그렇다면 이러한 경우는 어떨까?

일본 도쿄의 오쿠라슈코칸(大倉集古館)에는 지금도 식민지 조선에서 걷어들인 석조유물들이 그득하다. 그 중에 하나 오층석탑의 존재가 눈길을 끈다. 이름하여 '이천향교방석탑'이다. 이를테면 이천 향교 근방에 있던 석탑이라는 얘기이다. 이 석탑은 어찌 하여 이 먼 곳까지 옮겨진 것일까? 알고 봤더니 이것은 특이하게도 조선총독부가 직접 기증한 물품이다.* 원래 경기도 이천에 있었다는 이 석탑의 이건 경위에 대해서는 약간의 기록이 남아 있다. 이 석탑이 제자리를 떠난 것은 1915년 가을 경복궁에서 개최된 '시정오년기념 조선물산공진회' 때문이었다. 이 당시 공진회미술관이 건립되면서 야외전시구역을 치장할 만한 야외전시유물들이 필요했고, 지리적으로 가까운 경기도 이천에서는 '안흥사오층석탑'과 더불어 이 석탑이 수집대상에 포함되었다.

지금도 경복궁 내 야외전시구역에 남아 있는 개성의 남계원칠층석탑, 원주의 영전사삼층석탑, 천수사삼층석탑, 그리고 박물관 실내에 진열 전시되어 있는 경주남산의 삼릉계 약사불과 감산사지 석불상 등이 모두 이때의 야외전시유물로 수집된 문화재였다. 애당초 유물의 수집목적이 공진회장을 치장하는 것에 있었기 때문에 일단 외형이 번

---

* 오쿠라집고관에 옮겨진 '이천향교방석탑'과 '평양율리사지석탑'에 대해서는 일찍이 정영호 교수(한국교원대)가 조사하여 《문화사학》 창간호(1994)에 "재일 고려석탑 이기"라는 제목의 논문으로 소개한 바 있고, 또한 재일동포잡지 《월간 아리랑》(1996년 1월호)에도 오쿠라집고관에 대한 탐방기사가 보도되어 그곳의 야외전시유물로 전락한 우리 문화재의 존재에 관한 관심을 불러일으킨 바 있음을 적어둔다.

경복궁에서 개최된 조선물산공진회(1915년) 당시에 야외전시유물들이 배치된 모습이다. 사진의 왼쪽에 보이는 자선당 자리에는 공진회미술관(나중의 총독부박물관)이 들어섰고, 그 앞으로 법천사 지광국사현묘탑, 이천 향교방석탑, 이천 안흥사오층석탑, 원주 영천사보제존자사리탑, 개성 남계원칠층석탑이 차례대로 포진했다.

듯하고, 특히 옮겨오는데 큰 불편이 없도록 고만고만한 크기의 석조 문화재들이 선택되었다는 것이 그 공통점이었다.

그리고 조선물산공진회가 끝나고 곧이어 총독부박물관이 출범하자 이때의 야외전시유물들은 통째로 넘겨져 그대로 박물관의 수장품이 되는 것은 예견된 수순이었다. 하지만 그것이 끝은 아니었다. 이미 제 고향을 떠난 처지가 되어 버린 이천향교방석탑이 참으로 어이없게도 멀리 낯선 땅 일본에까지 한차례 더 자리를 옮겨야 했던 것은 1918년 10월의 일이었다.

이미 경복궁의 자선당을 뜯어 옮겨 오쿠라슈코칸의 '조선관'으로 삼았던 오쿠라 기하치로가 또다시 욕심을 부렸던 것이다. 그가 점찍은 대상물은 원래 평양징거장 앞에 놓여 있던 칠층석답이었으나, 이것의 반출을 청원하는 과정에서 조선총독부가 고적조사위원회의 이름을 빌려 이를 불허하고 그 대신 못이긴 척 '이천향교방석탑'을 거저 가져가라고 했던 것이 그 발단이었다.

그런데 핑계가 참으로 가관이었다. 그 시절 조선총독부가 내세웠던

《조선고적도보》에 수록된 '평양정거장앞 육각칠층석탑'의 모습이다. 오쿠라 기하치로가 당초에 이 석탑을 점찍었으나 뜻을 이루지 못하고, 그 대신에 이천향교방석탑이 일본으로 옮겨졌다.

일본으로 옮겨진 '이천향교방석탑'과 짝을 이루던 또 하나의 '이천향교방석탑'이 현재 이천양정여자종합고등학교의 교정에 그대로 남아 있다.

이유는 이러했다.

먼저 시정오년기념공진회 때 경기도 이천군 읍내면에서 이전하여 지금 박물관 본관 앞에 놓여 있는 오층석탑은 제작상 특이한 점이 없을 뿐만 아니라 가량(佳良)하다고 칭할 만하지 못하며, 일언(一言)으로서 이를 평한다면 타(他)에 내려가 있고 또는 우수한 석탑 많은 조선에 있어서는 특히 박물관에 보존하여 진열품의 하나로 헤아림은 오히려 적당하지 못한 감이 있다.

또 하나의 유출문화재인 '평양율리사지 팔각오층석탑'이다. 아쉽게도 이 석탑은 언제 옮겨진 것인지 그 경위가 분명하지 않다.

선린상업학교 교정의 오쿠라 동상이다. 1927년에 세워졌다가 태평양전쟁 막바지인 1944년 일제의 금속물 공출로 사라졌다.

말하자면 조선 땅에서 흔히 볼 수 있는 그저 그런 석탑이라서 구태여 박물관에 놓아두고 진열할 만한 가치가 없다는 얘기였다. 괘씸하고도 부아가 치미는 표현이 아닐 수 없다. 조선물산공진회장을 장식하겠다고 기껏 옮겨온 지 3년만에, 그것도 그다지 '빼어난' 석탑이 아니라는 해괴한 이유를 달아 그것도 선심이나 쓰듯이 '권세 있는' 개인미술관에 거저 줘버린다는 것이 어디 말이나 될 법한 얘기인가 말이다.

일의 경위는 그러했다. 제 아무리 사유물이라고는 할지라도 그것이 이처럼 얼토당토 않는 조선총독부의 기증행위에 따른 것이라면 진작에 반환문화재의 목록에 포함되었어야 하는 것은 아니었을까 싶다.

그러니까 지금으로서도 이천향교방석탑을 되돌려 받아야 하는 이유는 더욱 뚜렷한 셈이 된다. 그네들 스스로 정말 그러한 평가를 내리고 있었다면 그토록 '하잘 것없는' 석탑을 진작에 되돌려주면 될 일일 텐데, 왜 그렇게는 하지 못하는 것일까? (2003. 1. 28)

오쿠라 기하치로(大倉喜八郎)는 누구인가?

오쿠라 기하치로(大倉喜八郎: 1837~1928), 오쿠라재벌의 창업자인 그는 일찍이 건물점(乾物店)을 개업하였다가 곧이어 총포점(銃砲店)을 열었는데, 조선 땅에 처음 진출한 것은 그의 나이 40세 무렵의 일로 강화도조약의 체결로 부산항이 개항된 때였다. 1878년에는 시부자와 에이이치(澁澤榮一)와 더불어 부산에서 일본제일은행의 조선지점을 열었고, 그 후로 무역과 군수업의 일에 주력하면서 거대 상인으로 성장하였다.

그는 특히 오쿠라구미(大倉組)를 설립하여 건설업에도 적극 진출하였는데, 가령 덕수궁 석조전은 이 회사가 시공을 담당하여 준공한 것이었다. 압록강제재무한공사라는 회사를 설립하여 압록강 유역의 목재를 대규모로 벌채한 것도 그의 소행이었으며, 나중에 조선총독부 청사를 건립할 당시 지반공사에 사용된 말뚝재는 바로 이 회사가 공급한 목재였다.

그의 행적에 있어서 특기할 만한 사항의 하나는 그가 선린상업학교의 설립자였다는 사실이다. '선린(善隣)'이라는 이름은 한일우호선린의 뜻으로 이토 히로부미(伊藤博文)가 정하여 준 것이라 전해지며, 한때 선린상업학교의 교명(校名)조차도 그의 이름을 본 따 '오쿠라상업학교'로 바꾸려고 했던 적이 있었던 것으로 알려진다. 그가 선린상업학교의 설립자였던 탓에 1927년 즉 그의 나이 90세에 학교교정에 자신의 동상이 건립되기도 하였으나, 이 동상은 역설적이게도 태평양전쟁의 막바지에 금속물 공출로 철거된 바 있다.

그의 이력에 있어서 결코 빼놓을 수 없는 대목은 역시 오쿠라슈코칸의 설립에 관한 것이다. 지금은 그의 집터에 세워졌다는 오쿠라호텔의 한켠에 남아 있는 오쿠라슈코칸은 원래 조선과 중국 등지에서 수집한 미술품을 수장하기 위해 1909년에 만들어진 것으로 1912년에는 일반에게 공개되었으며, 그후 경복궁의 자선당 건물을 옮겨다 '조선관'으로 삼아 1917년에 역시 일반에게 공개하였다.

하지만 안타깝게도 자선당은 1923년 관동대지진의 피해를 입어 그의 수집미술품과 더불어 소실되고 그 유구만이 오랜 세월이 흐른 뒤에 수습되어 1996년에 우리나라로 되돌아와 경복궁 한켠에 따로 전시되어 있다. 지금의 오쿠라슈코칸은 1927년에 도쿄제국대학 건축과 교수 이토 쥬타(伊藤忠太)의 설계로 재건된 것이라고 하며, 이곳에는 이천향교방석탑뿐만 아니라 평양의 율리사지에서 옮겨진 팔각오층석탑이 하나 더 남아 있는데 이 석탑이 언제 그곳으로 옮겨진 것인지는 분명하지 않다.

23
한송사 석조보살좌상,
90년만에 '반쪽' 귀향

| 2002년 가을 국립춘천박물관의 개관과 더불어 |

    1911년 3월의 어느 날, 동해안 강릉의 바닷가 한송사(寒松寺)라는 절터에 와다(和田)라는 이름의 일본인이 나타났다. 주변에 초가집이 드문드문 몇 채 남아있던 이곳에서 그가 찾아낸 것은 머리와 팔이 모두 없어진 불상 하나였다. 하지만 마을사람들에게 또 하나의 불상이 더 있었다는 사실을 전해들은 그는 후한 상금을 걸고 나머지 불상의 수색을 부탁하고 거기를 떠났다.

    그로부터 반년 뒤, 그 근처 칠성암(七星庵)이라는 작은 사찰로 옮겨진 불상이 발견되었다는 소식이 그에게 다시 전해졌다. 가서 본즉 그 형식은 앞서 발견한 것과 흡사하되 모습이 완전하고 오직 두부(頭部)만 떨어져 있었다는 것이 흠이라면 흠이었다. 그것도 대리석(大理石)으로 만들어진 이른바 '백옥불(白玉佛)'이었다. 그러니까 그가 이

2003년도 카렌다 표지에 들어있는 '한송사 석조보살좌상'(국보 제124호)과 국립춘천박물관의 전경이다.

불상에 잔뜩 욕심을 내는 것은 당연한 일이었다.

암자 주지의 말에 따르면, "이 불상은 예전에 경주에서 발굴된 것으로 나중에 한송사로 옮겨왔으며 다시 30년쯤 전부터 이곳에 안치하여 왔노라"는 것이었다. 그리고 이 불상을 옮겨가는 대신에 후한 제사를 모셔줄 것을 바라는 주지의 요구에 응한 그는 약간의 비용을 헌납하고 그 석불을 양도받기에 이르렀다. 이때가 1911년 10월이었다.

그런데 와다라는 일본인의 정체는 무엇이었을까?

알고 봤더니 그의 이름은 와다 유지(和田雄治, 1859~1918)로 그 시절에 꽤나 유명했던 기상학자였다. 오전, 오후의 구분을 없애고 오후 1시를 13시라는 식으로 부르게 했던 것은 그의 창안으로 알려져 있다. 통감부 시절에 한국으로 건너와 초대 인천관측소장(仁川觀測所長)을 지냈으니, 말하자면 지금의 기상청장쯤 되는 위상이었다.

이러한 탓인지 나중에 이학박사가 되는 그가 정리한 조선의 천문기상에 관한 문헌조사 및 연구결과는 잔뜩 남아 있다. 경주 첨성대나 마니산 참성단에 관한 조사자료가 그러하고, 특히 전국 각지에 흩어진 측우기(測雨器)와 측우대(測雨臺)에 관한 수집정리 역시 전적으로 그가 주관하여 이루어진 것들이었다.

원래 공주감영에 있었으나 일본으로 흘러나갔다가 1971년에 국내로 되돌아와 보물 제561호로 지정된 바 있는 금영측우기(錦營測雨器) 또한 바로 그의 손을 거쳐 무단 반출된 물품이었다. 더구나 관측소장이라는 본업 이외에 그가 다니는 곳마다 고적유물과 관련된 것이라면 마치 약방의 감초처럼 끼여들었던 것이 그의 행적에서 가장 두드러진 부분 중의 하나였다.

그러므로 그가 난데없이 강릉지역에 나타났다 한들 그것이 하등 이상할 것은 없었다. 하지만 그가 이곳에 나타난 데는 분명한 이유가 하나 있었다. 총독부 관보로 확인해 본즉 강릉측후소(江陵測候所)가 정식으로 개설된 것이 1911년 10월 1일이었다. 그러니까 그가 강릉지역에 부지런히 드나든 것은 여기에 측후소를 만드는 일 때문이었다고 보는 것이 옳겠다.

그리고 그가 한송사지 불상을 찾아낸 것은 짬짬이 그 주위에 흩어진 고적유물을 조사하던 차에 얻어낸 수확이었다고 보면 될 듯싶다. 그 무렵에 강릉지역에 산재한 당간지주(幢竿支柱)에도 주목하여 《역사지리》라는 잡지에 '강원도 강릉의 석주(石柱)'라는 글을 수록한 일이 있었던 사실에 비추어보면 그가 보여준 행적의 한 단면을 충분히 짐작할 만하다.

그런데 그가 색출했다고 하는 두 구의

《조선고적도보》에 수록된 '한송사지석불상'(보물 제81호)의 모습이다. 발견 당시부터 머리와 한쪽 팔이 없었던 이 보살상은 강릉측후소와 강릉군청을 거쳐 지금은 강릉시립박물관으로 옮겨져 보관되고 있다.

한송사 석조보살좌상, 90년만에 '반쪽' 귀향

석조보살상은 그후 어떻게 되었던 것일까?

깨어진 것은 깨어진 것대로, 또 멀끔한 것은 또 멀끔한 것만큼이나 그 운명은 크게 갈려졌다. 우선 처음 그의 눈에 띄었던 불상은 그다지 주목할 만한 가치가 없다고 생각했던 탓인지 강릉측후소 내로 수습하여 옮겨두는 것에 그쳤다.

그 후 이 석조보살상은 강릉군청으로 옮겨졌다가 나중에 명주군청 시절을 거쳐 1992년에 이르러 강릉시립박물관으로 이관되어 그곳에 보관되어 있다. 지금의 보물 제81호 '한송사지 석불상'이 바로 그것인데, 그래도 제 고향에 그대로 남았다는 것이 큰 다행이라면 다행이었다고 할 수 있겠다.

그런데 뒤늦게 색출된 '백옥불'의 경우는 그 운명이 완전히 달랐다. 칠성암에 있던 이 석조보살상을 얼렁뚱땅 수습한 와다는 어떤 생각이 들었던 것인지 그 이듬해인 1912년에 동경제실박물관(東京帝室博物館)에 선뜻 헌납해버리고 말았다. 그렇게 한 번 일본으로 흘러나간 것이 무심코 세월이 흐르기를 50여 년이었다.

그나마 천신만고 끝에 한송사 백옥불이 우리 나라로 되돌아 올 수 있게 된 것은 지난 1965년에 이른바 '문화재협정'이 체결된 덕분이었다. 그 결과야 매우 미흡했지만 어쨌거나 이 백옥불은 그래도 제실박물관의 후신인 '동경국립박물관'에 소장된 것이라 하여 용케도 반환 문화재 목록에 끝까지 그 자리를 지킬 수 있었다.

문화재협정의 효력발생으로 이듬해인 1966년 5월 27일에 한송사 백옥불은 마침내 이 땅에 되돌아왔다. 또한 그 문화재적 가치가 인정되어 곧이어 1967년 6월 21일에는 국보 제124호에 지정되기에 이른다. 하지만 그것으로 그만이었다. 간신히 우리 땅으로 되돌아오긴 했지만 더 이상 제 고향 쪽으로 발걸음을 옮기지는 못했다.

그렇게 또 세월이 흐르길 36년, 그리고 애당초 강릉 땅을 떠난 때까지 거슬러 올라간다면 무려 90년만에야 한송사 석조보살상은 겨우 귀향의 첫걸음이나마 뗄 수 있게 되었다. 지난해(즉 2002년) 10월에 국립춘천박물관이 개관되면서 그곳으로 이관되어 춘천에 새로운 터전을 마련한 탓이다.

하지만 비록 같은 강원도 땅이라고는 하지만 춘천은 서쪽 끝에 있고 강릉은 또 동쪽 끝에 자리잡고 있으니 여전히 갈 길은 멀다고 하겠다. 게다가 한송사에 있기 이전에는 경주 쪽에서 옮겨온 것이라고 했으니 과연 제 고향이 맞기는 한가 하는 의문이 들지 않는 것도 아

《생활상태조사 : 강릉군》(1931)에 수록된 강릉군 성덕면 남항진리의 '한송사지'이다. 딱히 절터라고 표현하기 어려울 만큼 황량한 바닷가의 풍경만 보인다.

한송사 석조보살좌상, 90년만에 '반쪽' 귀향

국립춘천박물관의 개관과 더불어 '원주읍옥평 약사철불', '염거화상탑지', '보제존자사리탑 사리구 일체'가 모두 이곳으로 옮겨졌다.

니다.

그러나 불구(不具)이기는 하지만 원래 제짝이었을 '한송사지 석불상'(보물 제81호)이 여전히 그곳에 남아 있으니 딱히 고향이 아니라고 할 건더기도 없다. 직선거리로만 무려 100km남짓한 간격을 남겨두고 있긴 하지만 말이다. 설령 그렇더라도 그 어느 쪽이든 간에 두 석불이 한 자리에서 만날 수 있도록 순회하여 전시할 수 있는 기회라도 마련해 주는 것은 더 늦기 전에 우리네가 일궈내야 할 당연한 배려가 아닐는지? (2003. 3. 7)

국립춘천박물관 혹은 '마지막' 국립박물관

2002년 10월 30일, 국립춘천박물관이 문을 열었다. 이로써 각 지방마다 최소 한곳이상의 국립박물관을 갖추게 되었으며, 앞으로 국립박물관을 추가로 건립할 계획이 없다고 했으니 국립춘천박물관은 한동안 '마지막' 국립박물관으로 남을 전망이다.

국립춘천박물관이 착공된 것은 지난 1994년이다. 그러니까 8년 가까이 쉬엄쉬엄 건물을 지어 올린 셈이 된다. 가장 최근에 지어진 박물관이니 만큼 시설은 가장 수준급에 속한다는 소문이다. 전시유물의 부족을 걱정해야 할 정도로 전시공간도 충분히 확보된 편이다.

각 시대별로 풍부한 역사유물의 출토지였던 것에 비해 그 동안 변변한 전시공간을 갖추지 못했던 강원지역의 주민들로서도 환영할 만한 일이겠지만, 교통의 편의 내지 절대거리를 감안하면 수도권 지역의 주민들 역시 그 수혜를 함께 누릴 수 있다는 것도 기대할 만한 부분이 아닌가 싶다.

주목할 만한 전시유물로는 역시 한송사 석조보살좌상(국보 제124호)을 가장 손꼽을 만하고, 원주지역에서 출토된 '철제 약사불좌상'과 홍천지역에서 출토된 '청동쌍사자광명대'가 눈길을 끈다. 해방 직후 양양의 선림원지에서 출토되어 월정사에 옮겨졌다가 한국전쟁 통에 녹아 내렸던 동종(銅鐘)이 이번에 복원되어 전시공간의 한쪽을 차지하고 있다.

명문이 있는 부도로는 그 시기가 가장 빠른 염거화상탑이 844년에 제작되었다는 사실을 입증해주는 '염거화상탑지' 또한 이번에 국립경주박물관을 떠나 이곳으로 옮겨졌으며, 원주 영천사지에서 조선물산공진회 때 야외전시유물로 수집되면서 서울로 옮겨질 때 발견된 바 있는 '영전사지 보제존사사리탑'의 사리구 일체도 국립중앙박물관을 떠나 제 고향에 가까운 국립춘천박물관으로 이관되었다.

한송사 석조보살좌상, 90년만에 '반쪽' 귀향

그리고 금강산에서 출토된 '이성계발원 사리구 일체'도 주목할 만하며, 박정희 대통령이 기증한 '신사임당 초충도' 역시 빼놓을 수 없는 전시유물이다. 중요민속자료 제120호인 '청풍부원군 김우명 상여'도 전시공간을 차지하고 있으며, 이밖에 비교적 풍부한 향토자료 역시 망라되어 있어 지역주민은 물론 외지 탐방객의 눈길을 잡기에는 충분하다.

24

같은 절터인데
문화재 이름은 제각각

| 현저하게 차이나는 지정명칭은 재조정해야 |

　올림픽공원 쪽에서 서하남 인터체인지 앞을 거쳐 하남시 교산동으로 이어지는 편도1차선의 고갯길을 막 넘어가면 그 끄트머리에 한가로운 도시의 낚시꾼들이 옹기종기 모여 있는 저수지 하나를 만난다. 흔히 '고골낚시터'로 통하는 이곳으로 내려서면 이내 외곽순환고속도로가 만들어낸 인공장벽이 보이고, 다시 도로확장으로 인해 꽤나 길어진 지하통로를 뚫고 길 건너편으로 넘어가면 아늑한 절터 하나가 기다리고 있다.
　거기가 '하남 춘궁동 동사지'(사적 제352호)이다. 도중에 드문드문 안내간판이 설치되어 있으니 그곳을 찾아가는 일은 그리 수고로울 것이 없다. 그런데 15년 전에 그 절터에서 발굴조사를 하다가 '동사(桐寺)'라는 글자가 새겨진 기와조각이 출토된 적이 있고, 그 바람에 몇

'광주춘궁리오층석탑'과 '광주춘궁리삼층석탑'이다. 수 년 전에 '하남 춘궁동 오층석탑 및 삼층석탑'으로 명칭을 변경해 달라는 청원이 있었으나 문화재위원회에서 받아들여지지 않았다.

해 뒤 사적지 지정이 이루어질 당시부터 그 이름이 공식적으로 채택되었다고 하니 그나마 이러한 이름이 통용되기 시작한 것은 그리 오래된 일이 아니다.

그래서인지 세상사람들에게는 여전히 그 이름이 낯설다. 세월이 좀 흘렀지만 아직도 그저 '춘궁리 절터'라고 부르는 것이 익숙한 편하다. 이 이름이 등장하기 훨씬 이전에 이미 그 절터에는 각각 '광주 춘궁리 오층석탑'(보물 제12호)과 '광주 춘궁리 삼층석탑'(보물 제13호)이라고 이름이 나붙은 석탑이 둘씩이나 오래도록 자리를 지키고 서 있었던 탓이 아닐까 싶다. 그것도 70년에 가까운 세월이 흐르도록 그 이름으로 통용되어 온 석탑들이 말이다.

돌이켜 보면 '광주 춘궁리 석탑'이라는 명칭이 세상에 공식적으로 등장한 것은 일제시대인 1934년 8월 27일이다. 그리고 해방 이후에 다시 문화재보호법의 제정과 더불어 국보와 보물을 분리하여 재지정한 것이 1962년이었다. 하지만 이때에도 지정명칭의 변화는 없었다.

그리고 1989년에 다시 광주군의 동부읍과 서부면 일대가 분리되어 '하남시'로 승격되었으나 지정명칭은 여느 때와 다를 바 없었다. 그러니까 '광주 춘궁리 석탑'은 지금 '하남 춘궁동 동사지' 위에 서 있는 셈이니 약간 어색하기는 어색하다. 게다가 현재 이 절터에는 대원사(大圓寺)라는 이름의 신흥사찰마저 법당을 지어 올린 상황이니 만치 지명(地名)의 혼란은 자꾸 가중되고 있다.

'광주의 춘궁리'면 어떻고 또 '하남의 춘궁동'이면 어떨까 마는 지명의 불일치에서 오는 혼동은 피할 도리가 없는 일이다. 그래서인지 5년 전쯤에 하남시에서는 "동일구역 내에 위치한 문화재의 명칭이 달라 관람객에게 혼란을 야기하므로 이를 개선하고자 하는 취지에서 하남시 춘궁동 석탑으로 문화재지정명칭을 변경해 달라"는 요지의 안건을 문화재위원회에 상정한 적이 있었던 것으로 확인된다.

하지만 그 결과는 심의보류였다. 문화재와 행정구역의 명칭이 다른 경우가 워낙 허다하고 또 지정 당시의 명칭을 승계하는 것도 원래 지명의 맥락을 유지하는 뜻이 포함되어 있는 것이라는 설명이었다. 그러고 보니 행정구역과 문화재지정명칭이 일치하지 않는 경우는 정말 수두룩하다.

'하남춘궁동동사지'(사적 제352호)의 표지석이다. 그런데 이 표지석처럼 공식지정명칭과는 달리 '하남시'라고 함부로 명칭을 달리 표시하는 것은 옳지 않다.

1989년에 경주군으로 이름을 고쳤던 월성군의 경우가 그러하고, 특히 1990년대 중반에 도농복합형 시군통합이 가속화하면서 이러한 일은 전국을 통틀어 보편적인 현상이 되어 버렸을 정도였다. 가령 중원은 충주가 되고, 옥구가 군산이 되고, 명주는 강릉이 되고, 진양이 진주가 되고, 금릉은 김천이 되고, 또 선산은 구미가 되고, 영일은 포항이 되어 버렸지 않았던가 말이다

그런데 따지고 보면 월성이 경주라거나 중원이 충주라는 사실 정도를 구분하지 못할 사람은 그리 많지 않아 보이고 또한 거기에 어느 정도 지역명칭의 역사성이 맞물려 있으니 만큼 문화재지정명칭을 완

괴산 미륵리사지오층석탑 (보물 제95호)의 전경이다. 여기가 지금은 충주 땅이나 예전에는 괴산 땅이었다. 그 바람에 이 절터의 문화재는 이렇듯 제각각의 이름을 달고 있다.

전히 통일적으로 재정비한다는 것이 그다지 큰 실익은 없어 보인다. 더구나 앞으로 행정구역의 이름이 바뀔 때마다 거기에 따라서 자꾸 문화재 지정명칭을 고쳐나가는 것도 크게 바람직한 듯이 보이지는 않는다.

하지만 제 아무리 원칙이 그러하고 또 상황이 그렇더라도 편차가 아주 심한 문화재지정명칭을 고쳐주어야 하는 경우도 전혀 없지는 않다.

가령 충북 충주시 상모면 미륵리에 있는 '미륵리사지'의 문화재들이 그러하다. 사람들은 달리 이곳을 '미륵대원'이라고도 하지만, 아직 이 이름은 정식으로 채택되지는 않았다.

우선 이 절터의 공식지정명칭은 '중원 미륵리사지' 즉 사적 제317호이다. 다들 중원군이 충주시로 합쳐지기 이전이 붙여진 이름이니까 달리 어색할 것은 전혀 없다. 그리고 이 절터에 있는 석등이나 삼층석탑 역시 '중원미륵리석등'(충북 유형문화재 제19호) 내지 '중원미륵리삼층석탑'(충북 유형문화재 제33호)이라는 지정명칭이 붙었다.

그런데 이곳에 있는 오층석탑과 석불입상에 이르러서는 난데없이 그 이름이 '괴산 미륵리오층석탑'(보물 제95호)과 '괴산 미륵리석불입상'(보물 제96호)이란다. 분명히 이곳은 충주 땅이거늘 괴산(槐山)이라는 이름이 붙어있는 것은 무슨 까닭이었을까? 같은 절터에 이름은 제각각이 되어버린 연유가 무엇이었더란 말인가? 알고 보니 이곳은 원래 괴산 땅이었다는 것이다.

세월을 거슬러 올라갔더니 이 절터의 오층석탑과 석불입상이 처음 보물로 지정된 것은 일제시대인 1935년 5월 24일이었다. 그 이름도 지금과는 약간 다른 '괴산 미륵당리오층석탑'과 '괴산 미륵당리석불입상'이었다. 그러던 것이 언제 '미륵당리'에서 '미륵리'로 은근슬쩍 바뀌어버렸는지는 확인할 도리가 없지만, 해방 이후에도 줄곧 그 이름이 괴산 미륵리였던 것은 분명하다.

같은 절터인데 문화재 이름은 제각각

괴산 미륵리사지석불입상(보물 제96호)의 모습이다. 엄밀하게 따진다면 1963년 1월 1일에 이미 행정구역 편입이 이루어졌으므로 이 곳은 '괴산'이 아니라 '중원'의 미륵리사지라고 지정고시되는 것이 옳았다.

어쨌거나 문화재보호법의 제정과 더불어 국보와 보물을 분리하여 일괄 재지정하는 문제가 표면화된 것은 1962년의 일이었다. 그러니까 오늘날 국보문화재의 최초 지정일이 한결같이 1962년 12월 20일자로 되어 있는 것은 바로 그 까닭이었다. 그리고 국보지정에서 제외된 나머지 문화재들을 취합하여 보물문화재로 새로운 번호를 부여하여 재정리한 것이 1963년 1월 21일이었다.

한 가지 흥미로운 사실은 바로 이 시점에서 괴산 미륵리가 속해있던 '상모면(上芼面)'이 1963년 1월 1일자로 행정구역이 변경된다는 대목이다. 원래 괴산의 상모면은 '수안보온천'으로 유명했던 곳이다. 그런데 이 날짜로 이 지역이 통째로 중원군으로 편입되었다는 것이다.

하필이면 그 시기가 국보 재지정이 이루어지던 딱 그 때였다. 문화재위원회에서 심의가 이루어지던 때를 기준으로 한다면 그냥 괴산의 미륵리라고 했더라도 뭐라 탓할 이유는 없었을 것이다. 하지만 엄밀하게 따지자면 보물 재지정이 이루어지던 날짜가 그해 1월 21일이었고, 그때는 이미 상모면이 전부 중원 땅으로 들어간 뒤였을 테니 제대로 행정처리가 이루어졌다면 그 결과는 훨씬 달랐지 않았을까 말이다.

말인즉슨 지정 당시의 행정지명을 존중한다는 원칙을 착실히 따랐다면 의당 '중원 미륵리오층석탑' 내지 '중원 미륵리석불입상'이라는 명칭으로 지정고시되는 것이 옳았을 듯싶다. 불과 며칠의 시차가 만들어낸 착오 아닌 착오로 인하여 중원 미륵리의 오층석탑과 석불입상은 그렇게 '괴산'이라는 이름을 끝내 벗어버리지 못했다.

이만하면 지금에라도 해당 문화재의 '전입신고'를 처리해주어야 마땅한 하나의 이유는 되지 않을까? 마치 더 이상 괴산의 수안보가 아니라 이제는 어엿한 충주의 수안보인 것처럼 말이다. (2003. 3. 16)

《매일신보》 1917년 9월 11일자에 등장한 '수안보온천' 안내광고문안이다. 이처럼 충주의 수안보도 예전에는 괴산의 수안보였었다.

문화재 지정명칭이 바뀐 최근의 사례

원형 그대로의 상태로 유지하는 것이 문화재 보존의 제일 원칙이듯이, 문화재 지정명칭도 일단 한번 결정되면 가급적 바꾸지 않는 것이 제일 바람직하다는 것은 부인하기 어려운 부분이다. 세상의 다른 것은 다 몰라도 문화재 분야 하나만큼은 가장 '보수적'인 관점에서 접근하는 것이 최상의 미덕이 아닌가도 싶다.

그러므로 문화재 지정명칭의 변경이 부득의한 때에만 이루어진다는 것은 잘 알려진 사실이다. 그렇다고 그 사례들을 찾아내는 일은 그리 어려운 것이 아니어서, 가령 남대문을 '숭례문'으로, 동대문을 '흥인지문'으로 바꾼 결정에서 보듯이 일제시대에 잘못 명명된 지정명칭을 바로잡거나 그 동안 잘못된 관행이나 착오의 확인 등으로 그 이름을 변경하는 경우도 아주 드물지는 않았다.

하지만 이 모든 경우를 통틀어 단순히 행정구역의 변경만으로 그 이름을 바꾸어 준 경우는 거의 찾아보지 못했다. 지금은 충주 땅이면서도 여전히 '괴산'이라는 이름을 차고 있는 '괴산 미륵리오층석탑' 등의 사례에서 여실히 보듯이 말이다. 물론 각 시도에서 관할하는 지방유형문화재의 경우에는 그 절차나 관례가 약간 다르지 않을까 싶기도 하다.

그런데 아주 합당한 사례는 아닌 듯이 보이지만 행정구역의 명칭과 관련하여 문화재 지정명칭이 변경된 사례가 하나 보인다. 지난 2001년 12월 20일에 개최된 문화재위원회 제1분과위원회 제12차 회의에서 결정된 사항의 하나인데, '담양 읍내리 석당간'(보물 제505호)과 '담양 읍내리 오층석탑'(보물 제506호)의 명칭이 각각 '담양읍 석당간'과 '담양읍 오층석탑'으로 변경되었다는 것이다.

이때 지정명칭변경이 받아들여진 것은 "현 소재지가 지정명칭과는 달리 '객사리'와 '지침리'에 있고 또한 '읍내리'라는 행정지명은 역사적으로 존재하지 않는다"는 이유였다. 더구나 두 문화재는 "같은 절터로 속한 것으로 추정되나 하나의 도로를 사이에 두고 행정지명은 달리하고 있다"는 이유도 추가되었다.
말하자면 이 역시 처음부터 잘못 붙여진 이름이니까 이를 바로잡는 절차였을 뿐이었지 달리 행정지명이 바뀌었다고 해서 지정명칭을 변경했던 것은 아니었던 셈이다. 단순히 행정지명이 바뀌었다는 이유로만 해당 문화재의 지정명칭을 바꾸겠다는 것은 그만큼 실현되기 힘들다는 얘기이다.

25
순종 왕릉의 석물은
일본조각가의 작품

| 채석장은 가오리(加五里)였으나 형식은 순일본식 |

경기도 남양주시 금곡동에 있는 사적 제207호 홍유릉(洪裕陵)은 여느 왕릉과는 자못 다른 형식을 지녔다. 그래도 명색이 황릉(皇陵)인 탓이다. 그다지 화려한 풍모랄 것까지는 없지만, 침전(寢殿) 앞에 죽 늘어선 석인(石人)과 석수(石獸)의 배치방식부터가 다르고 또 석물(石物)의 조각수법도 이전의 왕릉에서 보아왔던 것과는 전혀 다르다.

그런데 달라진 것은 비단 그것뿐만이 아니고 홍릉과 유릉 사이에도 미세한 차이는 있었다. 전체적인 배치양식은 동일하나 문인석과 무인석의 크기와 모습이 서로 다르고 또 기린, 코끼리, 사자, 해태, 낙타, 말의 순서대로 늘어선 석물들의 형상도 꼭 같지는 않다. 그나마 전통적인 형태가 많이 남아 있는 쪽은 홍릉의 것이며, 그 대신에 유릉의 것은 누가 봐도 현대적 조각의 기법이 역력하다.

유릉 전면의 모습이다. 능침 주변에 석호(石虎)와 석양(石羊)과 석인(石人)이 배치되는 여느 왕릉과는 달리 이곳에는 침전(寢殿) 앞의 참도(參道) 좌우에 석상들이 늘어서 있다.

이 때문인지 "홍릉의 동물상은 경직되고 생명감이 없으나 유릉의 동물상은 실물 같은 완벽한 환조라고 평가되는 반면 유릉의 동물상들은 덩어리진 느낌을 바탕으로 깔끔하게 깎아내는 데 이르러 무척이나 안정성이 뛰어난 걸작"이라는 평을 내린 미술사학자들도 있었던 모양이었다. 어쨌거나 유릉의 석물에 이르러서는 서양식 현대조각의 영향이 듬뿍 들어간 것은 분명하다.

하지만 단지 그렇기만 한 것일까? 그리고 이것들은 과연 누구의 작품이었던 것일까?

우선 홍릉 쪽의 석불은 구체석으로 어느 시기에, 누가 조성한 것인지를 확인할 수 없어 뭐라 단정하기는 어렵고, 다만 그것이 중국인 석공을 불러들여 봉천 북릉(奉天 北陵) 즉 청태종(淸太宗)의 소릉(昭陵)에 있는 석물을 본 따 만들었다는 기록만 남아 있는 정도이다.* 그래서 애석하게도 아직은 가타부타 덧붙일 건더기가 별로 없는 형편이다. 여기서 청태종이라면 송파 삼전도비(三田渡碑)의 그 청태종이다.

그런데 이와는 달리 순종과 순명효황후 민씨와 순정효황후 윤씨의 합장능침인 유릉 쪽에는 비교적 뚜렷한 기록들이 남아 있었다. 단편적이나마 석물이 조성된 경위에 대해서는 여러 군데 흩어져 서술되어 있는 것이 보인다. 알고 봤더니 하필이면 유릉의 것은 일본조각가의 작품이었다. 그의 이름이 아이바 히코지로(相羽彦次郞)이다.

하나, 그가 미술학교 출신으로 동경고등공예학교(東京高等工藝學校)에 재직한다는 사실만 적혀 있는 것이 보일 뿐 더 이상의 소상한 정체는 알지 못한다. 그의 이름을 간혹 '상우(相羽)'가 아니라 '상장(相場)'이라고 적어놓은 곳도 있으나 둘 다 일본어 발음이 '아이바'로 같은 데서 빚어진 표기혼동이라고 여겨지므로 크게 문제될 것은 없지 않을까 싶다.

여하튼 이왕직(李王職)과 동경대 건축과의 이토 츄타(伊藤忠太) 박사를 거쳐 석상 제작의 의뢰가 이루어진 것이 1926년 11월, 그리고 다

---

* 홍릉의 석상들이 언제, 그리고 누가 조각한 것인지에 대해서는 구체적인 기록들이 잘 발견되지 않는다. 다만 《동아일보》 1920년 4월 8일자에 순종 임금이 홍릉을 참배할 제에 "산하에 나리어서는 침전 앞에 새로이 만들어 세운 아홉쌍의 석물(石物)을 낱낱히 살펴보신 후 더욱 수연하옵심을 뵈을 적에 … 운운"하였고 또한 여기에 문인석과 무인석의 사진이 함께 등장하는 걸로 봐서 그 조성시기를 대략 짐작할 만하다.
그리고 《동아일보》 1926년 5월 11일자를 보면, 순종효황제의 능침에 석물을 조성하는 문제에 대해 "방금 공사중에 있는 순종효황제의 금곡 유릉은 그 규모를 고종태황제의 홍릉과 같이 황제릉으로 할 터이므로 능 앞에 석인석수(石人石獸) 등도 한편에 열 개씩 도합 이십 개를 조각하여 세울 터인데 홍릉석상은 그 당시 특별히 중국으로부터 석공을 불러다가 중국 고대식으로 조각하였으나 그 기교가 시원치 못하여 칭찬할 수 없었으므로 이번에는 모형은 그것을 본받되 조각은 근대식으로 가미하여 가장 정화롭게 하리라 하므로 석수를 중국에서 새로 부를 필요도 없이 조선 석공을 위주하여 쓰되 혹은 근대식 조각을 할 터이므로 일본조각사를 불러올는지도 모르겠다는데 이것은 국장 익년도 사업이므로 인산비(국장비)를 합하여 약 오십만 원)외에 별도로 육만 원(석상 한 개에 삼천 원 가량)이 든다)이 들 터이나 그렇게 좋은 석재가 경성 근방에서 얻지 못하고 강화도에서 운반하여 오게 되면 운반비가 상당히 들리라고 한다더라"고 적혀 있으므로, 홍릉의 석물은 어느 중국인 석공의 솜씨인 것으로 확인할 수 있으나 더 이상의 세밀한 사항은 알 수 없는 형편이다.
한편 이에 앞서 《매일신보》 1919년 2월 26일자에 '구홍릉(舊洪陵)의 석물을 금곡으로 운반하는 중이다' 제하의 기사가 하나 남아 있는데, 여기에 혼유석, 향석, 망주석, 장명등에 관한 얘기가 들어있어 그것들은 금곡 홍릉에서 새로 조성한 것이 아니라 원래의 것을 그대로 옮겨 사용한 것임을 새삼 확인할 수 있다.

시 아이바가 우선 5분의 1 크기의 모형을 만든 것이 1927년 5월이었다. 그나마 그것은 그가 재빨리 조선으로 건너와 경주지역의 신라왕릉들을 비롯하여 조선시대 왕릉 가운데 광릉(光陵)이다 건원릉(健元陵)이다 태강릉(泰康陵)이다 장릉(長陵)이다 하여 몇 군데를 미리 탐방하는 성의 정도는 보인 결과였단다.

유릉 앞 좌우대칭의 서물 배치 상태이다. 문인, 무인, 기린, 코끼리, 사자, 해태, 낙타, 말, 말의 순서대로 서 있다.

《매일신보》 1927년 2월 19일자에 수록된 유릉석물 관련 보도이다. 왼쪽에 보이는 사진자료는 아이바 히코지로가 제작했다는 '5분의 1 크기 모형들'이다.

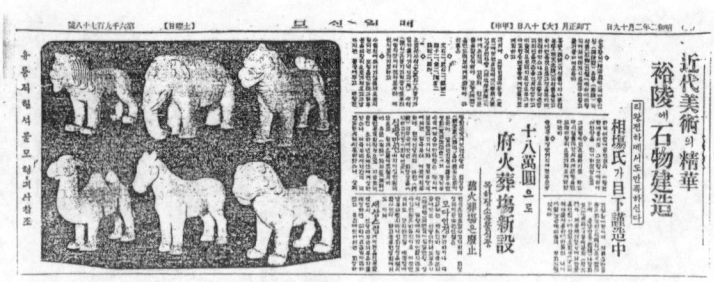

《동아일보》 1927년 8월 25일자 보도이다. 이 당시에 이미 석물들의 대체적인 모양이 갖추어졌던 모습을 확인할 수 있다.

그 와중에 시대의 예술성에 충실해야 한다는 명분으로 일본식 조각 기법에 따라 그가 본격적으로 석상의 제작에 착수한 것 또한 그 무렵이었다. 석상의 제작을 위한 채석(採石)은 서울 우이동의 가오리(加五里)에서 이루어졌다. 이곳은 달리 이계 홍양호(耳溪 洪良浩, 1724~1802)가 영조 때에 일본에 가는 조선통신사 편에 의뢰하여 벚나무 묘목을 가져다 심었던 탓에 봄철마다 벚꽃구경으로 유명했던 동네이기도 했다.

어쩌다가 그러한 곳에서 화강석의 채취가 이루어졌던 것인지는 모르겠지만, 가을이 되기 전에 대체적인 형태로 조각이 완성될 정도였고 여기에 대석(臺石)을 만들고 다시 조각을 다듬는 일까지 마무리

된 것은 그해 연말을 넘기지 않았던 것으로 확인된다. 다만 육중한 화강석 조각품을 유릉까지 옮겨오는데 적잖은 품을 팔았던 것이 좀 어려움이라면 어려움이었던 모양이었다.

　이리하여 이른바 '유릉조영공사(裕陵造營工事)'가 일단락 된 것은 그 이듬해 봄이었다. 그리고 그 마무리는 순종 국상의 이주기(二週忌)에 맞추어 영친왕 일행이 이곳을 참배하는 행사를 거행하는 일이었다. 그러고 보니 유릉 앞의 석물군상이 그 자리를 차지한 지 이제 75년째를 넘어서고 있는 셈이다.

　비록 재료는 조선의 것이라고는 하나 그것이 일본조각가의 솜씨였던 것이 분명해졌으니 앞으로도 왕릉의 석상들을 지켜보는 마음들이 그리 편할 것 같지는 않아 보인다. 그로 인해 식민지 시대가 더욱 슬펐던 것인지는 모르겠지만, 어디 슬픈 일이 그것뿐이었겠는가? 돌이켜 보면 광화문 앞의 해태상이 만들어진 것이 그것에 불과 반세기 정

홍릉의 해태상과 유릉의 '서 있는' 해태상이다. 이 둘만 보더라도 조각기법과 형태가 서로 많이 차이가 난다. 더구나 광화문의 해태상과는 너무도 완전히 다르지 않은가 말이다.

순종 왕릉의 석물은 일본조각가의 작품

도 앞선 시대의 일이었지 않았던가 말이다.

그렇다면 그러한 솜씨를 뽐내던 조선의 석공(石工)은 다 어디로 갔던 것인지? 제 아무리 식민통치자들의 횡포가 판을 치던 시절이라고 하더라도 구태여 일본조각가의 손을 빌려야 했을 정도로 조선의 예술이 정말 쇠퇴했던 것이었는지 참으로 의문이 아닐 수 없다. 사실적(寫實的)인 예술표현에 충실했다는 유릉의 석상들, 그것은 정녕 식민통치의 힘이었을까 아니면 현대조각의 힘이었을까? (2003. 4. 8)

처음과 마지막 황제의 능침, 홍릉과 유릉

어쨌거나 황제였으므로 황제릉에 준하여 조성되었다는 홍릉과 유릉은 봉분(封墳)이 각각 하나씩이다. 고종황제와 명성태황후 민씨를 모신 홍릉은 이른바 '동원이실합봉릉(同原二室合封陵)'이고, 순종황제와 순명효황후 민씨와 순정효황후 윤씨를 함께 모신 유릉은 특이하게도 '동봉삼실릉(同封三室陵)'의 형태로 한 합장릉인 탓이다.

그리고 또 이미 설치되어 있던 황후릉을 그대로 옮겨와 합장한데다 별도의 능호(陵號)를 지어 올리지 않고 기존의 것을 그대로 이어받았다는 부분 역시 특이하다. 잘 알려진 바대로 명성황후릉은 청량리의 홍릉이었고, 순명효황후릉인 유릉은 양주 용마산 내동 즉 지금의 능동 어린이대공원에 있었다.

그러던 것이 고종과 순종의 국상을 맞아 천장(遷葬)하고 또 이름도 그대로 사용하기로 결정했다고 전해진다. 고유한 이름 하나조차 얻지 못하는 지경에 이르렀나니, 그것은 망국(亡國)의 황제릉이었던 까닭이었으리라.

"유릉석물은 순일본식으로, 현하 조선예술은 다 없어졌으니", 《동아일보》 1927년 6월 24일자 보도 기사

순종황제 금곡유릉의 석물공사는 얼마 전에 일본 대판(大阪) 방면에서 유명하다는 조각가 상우(相羽) 씨로 하여금 모형을 만들게 하여 이왕 전하의 쾌락을 받아가지고 상우 씨가 조선으로 나와 일본인 청부업자에게 낙찰시켜 방금 우이동 가오리(牛耳洞 加五里) 뒷산에서 돌을 짜개내는 중인데 그 모형에 의지하면 석인은 문관, 무관 각 1대씩, 석수는 코끼리, 말, 기린, 약대, 사자, 해태 각 1대씩의 도합 8대로 처음에는 그 모형을 신라시대의 조선식에 근대 일본식을 가미한 절충식으로 한다고 하였으나 그 후 이와 반대되는 순일본식으로 하자는 의견이 높아져 드디어 순일본식으로 짐승의 다리를 앙상하게 내여 놓고 선(線)을 일본식으로 가냘프게 하였다는데 일본식을 주장한 이유로는 근대에 이르러 조선의 예술품은 영 쇠멸하고 말어 이제부터는 다시 신생기(新生期)라고 할 만한 시기에 이르렀으니 고종제(高宗帝)의 홍릉 앞에 세운 석물이 중국식을 가미한 조선예술의 최후 작품으로 그 졸렬함이 조선말기의 예술적 표현으로 볼 수 있는 것으로 장래 역사에 좋은 사실(史實)을 남기기 위하여는 그 시대 그 시대의 예술작품을 남겨두어 후세에 전하게 하자는 대조로 불과 지척인 유릉과 홍릉에 전연 딴 취미의 석상을 만드는 것이라더라.

"유릉어조영공사(裕陵御造營工事)의 설명",
《조선과 건축》1928년 6월호 수록자료

5일 오전 이왕 전하께서 친제(親祭)하옵신 후에 사토(佐藤) 이왕직 회계과장은, 전하 일행을 수행하여 이화구락부기자단(梨花俱樂部記者團)을 유릉(裕陵)에 안내하여 조영공사에 관해 설명했던 바를 듣자하니, 유릉의 조영은 대정 15년 즉 1926년 6월 본공사에 착수했는데 그 안에 신전(神殿)과 기타의 부속건물은 구유릉(舊裕陵)에서 이축했던 것으로 1926년 9월에 기공하여 작년 5월에 준공하였고, 석불(石佛)은 1926년 11월 미술학교 출신의 동경공예학교(東京工藝學校) 아이바 히코지로(相羽彦次郎) 씨에 모형 제작을 의뢰했으며 조각전문(彫刻專門)의 이토 츄타(伊藤忠太) 박사를 감독에 위촉했던 바 아이바 씨는 지체 없이 조선으로 건너와 조선고대조각, 건축의 전형인 경주를 시찰한 다음, 역대 왕릉의 양식으로 가장 걸출한 광릉(光陵), 건원릉(健元陵), 태강릉(泰康陵), 장릉(長陵) 기타 각지 능의 석불을 시찰, 그 수법 구조을 참고했고, 거기에 현대예술의 정신을 가미하여 5분의 1의 모형을 제작, 동경에 체재중이신 전하의 어람(御覽)을 거친 뒤에 이왕직(李王職)에서 심사 결과 일부 수정을 가하여 작년 5월 현촌모형(現寸模型)을 제작했던 것이다.

석재(石材)의 선택에 있어서는 비상한 고심을 했던 것이나 홍릉(洪陵)의 석불에 사용했던 것과 같은 상질(上質)의 것이 없어서 고양군 숭인면 수유리(高陽郡 崇仁面 水踰里)의 관유지(官有地)에서 산출되는 화강암을 채석하기로 결정했던 것인데, 경질(硬質)에 있어서는 홍릉의 그것보다도 훨씬 차이가 지고 있다.

이리하여 작년 5월 채석을 시작하여 9월에는 황절조각(荒切彫刻)에 착수했고, 여기에 소요된 석재는 전부 삼천 사백 절(切), 문부관상(文部官像) 1개(個)에만도 이백 절, 무게 사천 관(貫)의 거대한 것으로 운반할 적에는 한 개를 끄는 데에 소 스물 다섯 마리를 사역했는데, 현장감독에는 미술학교 출신의 기노시타 타몬(木下多聞) 씨를 임명하여 만전을 기했고, 상(像) 18기 내에 해태상은 역대 왕릉에는 없는 신수법(新手

法)으로 황절조각으로써 했으며 기타는 소고(小叩)의 수법으로 내구력(耐久力) 무비(無比)의 빼어난 것이며, 석불소요경비는 모형을 하는데 사만 원, 신전 기타의 건축물이 삼만 원, 어릉(御陵) 총공비는 약 십 이만 원을 들였다고.

순종 왕릉의 석물은 일본조각가의 작품

26

안기부가 머문 자리에
석탑이 남아 있네!

| 중앙정보부 시절 의릉(懿陵)으로 옮겨진 석탑의 내력 |

　1996년 5월 1일, 그날 군사정권이 만들어낸 '접근금지구역'의 하나로 묶여 있었던 왕릉 한 곳이 마침내 일반에게 공개되었다. 서울 성북구 석관동에 있는 의릉(懿陵)이 그곳이었다. 장희빈의 소생으로 조선 제20대 국왕인 경종(景宗), 그리고 계비 선의왕후(宣懿王后)가 모셔진 능침이다.

　이웃하는 동네와 경계선을 넘나드는 탓인지 흔히 여기를 '이문동'으로 생각하는 사람들도 적지 않다. 그러고 보니 이곳을 '안기부'가 있던 곳, 더 거슬러 올라가 '중앙정보부'가 있었던 자리라고 대뜸 기억하는 사람들이 훨씬 더 많다. 그런데 이곳에는 여느 왕릉과는 다른 풍경들이 곳곳에서 눈에 띈다.

　우선은 왕과 왕비의 봉분이 특이하게도 앞뒤로 배치된 것부터가 그

의릉 내에 놓여진 석탑 하나이다. 원래는 오층석탑이었을 테지만 지금은 사층까지만 남아 있다. 왕릉에 석탑이라니, 그건 정말 아니다.

러하고, 여기가 왕릉이라고는 전혀 상상할 수 없으리 만치 큼직한 연못이 정자각(丁字閣)의 턱밑에 자리잡은 것이 그러하며, 명색이 왕릉이라는데 연못 주변을 따라 난데없이 석탑들이 놓여 있는 것이 또한 그러하다. 그것도 둘씩이나 놓여 있다.

어쩌다가 왕릉이 이렇게 별스럽게 개조된 것일까? 조선시대 왕릉은 모두 국유지이니 만큼 주무부처인 문화재관리국 즉 지금의 문화재청이 직접 관리한다는 것은 지극히 상식적인 일이다. 하지만 의릉(사적 제240호)은 아주 특이한 사정으로 전혀 그러하질 못했다. 이른바 무소불위의 국가권력기관이었던 중앙정보부, 그리고 나중의 국가안전기획부가 그곳에 자리잡았던 탓이다.

1995년 9월에 이르러 서울 서초구 내곡동에 새로운 청사를 준공하여 옮겨간 뒤에야 비로소 관리권을 회복하였으니 이곳은 정말 오랜 세월이 흐르는 동안 여느 사람들의 접근이 완전히 차단된 공간이었다. 지금은 대부분 관리위임이 회수된 상태이긴 하지만 그 시절의 흔적이 완전히 지워진 것은 아닌지 아직도 여전히 미회수된 구역이 일부 남아 있는 것으로 알려져 있다.

제법 오래된 기록을 뒤적거려보았더니 의릉지구에 대해 이른바 '국유재산 관리위임'이 이루어진 것은 무려 30년을 훨씬 넘긴 시절의 일이라고 적혀 있다. 그때가 바로 1972년 7월 13일이었다. 이날 개최된 문화재위원회 제1분과 제6차 회의의 회의록에는 "중앙정보부장을 위임자로 하여 의릉주위 토지 1만 6,227평, 임야 11만 4,898평 등 관리위임을 원안대로 가결함"이라는 내용이 들어 있다.

의릉 내에 놓여진 또 하나의 석탑이다. 중앙정보부 시절에 사직공원에 있던 것을 옮겨왔다.

하지만 이것은 어디까지나 공식적인 절차에 지나지 않았을 뿐이었을 테고 실제적인 점유가 이루어진 것은 그보다 훨씬 전부터였다고 짐작하기란 그리 어렵지 않다. 그런데 일은 단순히 관리위임에 따라 일반인의 출입이 차단되었다는 사실에 그치질 않았다. 무엇보다도 이 기간 동안 의릉구역에 대한 대대적인 개조가 이루어졌다는 것이 문제였다.

제아무리 국가안보가 최우선이고 문화재 따위야 전혀 씨알도 먹혀들지 않던 시절의 얘기이겠거니 치부하더라도 멀쩡한 왕릉 앞을 파헤쳐 연못을 설치하고 한적하게 산책할 수 있는 휴식공간으로 바꾸어 놓는 것은 도가 지나쳐도 한참 지나친 일이었다. 게다가 제법 근사한 정원으로 다듬을 생각이었던지 어쩐지 뜬금 없이 석탑까지 둘씩이나 여기에 옮겨다 놓았던 것이다.

그런데 도대체 이러한 일은 언제쯤 일어난 것일까? 그리고 그 석탑들은 어디에서 옮겨온 것이었을까? 워낙 외부와 차단된 공간인지라 이 대목에 대해 정확히 확인할 방도는 없으나 알아본즉 이후락 부장 시절의 일이었다는 얘기가 심심찮게 들려온다. 중앙정보부의 이후락 부장이 재임한 것은 1970년 12월 21일부터 1973년 12월 2일까지 대략 3년간이었다.

그러니까 얼추 그 시기를 짐작할 만하다. 그렇다면 의릉 안의 석탑은 언제 어디에서 옮겨온 것이란 말인가? 몇 가지 자료를 뒤적거려 보았더니 《고고미술》 1968년 9월호에 그 석탑들의 흔적이 보인다. 김희경 선생이 정리한 '서울 시내에 이건된 석탑 삼기'라는 제목의 짤막한 보고서가 그것이다.

여기에는 당시 사직공원에 놓여있던 석탑 두 기(삼층석탑과 오층석탑)와 대한극장 앞에 놓여있던 삼층석탑 하나에 대한 실측자료와 더불어 한 장의 사진이 수록되어 있는데, 가만히 보아하니 그저 틀림없이 의릉 내에 배치된 석탑의 모습과 일치한다. 말하자면 의릉 안

《고고미술》 1968년 9월호에 수록된 '사직공원 석탑'의 모습이다. 그 후 의릉으로 옮겨졌으나 안타깝게도 원위치가 어디인지는 전혀 알 수 없다.

에 남아 있는 석탑들은 사직공원(社稷公園)에 놓여있던 것을 옮겨온 게 분명하다. 비록 구체적인 시기를 확인할 방도가 없기는 하지만 말이다.

그 시절의 형편에 비추어 보아 제대로 절차를 갖추어 석탑을 옮겨온 것 같지는 않는데, 그렇더라도 적어도 1968년 9월까지는 사직공원에 있었던 것은 틀림이 없다. 그리고 이후락 부장의 재임시기와는 그다지 큰 편차를 보이지 않는다는 점에서 "이후락 부장 시절에 석탑을 옮겨온 것"이라고 하는 풍설이 완전히 터무니없는 것은 아니지 않을까 싶기도 하다.

지금으로서는 사직공원 내에 그러한 석탑들이 있었던 때를 제대로 기억하는 이들이 거의 없을 테고 또한 그 석탑들이 중앙정보부 시절에 의릉으로 다시 옮겨졌다는 사실을 짐작조차 하지 못할 사람들이 훨씬 더 많을 것이지만, 이보다 더욱 안타까운 일은 하나 더 있다. 그 동안 이 석탑의 존재가 거의 세상에 드러난 적이 없었기 때문에 그만큼 이것의 원위치가 어디

ⓒ문화재청

사적 제240호인 의릉(懿陵) 전경이다. 정자각의 턱밑에 파놓은 연못 일대가 한눈에 들어온다. 이 역시 국가권력기관이 머물다 간 흔적이다.

안기부가 머문 자리에 석탑이 남아 있네!

였는지를 거론하거나 조사할 만한 기회는 전혀 주어지지 않았다는 대목이 바로 그것이다.

　세상의 은밀한 곳에 숨어 있는 것에 대해 누가 그 존재를 알기나 했을 것이며, 더욱이 설령 그 내막의 한 토막을 알고 있었다 할지라도 누가 감히 권력기관의 심기를 건드려가면서까지 제대로 입을 뗄 수 있었을 것인가 말이다. 그러니까 세월이 흐르면 흐를수록 그 석탑들의 정체를 알아내는 일은 한층 더 어려워진 셈이다.

　지금까지 알려진 것이라고는 김희경 선생의 조사에서 "모두 전라도 지방에서 반입하였다고 하나 확실하지 못하다"라고 적어 놓은 것이 고작이다. 그렇게 한번 제자리를 떠난 문화재가 제자리로 돌아가기도 어려운 것이거니와 설령 돌아갈 기회를 얻었다 할지라도 정작 제가 돌아가야 할 자리가 어디인지조차 알지 못하는 것은 정말 이처럼 흔한 일이 되어 버린 지 이미 오래이다.

　일이야 어찌 됐건 왕릉 내에 석탑이 더 이상 머물러야 할 명분은 이제 하나도 남지 않았다는 것만큼은 분명한 사실이다. 머지 않아 의릉지구에 대한 복원계획이 진행될 모양이다. 어색한 몰골의 연못이야 아닌 말로 되메우면 될 일인데, 한 번 잘못 옮겨진 석탑들은 또 어디로 가야하는 것인지? 그것도 제자리가 어딘지도 정말 모르는 석탑들이 말이다. (2003. 2. 17)

조선시대 왕릉의 형식구분에 대하여

경종과 계비 선의왕후가 모셔진 의릉은 왕릉의 형식으로 보면 쌍릉(雙陵)이기는 하지만 특이하게도 왕과 왕비의 봉분이 앞뒤로 배치된 형태를 취하고 있다. 이와 유사한 곳으로 효종(孝宗)과 인선왕후(仁宣王后)를 모신 영릉(寧陵)이 있으나 여기에는 왕과 왕비의 봉분이 엇비슷하게 배치된 것이 약간 다르다.
한편 조선시대 왕릉은 봉분의 배치에 따라 대략 다음과 같은 형식으로 구분한다.
먼저 왕이나 왕비의 봉분을 따로 조성한 단릉(單陵) 형식이 있는가 하면, 한 언덕에 왕과 왕비의 봉분을 나란히 마련한 쌍릉(雙陵) 형식, 한 언덕에 왕과 왕비와 계비의 세 봉분을 나란히 배치한 삼연릉(三連陵) 형식이 있고, 하나의 정자각(丁字閣) 뒤로 한 언덕의 다른 줄기에 따로 봉분(封墳)을 배치한 동원이강릉(同原異岡陵) 형식이 있으며, 그리고 왕과 왕비를 하나의 봉분에 함께 모신 합장릉(合葬陵) 형식이 있다.

안기부가 머문 자리에 석탑이 남아 있네!

제 5 부

식민지는 그래서 더욱 슬펐다

누가 조선호랑이의 씨를 말렸나?
누가 마지막 조선호랑이를 보았나?
테라우치 총독, 조선의 꽃이 되다
세키노 교수 조선미술사를 선점하다
식민지 조선의 여자비행사로 산다는 것

27

누가 조선호랑이의 씨를 말렸나?

| 호육(虎肉)을 시식한 야마모토정호군(山本征虎軍) |

'호랑이'라는 말은 일제 때의 조어(造語)이며 본디 우리말로 '범'이라고 했던 것을 일제가 범과 늑대 같은 맹수를 잡으면서 총칭하던 '호랑(虎狼; 범과 이리)'이라는 말이 범을 대신하게 되었다는 얘기가 있다. 과히 틀린 말은 아닌 것도 같은데, 하지만 알고 보면 딱히 옳은 설명이라고 하기는 매우 어렵다.

호랑이의 어원(語源)이 그러한 뜻에서 온 것은 분명하나 이미 조선시대 이전의 문헌에서 그것을 '虎狼(호랑)'이라고 표기한 사례가 두루 보이는가 하면, 원래 '범'이라는 말도 '표(豹)' 즉 표범을 가리키는 것으로 엄밀하게 말하면 호랑이와는 구분되어야 하는 것이라는 지적도 있는 까닭이다. 그러한 만큼 일제가 범을 호랑이로 바꾸어 불렀다고 설명하는 것은 어쨌거나 적절하지는 않아 보인다.

하지만 정작 중요한 것은 그러한 호칭 자체에 있는 것이 아니라 실제로 식민통치시대를 거치는 동안 이 땅의 호랑이가 완전히 절멸상태로 치닫게 되었다는 사실이 아닌가 싶다. 불과 한 두 세대를 거슬러 올라가던 때만 하더라도 이 땅에 쌔고 쌨던 것이 바로 호랑이였거늘 어찌 된 일인지 식민통치의 종식과 더불어 '거의' 자취를 감추었던 것이다.

돌이켜 보면 하루가 멀다하고 호환(虎患)에 관한 얘기가 신문지상

카이젤 수염의 서 있는 남자가 이른바 '야마모토정호군(山本征虎軍)'을 조직한 야마모토 타다자부로(山本唯三郞)이고, 그 옆에 앉아있는 이는 조선인 포수 최순원(崔順元)이다. (좌상).
야마모토정호군이 영흥역에 내려 최초로 포획한 표범이다. (우상).
신창(新昌) 지역에서 사살한 두 마리의 호랑이 앞에 둘러선 야마모토정호군 일행의 모습이다. (좌하).
전라도 쪽으로 진출한 야마모토정호군 '분대(分隊)'가 사냥한 표범이다. 당시의 신문기사에는 전남 화순(和順)에서 호랑이 한 마리를 포획했다는 보도가 있었으나 이 사진자료로 미뤄 보아 희생된 것은 호랑이가 아니라 표범이었던 듯싶다. (우하).

에 오르내리던 시절이 있었으니 그때는 정말이지 호랑이가 한갓 박멸되어야 할 맹수에 불과했던 것이었는지도 모르겠다. 게다가 호피(虎皮)니 호골(虎骨)이니 하여 호랑이 자체가 돈 덩어리였을 테니까 누군가의 치부를 위한 수단이 되어 사라져갔던 것은 아니었을까 싶기도 하다.

그렇더라도 어찌 호랑이가 그저 해수(害獸)의 하나에 불과했었겠는가? 좋은 의미든 나쁜 의미든 조선의 역사와 생활 속에 늘 함께 녹아있던 호랑이가 아니었던가 말이다. 그런데 일제시대를 거치는 동안 호랑이의 수효가 급격히 줄어들고 희생된 데는 또 하나의 이유가 있었다. 그 궤적을 따라 죽 올라가다 보면 아주 특이한 존재 하나를 만나게 된다. 이름하여 '야마모토세이코군(山本征虎軍)' 이라는 것이 있었다.

1917년 11월 12일에 부산항에 당도하여 그해 12월 6일에 이 땅을 떠나가기까지 호랑이를 잡겠다고 보름 가량 주로 함경도 방면의 산악을 두루 들쑤시고 다닌 '호랑이 원정대' 가 그것이었다. 이들 무리를 이끈 사람은 일본 고베(神戶)가 근거지였던 쇼쇼요코(松昌洋行)의 주인으로 대실업가(大實業家)였던 야마모토 타다자부로(山本唯三郎)라는 인물이었다.

참으로 어이없는 일이긴 하지만 그가 거금을 들여 원정대를 이끌고 느닷없이 조선 땅에 나타난 데는 한 가지 분명한 이유가 있었다. 듣자 하니 "근래에 점점 퇴패하여 가는 우리 제국 청년의 사기(士氣)를 고발

안타깝게도 야마모토정호군의 선봉에는 조선인 포수들이 있었다. 《매일신보》 1917년 11월 4일자에는 그들의 모습이 소개되었다. 사진자료 속의 호랑이는 강용근(姜龍根)과 이윤회(李允會) 포수가 그해 봄에 사냥한 것이라는 설명문이 보인다.

(鼓發)하기 위하여 칠, 팔 만원의 큰돈을 들여 이 같이 장쾌한 행동을 하는 것"이란다. 그리고《매일신보》1917년 11월 3일자에는 이 즈음의 상황을 이렇게 그려놓고 있었다.

삼백여 년 전 임진란에 일본군의 선봉장 가토 키요마사(加藤淸正)가 추위를 피하여 북관에 큰 군사를 머무르고 있을 때에 군사의 용기가 저상함을 두려워하여 사기를 진흥시키는 한 방책으로 대규모의 범 사냥을 계획하고 자기가 선봉으로 나서서 먼저 송아지 만한 큰 범을 거꾸러쳐서 과연 쇠약하던 군대의 기세를 다시 떨치게 한 이야기는 삼백 년래(年來) 일본 소년의 귀에 젖도록 깊이 배여서 내지(內地)사람은 조선의 범사냥이라면 가토 키요마사의 옛일을 생각하고 비상히 장쾌한 일로 여기며 또한 매우 깊은 흥미를 가지고 있던 터인데….

때는 1917년이었다. 말하자면 세계대전(世界大戰)의 와중이었다. 암울한 시대상황과 경제침체를 호랑이 사냥에서 그 돌파구를 찾아나가려 했던 것이다. 분명 제 딴에는 기발한 착상이기는 했을 테지만, 조선의 호랑이가 기껏해야 일본 청년들의 사기진작용으로 희생되어야 할 운명이라는 것은 분명 도가 지나쳐도 한참 지나쳤다.

어쨌거나 호랑이 사냥은 그렇게 시작되었다. 그런데 여기에 또 한 사람의 든든한 후원자가 있었다. 두 번째 조선총독 하세가와 요시미치(長谷川好道)가 바로 그였다. 다시《매일신보》1917년 11월 14일자 '정호군의 총대장 야마모토 씨 입경' 제하에 하세가와 총독의 속내를 읽을 수 있는 기사 하나가 실렸다.

그리고 떠나기 전일 테라우치(寺內) 수상의 소개로 하세가와 총독과 만났지요. 그래서 이번 호랑이 사냥계획을 말하고 각하의 관내를 요란케 할 터인즉 미안하다한즉 총독은 '매우 재미있는 일이오. 실상은 내가 한번 하여 보려 하였더니 그대에게 먼저 아이였노라. 아무렇든지 마음대로 소요를 필대로 피고 잡기도 많이 잡아 가지고 오라' 고 하더옵디다.

야마모토정호군이 조선을 다녀간 지 10년 째 되던 해에 이번에는 미국의 호랑이원정대가 이 땅에 도착했다. 결국 그들의 손에 호랑이 두 마리가 희생되었다.

이는 야마모토가 동행기자들에게 자랑삼아 털어놓은 내용이었다.

조선총독의 그러한 언질이 있었던지라, 본대(本隊)는 함경도 방면으로 떠나고 또 전라도 방면에도 분대(分隊)를 꾸려 파견했던 야마모토 일행은 그 후 거침없이 조선의 산하를 누볐고 또 그들이 당도하는 곳마다 성대한 환영행사가 기다리고 있었던 것 역시 총독의 위세와 전혀 무관하지는 않았을 법하다고 여겨진다. 여하튼 이들의 행적에 대해서는 《정호기(征虎記)》(1918)라는 사진첩이 남아 있고 또 당시의 신문지상에 대서특필 된 바 있었으니 굳이 마음만 먹자면 세밀한 내역을 파악하기란 그리 어렵지 않다.

하지만 이 대목에서 한 가지 사실만은 짚고 넘어가는 것이 좋겠다. 비록 야마모토정호군이라는 이름이 나붙긴 했지만, 정작 호랑이 사냥의 선두에 나섰던 사람들은 실상 거개가 조선인 포수(砲手)였다는 점이 바로 그것이다. 그 시절에 이름 깨나 날렸다는 강용근(姜龍根)이나 이윤회(李允會) 같은 포수들이 본대를 이끌었고, 실제로 야마모토정호군에게 호랑이사냥의 개가를 올려준 포수 역시 최순원(崔順元)이라는 조선인이었던 것이다.

그러니까 원했건 원하지 않았건 간에 조선인 스스로 그네들의 사기진작에 단단히 한몫을 한 꼴이 되었지 않나 싶다. 그들의 협조가 있었던 탓인지 야마모토 정호군은 두 마리의 호랑이를 포함하여 다수의 표범과 곰과 멧돼지와 노루 등 사냥감을 잔뜩 기차에 싣고 그해 12월 3일에 경성으로 귀환했다. 겨우 두 마리냐고 할지 모르겠지만, 짧은 기간 내에 이룬 성과치고는 대단한 것이었다. 어쨌거나 그들의 거침없는 행태는 여기에 그치지 않았다.

야마모토정호군이 해산식을 겸하여 조선호텔에서 만찬식을 개최한 것은 12월 5일이었다. 출정환송회 때와 마찬가지로 야마가타 이사부로(山縣伊三郞) 정무총감 이하 행세 깨나 하는 작자들이 두루 참석한 이 자리에서 사냥감들은 당연히 이들의 맛보기로 제공되었다. 거

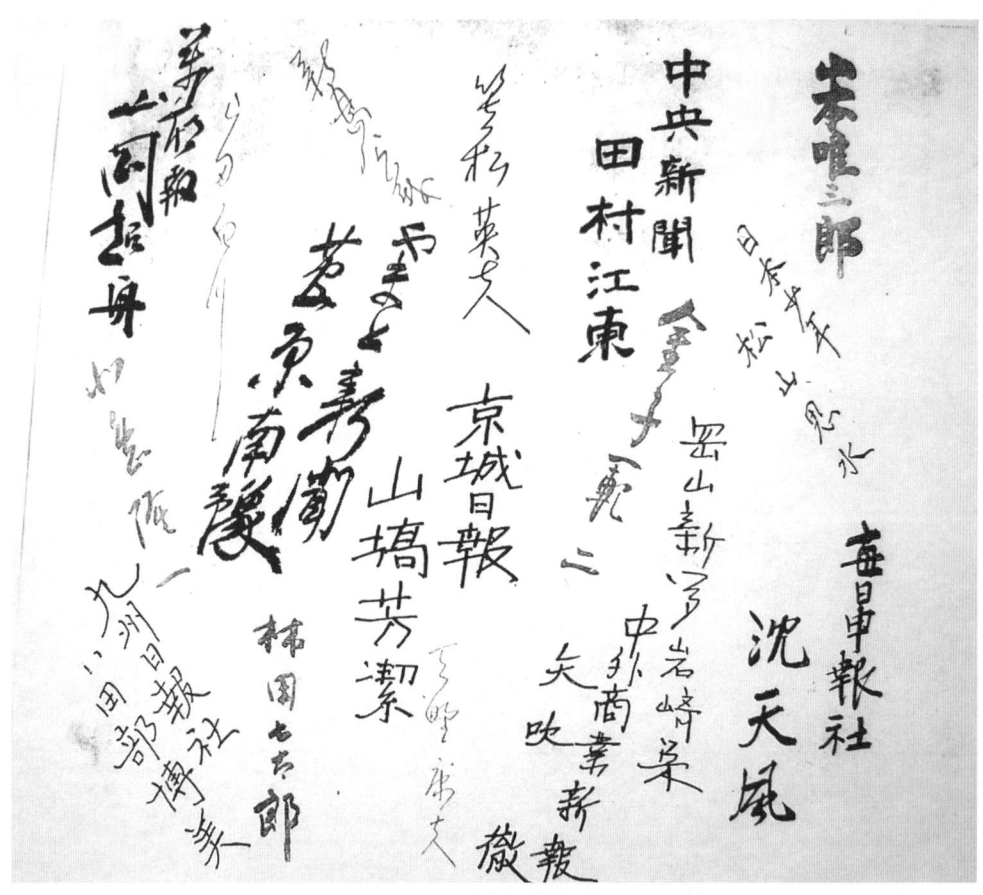

야마모토정호군을 수행한 기자단의 기념서명첩이 《정호기(征虎記)》(1918)의 말미에 하나 붙어 있다. 오른쪽 상단부에 야마모토 타다자부로가 서명한 글씨가 보이고, 나머지에는 호랑이원정대를 따라다닌 신문사들의 이름이 빼곡이 들어있다. 말하자면 그만큼 이들의 행적은 흥미거리가 되어 세상에 널리 보도되었다는 얘기가 된다.

기에는 호랑이 고기도 포함되어 있있다. 제 아무리 시절이 그리한 때라고 할지라도 호랑이 고기를 시식한다는 것은 그야말로 엽기적(獵奇的)인 일이었음이 틀림 없다.

그 '냄새나는' 고기를 먹기 위해 새로운 요리방법을 만들어내야 했을 정도로 꽤나 고심했다는 조선호텔 지배인의 얘기가 있고 보면, 호랑이고기를 만들어내는 것이나 먹는 것이나 다들 처음이기는 마찬가지였던 모양이었다. 이들의 엽기적인 호육시식회(虎肉試食會)는 여기에서 그치지 않고, 이로부터 보름 뒤 일본 동경의 제국호텔에서 그대로 재현되었다.

이 자리에 참석한 고관대작을 비롯한 권세가들은 식민지 조선의 호랑이 고기를 씹으면서 어떠한 감흥을 느꼈을까? 이런 것이 식민통치의 달콤한 맛이라고 생각했던 것일까? 아니면 위대했던 선조 가토 키요마사의 용맹을 기릴 수 있는 별미 중의 별미라고 생각했을까? 조선의 호랑이는 그렇게 하나씩 사라져갔던 것이다. 단지 사람을 해치는 맹수여서가 아니라 이른바 '제국청년'의 기상을 한껏 드높일 수 있는 전리품의 하나였기에 말이다. (2003. 4. 12)

호랑이 사냥에 나선 미국원정대도 있었다
―결국 호랑이 두 마리 잡는데 성공해

야마모토 정호군이 함경도 일대를 온통 들쑤시고 간 때로부터 정확히 10년의 세월이 흐른 뒤 이번에는 미국원정대가 이 땅에 나타났다. 그에 앞서 1922년 12월에는 시오돌 루스벨트 대통령의 둘째 아들인 커밋 루스벨트(Kermit Roosevelt)가 야심만만하게 호렵원정대(虎獵遠征隊)를 조직하여 조선의 호랑이 사냥에 나섰다가 끝내 허탕을 친 일이 있긴 했지만, 이번에는 사정이 달랐다. 새로운 원정대는 결코 빈손으로 조선을 떠나지는 않았다.
《매일신보》에는 이에 관한 기사가 두어 군데 수록되어 있다.

우선 《매일신보》 1927년 9월 23일자 '호랑이 잡는다, 미국탐험대(米國探險隊) 내선(來鮮), 아세아에 온 길에 온다' 제하의 기사는 이러했다. "미국 가주(加州) '로스안젤스' 아세아탐험대장 '와드·에스·리드' 씨 일행은 8월 31일 상항(桑港)을 출발하여 만주(滿洲) 및 조선방면에 동식물의 채취를 할 터이라는 전보가 총독부 외사과에 들어왔다는데 일행은 내지에 도착하여 조선과 만주를 탐험할 터이나, 특히 조선에서는 범(虎)의 표본을 채취하기 위하여 범 사냥을 할 터이라더라."

그리고 《매일신보》 1927년 12월 19일자 '온성(穩城)서 대호(大虎)를 잡아, 미국탐험대의 호랑이 사냥' 제하의 기사는 이렇게 적고 있다. "11월 상순에 스물 일곱 마리의 사냥개를 데리고 함경북도로 호랑이 사냥을 오게 된 미국인 아세아탐험대장(亞細亞探險隊長) '리드' 씨의 일행은 눈 깊은 국경의 온성을 중심으로 호랑이 사냥을 시작하여 호랑이 두 마리와 표범 한 마리를 잡았다는 정보가 경성 미국총영사관에 포착되였는데 이 세 마리의 호랑이를 잡기에 사냥개 네 마리를 죽이였으나 그러나 외국인으로 호랑이 사냥에 성공하기는 '리드' 씨가 처음이라더라."

결국 두 마리의 호랑이는 또 그렇게 희생되어 이 땅에서 사라졌다.

"호육요리(虎肉料理)를 상(嘗)하면서 주객이 즐겁게 놀았다", 《매일신보》 1917년 12월 8일자 보도 기사

정호군개선연회(征虎軍凱旋宴會)는 이미 기재한 바와 같이 (1917년 12월) 5일 오후 다섯 시 반부터 조선호텔에 개최하였더라. 내빈으로는 야마가타 정무총감 이하 각부장관, 귀족, 각 은행 회사 중역,

신문기자 등 유수한 관민 백여 명과 주인 측으로는 이번 정호군 일행이 전부 참가하여 담화실에서 잠깐 휴게한 후 오후 여섯 시에 청아한 피아노 소리와 한가지 식당으로 들어가 이번 사냥에 얻은 호, 표, 산도야지, 노루 등속으로 특별히 만든 요리로 주객이 입맛을 다시며 호랑이 고기는 생각한 바 보다 맛이 참 훌륭하다고 모두 맛있게 먹는 모양이오. (중략)

그리고 이번 호랑이 고기로 요리를 만들기에 매우 고심하였다는 조선호텔 지배인의 이야기를 들은즉 항용 호랑이 고기는 '냄새가 나서' 먹지 못한다 하나 무슨 고기든지 잡아서 곧 먹으려면 다소간 냄새가 나는 것이라. 그런데 이번 호육(虎肉)을 요리하기는 먼저 그 냄새를 없이 하기 위하여 더운 방에 하루 동안을 두었다가 후추와 향료를 더하고 백포도주에 담갔다가 버터로 삶은 것이라 맛은 산적보다 담백하고 노루보다 질기며 빛은 도홍색이고 기름기가 산적보다 많다.

여하간 호육요리는 만들어 보기도 처음이오 먹어보기 처음이라. 만들기에는 매우 힘을 들였으나 이번 손님들의 흥미는 모두 이 호육에 집중된 것은 실로 다행이며 또 천하일품의 진기한 요리라 하더라.

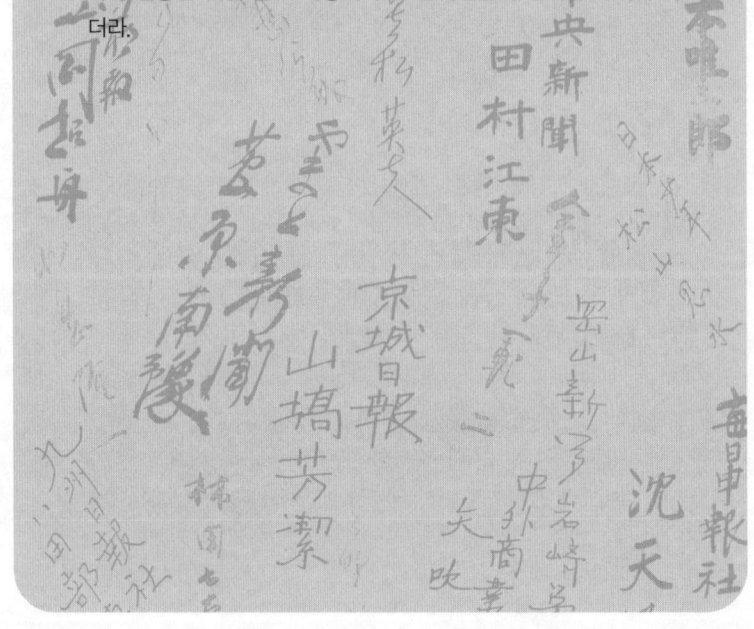

28

누가 마지막 조선호랑이를 보았나?

| 공식적으로는 1940년에 포획된 것이 최후기록 |

약간 세월이 지난 때의 얘기지만 지난 1996년엔가 환경부에서 스위스 제네바의 CITES 즉 '멸종위기에 처한 야생동식물의 국제거래에 관한 협약' 사무국에 "남한에는 더 이상 호랑이가 없다"고 보고했다는 내용의 보도가 나온 적이 있었다. 구태여 이러한 종류의 '확인사살'이 아닐지라도 이미 호랑이의 실존에 대한 생각 자체가 여느 사람들의 머리 속에서 멀어진 지는 한참도 더 된 것처럼 여겨진다.

이 땅에 단 한 마리의 호랑이라도 살아있기만을 간절히 바라는 이들에게는 참으로 섭섭한 얘기일 테지만 지금에 와서야 사람들의 관념을 뒤집어 놓기란 참으로 버거운 것이 사실이 아닌가 싶다. 그리고 설령 호랑이의 흔적을 찾아낼 수 있다고 하더라도 우리네 주위에 그러한 맹수가 어슬렁거린다는 것 자체가 그리 달가운 일이 아닐 수도 또 일상의 생활에서는 도저히 적응할 수 없는 상황이 될 수도 있기에 하는 얘기이다.

그러고 보니 포획물의 형태로 호랑이의 실체를 구경한 지는 반세기도 훨씬 넘긴 아득한 날의 일이 되어 버렸다. 그야말로 호랑이가 담배 먹던 시절이라는 것이 어쩌다 보니 정말 허튼 소리는 아닌 것처럼 되어 버렸지 않았던가 말이다. 해방 이후에 간간이 표범이 출몰한 적은 있었고 또한 그러한 사실을 입증해주는 사진자료도 심심찮게 신문지상에 공개된 적이 있긴 하지만 그건 어디까지나 표범이었을 뿐 호랑이는 분명 아니었다.

1920년 무렵에 등장했던 '미국제 순강철 포수기(捕獸器)'의 신문광고이다. 그 가운데 호랑이를 잡기 위한 최신형 '덫'이 팔려나가고 있음을 엿볼 수 있다.

돌이켜보면 인왕산 호랑이가 어쩌고저쩌고 했던 것이 백 년 안쪽의 일이었고, 실제로 1901년에는 경복궁(景福宮)에까지 호랑이가 뛰어든 적이 있었을 정도로 한때는 우리 주변에 널리고 널린 것이 호랑이였다. 그러했던 것이 어쩌다가 절멸의 상태까지 이르게 되었던 것일까? 여기에는 분명히 식민통치 기간에 벌어졌던 호랑이에 대한 남획(濫獲)이라는 것이 있었다.

거개는 맹수구제(猛獸驅除)라는 그럴싸한 명분이 주어지긴 했지만, 어쨌거나 그건 틀림없는 남획이었다. 거기에 적절한 개체수의 조절이라는 호사를 누릴 형편은 전혀 되지 못했던 것도 사실이었을 것이다. 뭐니뭐니 해도 역시 호환(虎患)이 무서웠고, 게다가 이에 대한 원성도 높았던 시절이었으니까 애당초 이 호랑이 저 호랑이 가려가면서 포획하기를 기대할 만한 처지는 아니었다고 보는 것이 옳겠다.

사람을 해치는 짐승을 없애겠다는 데에야 고마워했으면 고마워해야지 이를 고깝게 여길 일은 아니긴 한데, 그럼에도 불구하고 일이 꼭 그렇게만 진행되었던 것은 아니었던 것 같다. 그렇다면 정말 호랑이는 이 땅에서 절멸되어 마땅할 정도로 악행을 저지르기는 했던 것이

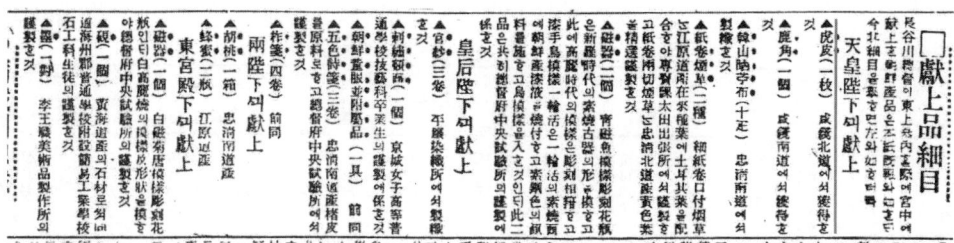

《매일신보》 1917년 6월 16일자에 수록된 '헌상품 세목'이다. 그 당시 일본 동경을 방문했던 이왕(李王) 즉 순종(純宗)의 행차에 동행했던 하세가와 총독이 진상했던 것으로, 그네들의 천황에게 함경북도에서 포획한 호랑이의 '호피' 한 장이 바쳐진 대목이 확연히 눈에 들어온다.

었을까? 그리고 또 그러한 죄목으로 도대체 얼마만큼의 호랑이들이 포획되었던 것일까?

이 부분에 대해서는 불완전하나마 일제시대 때 경찰조직 즉 경무국(警務局)에서 꾸준히 산출한 몇 가지 통계자료들이 남아 있어 대강의 형편을 짐작하기란 그리 어렵지 않다. 여기에 기재된 수치들이 경찰 스스로 포획한 것들만 포함한 것인지 아니면 전국적으로 벌어진 모든 사례들을 일괄적으로 취합한 것인지는 불분명하지만, 일단 '최소한'의 개념이라는 것을 전제하는 것이 합당하리라 여겨진다.

다만 아쉽게도 일제시대를 통틀어 전 기간을 일목요연하게 취합한 집계표는 보이지 않고, 《조선휘보》다 《조선》이다 《조선총독부 통계연보》다 하여 서너 군데에 흩어져 있어 미흡하나마 이를 짜깁기하는 형태로 그 결과를 들여다보는 도리밖에 없는 상태이다. 그것도 전 기간을 다 파악하지는 못했고, 여기에다 단발성 신문기사를 통해 확인한 관련수치들을 보완하더라도 호랑이 포획에 관한 것으로는 전부 23개년(個年) 정도의 통계자료만 찾아냈을 뿐이다.

여하튼 여기에 나타난 결과를 본다면, 이 기간에 포살(捕殺)된 조선의 호랑이는 전부 141마리였다. 그리고 표범의 경우는 그 수치가 훨씬 더 높아져 모두 1,092마리가 박멸된 것으로 기록되어 있었다. 하지만 거듭 말하거니와 이는 일제의 경찰이 '공식적으로' 집계한 최소한의 수치라는 사실 정도는 기억하고 넘어가는 것이 좋겠다.

266. 害獸驅除

年	總數	虎	豹	熊	狼(ヌクテヲ含ム)	猪	獐	鹿	銃器	罠	其ノ他
昭和 8	4,102	2	14	98	180	829	2,971	8	3,471	218	413
〃 9	4,348	1	14	104	136	973	3,120	—	3,488	241	619
〃 10	3,914	—	10	62	116	946	2,779	1	3,288	282	344
〃 11	4,762	—	9	50	117	1,176	3,403	7	3,711	327	724
〃 12	4,093	3	12	58	134	1,125	2,761	—	3,271	345	477
昭和 13	4,306	1	15	63	78	1,150	2,978	21	3,535	335	436
〃 14	4,205	—	2	46	129	1,244	2,774	10	3,494	275	436
〃 15	5,294	1	8	36	110	1,676	3,451	12	4,863	207	224
〃 16	6,644	—	4	50	70	2,339	4,176	5	6,112	176	356
〃 17	6,443	—	15	43	71	2,922	3,380	12	5,870	179	350

《조선총독부 통계연보》에 수록된 '해수구제' 집계표이다. 소화 8년 즉 1933년 이후 호랑이는 벌써 절멸 상태에 들어가 있었음을 여실히 확인할 수 있다. 표범 역시 그 이전에 비해 개체수가 현저하게 감소한 상태였다.

265. 害獸被害

年	總數 總數	總數 死	總數 傷	虎 死	虎 傷	豹 死	豹 傷	熊 死	熊 傷	狼(ヌクテヲ含ム) 死	狼(ヌクテヲ含ム) 傷	其ノ他 死	其ノ他 傷
(1) 人
昭和 8	77	30	47	1	1	1	1	2	1	26	36	—	8
〃 9	41	18	23	—	1	1	4	4	2	12	12	1	4
〃 10	34	15	19	—	—	—	—	2	—	13	13	—	6
〃 11	63	27	36	—	—	—	1	2	—	24	26	1	9
〃 12	36	8	28	2	—	2	—	—	2	—	—	—	—
〃 13	28	4	24	—	—	—	1	—	2	5	16	1	6
〃 14	25	8	17	—	—	—	—	1	5	3	5	—	13
〃 15	31	16	15	2	—	—	—	1	1	11	6	2	11
〃 16	61	17	44	—	—	—	—	—	—	11	15	3	14
〃 17	51	18	33	—	—	—	—	—	2	12	15	—	14
									2	14	15	—	9
(2) 家畜
昭和 8	2,229	1,732	497	16	3	154	46	20	2	1,472	421	70	25
〃 9	1,869	1,504	365	4	—	106	9	1	—	1,383	347	10	9
〃 10	2,135	1,593	542	17	1	75	18	1	1	1,482	501	18	21
〃 11	2,202	1,744	458	20	8	65	13	2	—	1,628	425	29	12
〃 12						32							
	1,798	1,311	487	7	3	22	3	—	—	1,251	421	18	41
〃 13	1,950	1,450	500	24	17	86	14	24	2	1,240	430	76	37
〃 14	1,755	1,303	452	19	8	76	22	3	—	1,167	396	38	26
〃 15	1,771	1,428	343	2	2	42	11	—	—	1,345	307	39	23
〃 16	2,445	1,884	561	27	4	146	39	20	14	1,644	475	47	30
〃 17	2,285	1,715	570	19	10	117	29	24	16	1,471	476	84	39

《조선총독부 통계연보》에 수록된 '해수피해' 집계표이다. 이때 호랑이와 표범에 의한 피해는 거의 전무하다시피 하지만, 이리와 늑대에 의한 피해는 여전히 그 수치가 높게 나타나고 있었다. 말하자면 인명피해의 주범은 호랑이가 아니라 늑대였다. 그러기에 호랑이는 더욱 억울했다.

그렇다면 정작 문제의 '호환'은 과연 어느 정도의 규모였던 것일까? 이 역시 자료의 미비로 전체 시기를 다 파악할 수는 없으나 1915년에서 1942년에 이르기까지 그 가운데 취합이 가능한 19개년의 수치만을 놓고 본다면, 호랑이에게 물려죽은 사람은 모두 36명(부상자는 제외)이었던 것으로 나타났다. 얼추 1년에 두 명 꼴인 셈이다. 그리고 표범에 이르러서는 피해규모가 39명 정도인 것으로 파악되었다.

물론 일제시대 후반기로 갈수록 호랑이 개체수의 급격한 감소로 호환이 거의 중단 상태에 들어갔던 탓에 이로 인한 평균수치가 크게 떨어졌다는 대목은 당연히 지적이 되어야 하겠다. 하지만 이러한 착시현상을 제거하기 위해 단일연도별로 따져봤더니, 이 경우에도 가장 피해가 컸던 해일지라도 그 수치는 8명선을 넘지는 못했던 것으로 확인된다.

물론 경찰에서 파악한 것만 그러하다는 얘기니까, 실제로는 그 숫자가 훨씬 더 많았을 수도 있었을 것이다. 하지만 그게 사람이 죽은 일이고, 그렇다면 경찰 몰래 쉽게 넘어갈 수 있는 사안(事案)은 아니라는 점에서 실제사례와 집계수치 사이에는 그다지 현저한 편차가 있었을 것 같지는 않아 보인다.

요컨대 '호환'이라고 하는 것은 기실 다소의 과장이 섞여 있지 않았나 싶다. 단 한사람이라도 그 생명의 존귀함이야 가벼이 볼 수는 없는 일이겠지만, 그만한 수치는 일상적인 사고사(事故死)의 가능성에 비한다면 매우 미미한 정도의 것이라고 하는 것이 옳겠다. 그러므로 '범죄용의자'였던 호랑이는 식민통치자들이 그렇게 기를 쓰면서까지 박멸해야 할 정도로 사람들에게 실제적인 피해를 준 것은 아니었던 것으로 보인다. 그래서 호랑이는 억울했다.

이 대목에 이르러 다소 의외인 듯한 사실 하나를 만나게 된다. 식민지 시대의 조선인들이 맹수에 의해 많은 피해를 입었다면 그 수범은 호랑이가 아니라 기실 '늑대'였다. 그리고 그 다음으로 곰에 의해 사람이 죽고 다치는 경우도 심심찮았다. 호랑이가 거의 절멸상태에 이른 이후에는 물론이고 호랑이가 쌔고 쌨던 시절에도 인간의 목숨을 앗아간 최악의 해수(害獸)는 바로 늑대였던 것이다. 그러니까 호랑이는 더욱 억울했다.

가령 가장 호환의 피해가 컸던 1915년의 경우에도 호랑이에게 물려 죽은 사람은 8명이었던 반면 늑대가 물어 죽인 사람은 그 숫자가 무려 113명이나 되었다. 더구나 늑대는 주로 인가 주변에 어슬렁거리다가 갓난아기나 어린아이를 냉큼 물어 가는 일이 잦았던 만큼 그 죄질 역시 호랑이에 비해 훨씬 더 나빴던 것은 아닌지도 모르겠다.

하지만 호랑이는 워낙 호환의 원죄(原罪)가 컸던 탓인지 끝내 박멸해야 할 '해수'의 누명을 벗어 던지지 못했다. 이렇듯이 호랑이는 인간들에게 전적으로 적대적인 존재는 아니었는데, 그럼에도 불구하고 왜 이 땅에서 '억울하게도' 사라져야 했던 것일까?

인명피해를 최소화하기 위해 주기적으로 솎아내야 할 맹수였던 것은 틀림이 없지만, 호랑이가 이토록 절멸의 상태에까지 이르게 된 데는 해수박멸 이외에 또 다른 이유가 있었던 것은 확실하다. 호랑이를 치부의 수단으로 여겼던 무리들이 적지 않았을 테고, 게다가 호랑이 사냥을 여흥(餘興)의 하나로 생각했던 이들이 우글우글하지 않았던가 말이다.

이른바 '제국청년'의 사기를 고취하겠다고 대규모 원정대를 조직했던 야마모토 정호군(山本征虎軍)이 있었는가 하면 또 호랑이 표본을 채집하겠다고 이 땅의 산하를 뒤지고 다녔던 미국원정대도 있었던 것이다. 여기에다 식민통치자들의 방관이 있었으니 애당초 호랑이가 살아남을 공간은 그리 크지 않았을 거라고 짐작하기란 어렵지 않다.

이런 저런 이유로 멸종의 위기로 치닫고 있었음에도 불구하고 호랑이 사냥은 좀처럼 멈춰지질 않았다. 개체수가 줄어들면 줄어들수록 남아 있는 호랑이의 값어치는 그만큼 더 치솟아 올랐을 테니까 말이다. 이러한 상황이 지속되다 보니 호랑이는 '천연기념물'로 보호되고 말고할 만한 여유나 기회조차도 갖지 못하고 곧장 절멸의 상태로 빠져버렸던 것은 아니었을까?

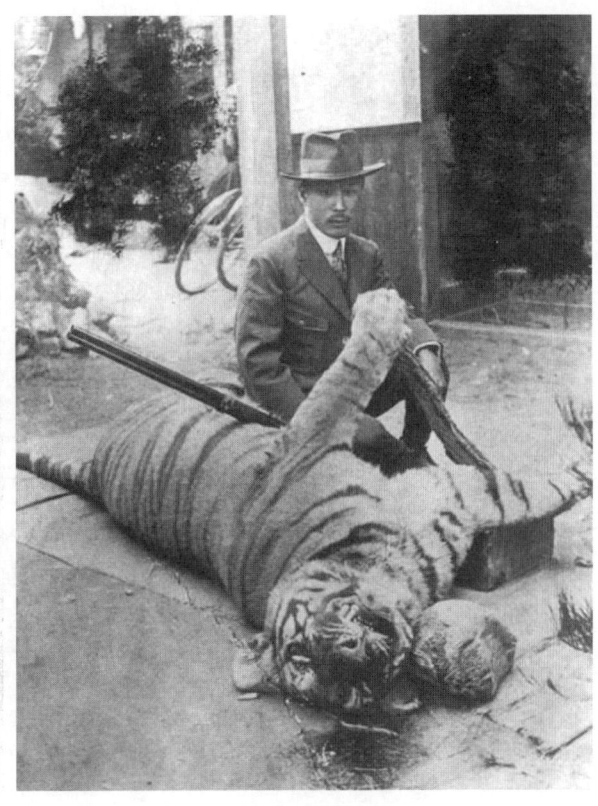

《한국일보》 1980년 1월 26일자에 보도된 '경주 대덕산 호랑이'의 모습이다. 여기에서는 1922년에 포획된 것을 1921년의 것이라고 잘못 소개하고 있었고, 게다가 그것이 '마지막' 호랑이의 모습은 더더욱 아니었다.

    간혹 '대호(大虎)가 나타났다'고 야단법석을 떨 때도 없지는 않았으나 기껏해야 표범이 출몰한 것으로 드러났을 뿐이었지 그때마다 명백하게 호랑이라고 밝혀진 적은 별로 없었다. 결국에 조선의 호랑이는 《조선총독부 통계연보》를 통해 1940년에 '함경북도'에서 한 마리가 포획되었다고 표시되어 있는 단 한 줄의 기록을 남기고 더 이상 그 모습을 드러내지는 않았다.
    그나마 못내 아쉽게도 그 흔적을 확인할 수 있는 사진자료 같은 것조차 변변하게 남아있지 못한 상태이다. 벌써 20년도 더 된 시절의 얘기지만 이른바 '가짜 호랑이 사진사건'이 불거졌을 때《한국일보》1980년 1월 26일자 지면을 통해 경주 대덕산(大德山)에서 포획된 호랑이 사진이 '마지막' 호랑이의 것이라고 보도된 적이 있고 그 바람에 지금도 그렇게 기억하는 이들이 적지 않으나 사실은 전혀 그러하지 않다.

그 시절의 기사에는 "이위우(李渭雨)라는 포수가 1921년 9월에 잡았던 것"이라고 소개하고 있으나 이 역시 사실과는 좀 다르다. 거기에 등장하는 인물들의 면면이나 포획과정에 대한 설명에 비추어 보건대, 그건 그 이듬해 10월 2일에 구정주재소(九政駐在所)의 미야케 요조(三宅與三)라는 순사가 사살했다는 호랑이가 확실하므로 우선은 그 시기부터 '1922년'의 일로 바로 잡는 것이 좋겠다.

그런데 이 호랑이의 얄궂은 운명은 거기에서 그치질 않았고, 결국 죽어서까지 그 가죽이 일본황족인 캉인노미야코토히토친왕(閑院宮載仁親王)에게 헌상되어야 했다는 데서 또 다른 슬픔이 있었다. 여하튼 경주 대덕산의 호랑이는 마지막 호랑이라고 하기에는 그 시기가 터무니없이 빠를 뿐만 아니라 실제로 '마지막' 사진은 더욱 아니었다.

이보다 시기가 늦은 것으로는《매일신보》1924년 2월 1일자에 수록된 호랑이 사진 하나가 더 남아 있다. 강원도 횡성에서 잡았다는 이 호랑이의 모습이 분명 마지막 호랑이의 것은 아닐 텐데, 어찌 된 영문인지 이것을 제외하고는 호랑이를 포획한 모습을 담은 사진자료가 여간해서 잘 눈에 띄질 않는다. 어딘가에 틀림없이 이보다 뒤늦은 시기의 사진이 남아있긴 남아있을 텐데도 말이다.

1940년에 이르기까지 호랑이

《매일신보》1922년 10월 6일자에 수록된 '경주 대덕산 호랑이' 관련기사이다. 호랑이는 죽어서 가죽을 남겼으되, 그 가죽은 결국 일본 황족의 수중에 들어가 버렸다.

《매일신보》 1924년 2월 1일자에 게재된 '강원도 횡성 호랑이'의 포획관련기사이다. 분명히 이보다 더 늦은 시기의 호랑이 사진이 어딘가에 있긴 있을 텐데, 그나마 이것이 사진으로 확인할 수 있는 것으로는 '잠정적으로' 마지막 호랑이의 모습이라고 치부할 도리밖에 없는 셈이다.

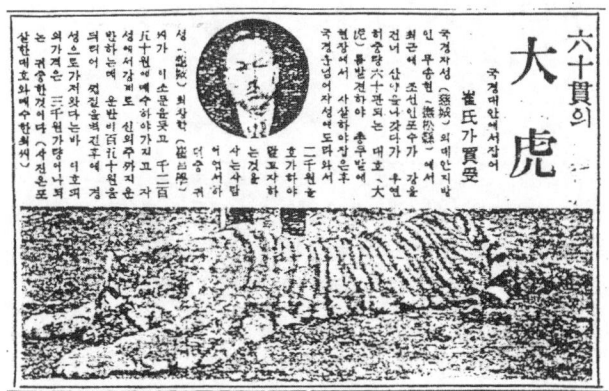

《매일신보》 1931년 3월 24일자에는 평안북도 자성군의 국경 너머에서 포획한 호랑이의 모습이 소개되었다. 이것을 과연 '마지막' 호랑이의 사진으로 간주할 수 있을 것인지를 판단하기에는 좀 애매한 구석이 없지 않은데, 어쨌거나 이 호랑이는 결국 '광산왕' 최창학(崔昌學)의 수중에 떨어졌다.

가 남아 있었다는 흔적을 확인할 수 있는 공식기록이 멍백하게 남아 있으니까 굳이 마음먹고 덤벼든다면 그 공백을 메워줄 수 있는 사진자료를 못 찾을 것도 없지 않나 싶기도 하다. 하지만 당장에 아니 보이는 사진을 어쩔 것인가? 그러니까 또 다른 것이 세상에 드러날 때까지 이것을 '아쉬운 대로' 호랑이의 형상을 확인할 수 있는 마지막 사진이라고 치부할 도리밖에 없을 듯싶다.

그렇게 호랑이는 마지막까지 변변한 사진 한 장조차도 남겨두지 못하고 이 땅에서 사라져갔다. '호환'의 멍에를 고스란히 뒤집어 선 채로 말이다. 호랑이는 정말 절멸되어 마땅할 정도로 인간들에게 해를 끼치기는 끼친 것이었을까? 그러고 보니 '억울한' 호랑이와는 비교가 안 될 만큼 정말 무지막지한 호환(虎患)이 하나 있긴 있었다. 그건 호열랄(虎列剌, 콜레라)이었다. (2003. 4. 16)

호랑이의 포획에 관한 통계자료의 출처는 이러하다

이 분야의 연구자들이 혹시 필요할까 싶어 기사본문에 제시된 23개년(個年)에 해당하는 통계자료들의 출처를 따로 밝혀둔다.
우선, 1915년과 1916년의 것은 "朝鮮に於ける 猛獸被害及其の 豫防驅除", 《朝鮮彙報》 1917년 8월호에서 따온 것이고, 1919년부터 1924년까지의 것은 요시다 유지로(吉田雄次郎), "虎と 朝鮮", 《朝鮮》 1926년 1월호에서 인용한 것이며, 1933년부터 1942년까지의 것은 《昭和 17年 朝鮮總督府 統計年報》(1944)에서 나온 것이다.
그리고 여기에서 빠져있는 기간 중에 신문기사를 통해 보충한 시기는 다음과 같다.
1917년; 《매일신보》 1918년 3월 3일자 '6년 해수구제' 제하 기사
1925년; 《동아일보》 1926년 9월 22일자 '맹수의 독아에 40명 희생' 제하 기사
1929년; 《동아일보》 1930년 10월 15일자 '작년의 수환, 사상자

　　　　　백여명' 제하 기사
1930년; 《매일신보》 1931년 8월 12일자 '무서운 맹수의 인축피해
　　　　　통계' 제하 기사
1932년; 《매일신보》 1933년 9월 3일자 '작년중 맹수에게 살상된
　　　　　인명' 제하 기사.

나머지 누락시기에 대해서는 미처 확인해보지는 못했으나 조선총독부 경무국에서 해마다 '맹수피해현황'을 발표했었다는 점에 착안한다면 달리 추가적인 기록을 찾아낼 가능성은 여전히 남아 있다고 판단된다. 그렇게 된다면 일제시대를 거치는 동안 정확히 어느 정도의 호랑이가 박멸되었는지 그 수치를 좀 더 구체적으로 확인될 수 있으리라 여겨진다.

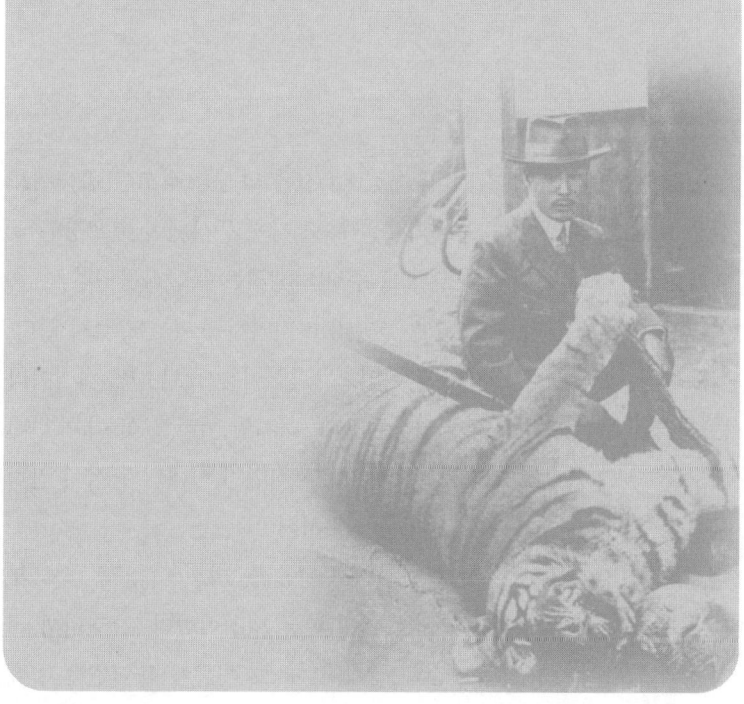

29

테라우치 총독,
조선의 꽃이 되다

| 빼앗긴 꽃 이름 사내초(寺內草)와 화방초(花房草) |

금강초롱이라는 꽃이 있다. 여러 해 전에 화장품 광고를 통해서도 선을 보였고, 해방 이후 우표의 모델로도 자주 등장했던 예쁘장한 꽃이다. 이름 그대로 금강산 일대에 주로 자생하는 특산식물인데, 간혹 이 꽃의 이름을 달리 화방초(花房草)라고 기억하는 이들도 적지 않다.

우연찮게도 '화(花)' 자가 들어있으니 꽃 이름으로는 딱 제격이라는 생각을 무심코 떠올리기 십상이겠다. 하지만 이러한 꽃 이름 하나에도 정작 그 속을 들여다보면, 거기에도 식민지 시대의 흔적이 잔뜩 묻어 있는 것이 그 기분은 영 개운치 못하다.

알고 봤더니 '화방초'는 화방의질(花房義質, 1842~1917) 즉 '하나부사 요시카타'라는 일본인의 이름에서 따온 명칭이었다. 그러니까 금강초롱의 학명(Hanabusaya asiatica, Nakai)에 그 이름이 들어있는 것에

1974년 8월 19일에 오대산 지역에서 촬영된 금강초롱의 모습이다. 이 고운 이름을 두고 오래 전 '화방초(花房草)'라는 것이 그 자리를 선점했다.

서도 그 사실을 분명히 확인할 수 있다.

대원군 시절을 다룬 텔레비전 드라마에서 자주 마주쳤을 법한 그는 1880년 조선주재 일본공사관의 개설과 더불어 초대 공사(公使)로 부임하여 임오군란이 일어났던 1882년까지 조선에 주재했던 인물이었다. 그런데 어쩌다가 그가 전혀 어울릴 것 같지 않은 꽃의 이름, 그것도 하필이면 조선의 꽃 이름으로 자리매김 된 것일까?

강원도 금강산의 유점사(楡岾寺) 근처에 많이 자생한다는 '금강초롱'을 동경제국대학 식물원(植物園) 소속의 우치야마 토미지로(內山富次郎)가 처음 발견한 것은 1902년의 일이었다. 그는 이를 채집하여 일본으로 가져갔고, 이 '이름 모를' 조선의 꽃에다 '화방초'라는 새로운 이름을 부여한 것은 한참 후인 1911년이었다.

명명자는 저명한 식물분류학자 나카이 타케노신(中井猛之進, 1882~1952) 교수였다. 그는 일찍이 조선식물의 연구에 주목하여 이 분야를 개척한 인물이었던 것이다. 참으로 안타까운 일이지만 우리나라 식물의 학명에 대개가 그의 이름이 붙어 있는 것은 그러한 까닭이다.

그러한 그가 우치야마가 채집한 도라지과(桔梗科) 식물을 관찰한

조선주재 초대일본공사였던 화방의질(花房義質) 즉 '하나부사 요시카타'는 조선식물에 대한 남달리 선구적인(?) 관심 때문에 조선의 꽃 이름에 영원히 그 자신의 흔적을 남겼다.

결과 새로운 속(屬)으로 분류할 수 있는 것이라 규정하고 그 꽃의 이름짓기에 골몰하였는데, 마침 동경식물학회가 발행한 《식물학잡지》 1911년 4월호에는 그 과정에 대해 나카이 자신이 직접 적어놓은 글이 하나 남아 있다. 그 내용을 정리하면 대충 이러했다.

나는 이 조선의 진귀한 식물에 대해 신속(新屬)을 세울 필요를 느끼고 그 명칭의 선정에 부심하였는데, 본인으로 하여금 조선식물을 연구하도록 지정하고 그 후 오늘에 이르기까지 끊임없이 극진한 지도를 아끼지 않았던 은사 마츠무라 진조(松村任三) 교수가 이르기를, 아직 오늘날과 같이 조선의 일본에 대한 관계가 없던 일청전역(日淸戰役) 이전에 조선식물의 조사에 주목하여 그 시절 이곳의 공사였던 하나부사 자작이 손수 많은 식물을 채집하여 이를 이과대학 식물학교실에 기증했던 것에 기인하여, 그 후 식물원의 우치야마 토미지로(內山富次郎)를 두 차례나 파견하여 다시 전문적인 채취를 시도한 결과 나날이 조선의 식물조사에 등한히 했던 것을 알게 되었고, 결과적으로 그것이 내가 조선식물조사의 대임을 받는 것이 되었으니 그 원인이 되는 하나부사 자작의 공은 잊혀질 수 없어, 즉 마츠무라 교수에 상의하여 하나부사야(Hanabusaya)의 이름으로 이 신발견의 세계적 진식물(珍植物)을 자작에 바쳐 길이 그 공을 보존하여 전하고 싶다.

조선의 꽃 하나는 그렇게 조선의 침탈에 앞장섰던 일본인 권세가의 몫으로 귀착되고 말았다. 그런데 이러한 사례는 또 있었다. 이번에는 일본공사가 아니라 초대 조선총독 테라우치 마사타케(寺內正毅, 1852~1919)가 그 주인공이었다.

그러니까 사내초(寺內草)는 바로 그의 이름을 딴 명칭이었다. 자료를 뒤져보니, 이 백합과(百合科)에 속하는 '사내초'는 달리 '조선화관(朝鮮花菅)'이라고도 하고, '평양지모(平壤知母)'라도 부르는 모양이다.

그런데 이 식물은 또 어쩌다가 조선을 집어삼킨 거물정치인의 이름이 붙은 것일까? 다시 《식물학잡지》 1913년 10월호이다. 여기에는 그 명명자인 나카이 타케노신 교수의 글이 남아 있다.

동경식물학회가 발행한 《식물학잡지》의 표지이다. 이 잡지의 1911년 4월호에는 조선에서 발견한 특산식물에 하필이면 '하나부사'의 이름을 부여한 것인지 그 경위를 적은 나카이 타케노신(中井猛之進)의 글이 남아 있다.

평양고등보통학교 교유(敎諭) 이마이 한지로(今井半次郞) 씨가 재작년 한 개의 백합과 식물을 다른 다수의 조선식물과 더불어 내게 보내 그 검정(檢定)을 원했는데, 요사이 자세히 이를 검사했더니 바로 학계 미지의 한 식물이고 또 분명히 일 신속(新屬)의 가치가 되었다. 분류학상의 위치는 백합과에 속하고… (중략) … 여러 가지 점에 있어서 명백히 이것과는 구별이 되었다. 조선총독부 테라우치 백작 각하는 조선식물조사의 필요한 바에 착안하여 내게 조사를 명하노니, 내가 여러 해 품어왔던 뜻이 그로 인해 단서를 잡았으며, 조선의 땅은 일만(日滿)의 사이에 끼어있으나, 그럼에도 아직 식물상 정밀의 조사가 없어 식물학상 유감이 적지 않아 내외에 제 선배가 벌써부터 이를 안타까워했으나 지금 총독각하가 이 점에 착안한 것은 동학(同學)의 가장 감복하는 바이라 즉 이에 본 식물을 각하에 바쳐 길이 각하의 공을 보존하여 전하고자 희망한다."

앞뒤의 기록을 다시 확인해 보았더니 원래 이마이 한지로가 평양 부근에서 이 백합과 식물을 채집한 것이 1911년 11월 18일의 일이라

어이없게도 '조선의 꽃'이 된 조선총독 테라우치 마사다케의 모습이다. 특히 왼쪽의 것은 1910년 한일 합병 당일에 촬영한 사진이다.

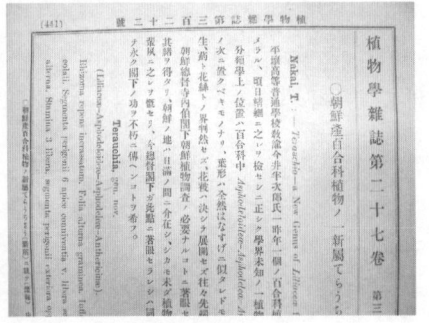

나카이 타케노신이 조선 땅에서 새로이 발견한 백합과 식물에 대해 테라우치 총독의 이름을 따 '사내초(寺內草)'라고 명명한 경위를 적어둔 《식물학잡지》 1913년 10월호의 내용이다. 물론 그 이후 나카이는 조선식물연구의 대명사가 되었다.

고 적혀 있다. 그런데 이 꽃을 전해받은 나카이는 난데없이 조선총독의 이름을 여기에다 붙여놓았던 것이다.

말하자면 때마침 식물조사계획을 후원하여 자기에게 공적을 세울 기회를 만들어 주었으니, 새로이 발견된 조선특산식물에다 '고마운' 테라우치 총독의 이름을 따서 '사내초'라고 명명하는 것으로 그 신세를 조금이나마 갚겠다는 취지였다. 평양지모의 학명(Terauchia anemarrhenaefolia, Nakai)에는 분명 테라우치라는 명칭이 남아 있었다.

그러한 덕분인지 나카이 타케노신은 1913년 이후 조선총독부가 시행했던 식물조사사업에 주도적으로 참여하면서 조선 전역에 걸쳐 주요 지역을 조사하는 기회를 가졌고, 그로 인해 그는 조선식물연구에 관한 한 최고의 명성을

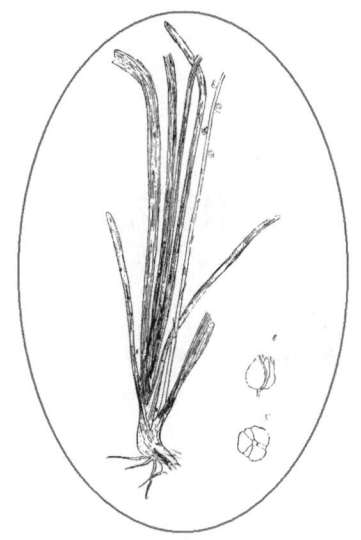 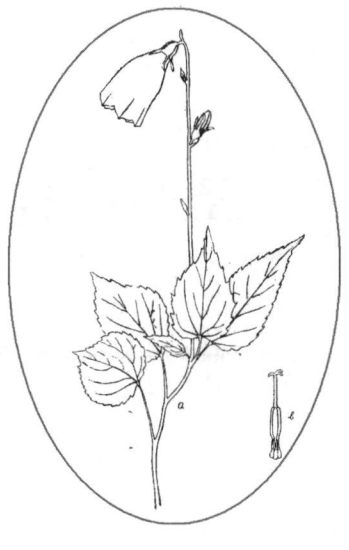

《조선식물명휘》(1922)에 수록된 '사내초'와 '화방초'의 도판이다. 사내초는 달리 '조선화관' 또는 '평양지모'라고도 하고, 화방초는 이미 잘 알려진 대로 '금강초롱'의 원래(?) 이름이다.

쌓아 나갈 수 있었다. 그가 부지런히 발품을 팔면 팔수록 조선의 꽃들은 하나씩 그 자신의 업적이 되어갔던 것이다.

'화방초'와 '사내초', 이제는 완전히 잊혀졌을 법한 이름이 되었지만, 애당초 나카이가 그렇게 한번 그 이름을 학명(學名)으로 등록해 버린 이상, 싫건 좋건 그들은 앞으로도 영원한 조선의 꽃으로 살게 되었다. (2004. 2. 10)

30

세키노 교수,
조선미술사를 선점하다

| 1904년은 동경제대의 《한국건축조사보고》가 나온 해 |

　　지금부터 딱 100년 전인 1904년은 무엇보다도 러일전쟁으로 기억되는 해이다. 망국의 도화선이 된 '한일의정서'가 교환된 것도, 정로환(征露丸)이 등장했던 것도, 근대적인 기상관측이 시작된 것도, 경부선의 공사가 완료된 것도, 경의선이 착공된 것도, 《대한매일신보》가 창간된 것도, 친일단체의 대명사 '일진회'가 만들어진 것도 모두 그 해에 있었던 일들이다.

　　그런데 이것 말고도 한 가지가 더 있었다. 흔히 조선고적조사의 효시라고 일컫는 《한국건축조사보고》가 나온 것도 바로 1904년이었다. '동경제국대학 공과대학 학술보고 제6호'라는 표제를 달아 등장한 이 보고서를 제출한 이는 세키노 타다시(關野貞, 1867~1935)였다.

　　35세의 청년학자였던 그가 동경제대 조교수의 신분으로 이 땅에 처음 건너온 것은 1902년 여름이었다. 그 해 7월 5일 인천에 상륙하여 9월 4일 부산을 떠날 때까지 62일간에 걸쳐 서울, 개성, 부산, 경주, 해인사 등지의 고건축과 유물들을 살펴보았고, 그 후 1년 반 가량의 정리작업을 거쳐 1904년 7월에 정식으로 출간한 것이 이 보고서였다.

말하자면 조선의 문화예술에 대한 체계적인 자료수집은 그때부터 벌써 시작되고 있었던 것이다. 이른바 조선미술사 연구의 첫머리를 장식한 그의 보고서를 뒤져보면, 조선건축에 대한 평가가 가히 오류와 편견과 폄하 일색이었다.

가령 '졸악(拙惡)'하다거나 '조졸(粗拙)' 하다거나 '졸렬(拙劣)'하다거나 하는 구절이 예사로 등장하고, 그 말미에는 '볼 것이 없다'는 표현이 뒤따르기 일쑤였다. 그나마 경주의 봉덕사종, 태종무열왕릉비, 원각사탑, 원각사비, 불국사 다보탑, 경천사 석탑, 경복궁 광화문, 창덕궁 승화루 등은 좀 볼만하다고 적어놓은 것이 그가 보낸 찬사의 전부였다.

흔히 근대적인 고적조사보고의 효시로 일컫는 세키노 타다시(關野 貞)의 《한국건축조사보고》이다. 원래 그의 조사가 이루어진 것은 1902년 여름이었지만, 보고서의 간행은 1904년 7월에 이루어졌다. 이로써 세키노는 조선미술사의 연구를 '선점' 하였다.

그리고 "(조선에는) 양질의 목재가 없는 탓에 기공이 정련하지 못하고 조잡에 빠지기 쉬워 저 궁전, 사당, 사찰과 같이 중요한 건축에는 반드시 색채(즉 단청)를 더하여 소목조(素木造)로 두지 않는 것은 다소가 이것과 관계없다고 말할 수 없다"고 표현한 데서도 조선건축에 대한 삐딱한 인식의 단면을 엿볼 수 있다.

수천 년을 내려온 조선의 건축역사를 일컬어, 그것도 단 두 달 가량의 조사만으로 섣불리 '보잘것없다'는 식의 표현을 쓴다는 것은 참으로 지나친 일이라 하지 않을 도리가 없다. 하지만 그의 평가야 어쨌건간에 《한국건축조사보고》는 애당초 그다지 세련되었다거나 깊이 있는 것이라고 보기는 어려운 측면이 적지 않았다.

세키노 자신이 털어놓고 있듯이, "짧은 일정에 쫓겨, 때로는 폭우 때문에 방해를 받아" 여기저기 거죽이나 훑어본 정도였고, 또한 조사지역도 경상도와 경기도 쪽에 편중되어 있었던 탓에 조선 건축물의 진수를 다 보았다고 하기는 어려웠던 처지였다. 아닌게 아니라 그가 신라의 도읍 경주에서 피폐한 불국사의 모습은 보았을지라도 바로 옆에 있던 석굴암의 존재는 전혀 알지 못했던 시절이었다.

그러한 그가 미처 세밀한 조사분석이나 나름의 안목을 가지기는 어려웠다고 보는 것이 옳겠다. 그러니까 보고서의 저변에 깔린 역사인식과 서술방식이란 것이 대개 하야시 타이스케(林泰輔), 기쿠치 켄죠(菊池謙讓), 시노부 준페이(信部淳平), 시데하라 타이라(幣原坦) 등의 그것을 그대로 차용한 흔적이 역력하다.

세키노의 한국건축조사와 관련하여 1902년 7월 16일에 한국외부에서 작성한 '훈령 제19호'(왼쪽)와 그 다음날 발급된 호조(護照) 즉 여행증명서(오른쪽)이다. 당초 그의 경유지역에는 부여와 은진도 포함되어 있었으나 촉박한 일정과 기후 탓에 결국 조사는 이뤄지지 못했다. 따라서 《한국건축조사보고》에는 백제시대에 관한 부분은 완전히 누락되어 있다. (자료 : 김정동 교수)

보고서의 군데군데, 상세한 것은 다른 날로 미룬다든지 아니면 다른 것들은 생략한다든지 하는 구절이 자주 등장하는 것도 이러한 사정이 반영된 탓이었다. 실제로 그가 보고서의 첫머리에 "이번의 조사는 급속(急速)에만 집중한 탓에 일일이 건조물에 대한 실측과 상세한 사생도(寫生圖)를 그릴 틈이 없어 부득이 전부 사진에 맡기는 바 되었다"고 적어놓은 것으로 봐도 그러하다.

그런데 이토록 성급한 건축조사는 도대체 어떠한 연유로 이루어졌던 것일까? 이에 관해 자세한 내막까지 알려진 바는 없으나, 세키노의 보고서에는 그 개략이나마 짐작할 만한 구절이 하나 들어 있다.

나는 다행히 관명(官命)을 받아 한국건축조사를 위해 그곳에 건너가서 오로지 이 점에 주목하여 연구에 몰두하였으나… (중략) … 처음 내가 출발할 제에 다츠노 킨고(辰野金吾) 공과대학 학장은 특히 명령하기에 한국건축의 사적연구를 하고, 또 이르기를 가급적 넓게 관찰하며 얕은 것에 구애되지 말라고 하여 나는 이 명을 깊이 새기고 이 나라에 있어서 중요한 유적은 모조리 일람(一覽)하고자 하였으나 내지의 교통이 불편하고 일자 또한 한정된지라… (하략).

말하자면 세키노의 한국탐방은 일본과의 문화관계 및 동양의 건축사에 유념하여 그 깊이는 없어도 좋으니 우선 이 땅에 흩어진 건축관련 유물의 개괄적인 현황부터 두루 조사하겠다는 것에 목적이 있었던 것으로 보인다. 그리고 여기에서는 그저 '관명'이라고만 적어놓았으니, 그 주체가 누구였는지는 구체적으로 알지 못한다.

다만 한참의 세월이 흐른 뒤 그의 사망에 즈음하여 《건축잡지》 1935년 11월호에 정리된 연보에 따르면, 그가 한국에 차견(差遣)된 것이 내각의 명이라고 표기되어 있는 것이 보인다. 그러니까 그의 한국건축조사는 일본정부 차원에서 시도된 것이라는 점은 분명하다고 여겨진다.

세키노 타다시와 관련된 몇 가지 사진자료들이다. 왼쪽부터 세키노 타다시의 모습, 홍제동오층석탑을 조사하는 모습, 그리고 세키노박사영사비(關野博士永思碑)이다. 그가 생전에 낙랑지역고분의 발굴조사에 대한 남다른 애착을 지녔던 탓에 그의 사후 그것을 기려 평남 대동군 대동강면 토성리에 기념비석이 세워졌다.

그런데 이러한 《한국건축조사보고》의 발표는 그 자체로 즉각적인 부작용을 불러왔음은 널리 알려진 사실이다.

1907년 일본의 궁내대신 타나카 미츠아키(田中光顯)가 한국황태자의 가례식에 특파대사로 왔을 제에 곤도 사고로(近藤佐五郎)라는 골동상을 시켜 경기도 개풍군에 있던 경천사 석탑을 일본으로 무단 반출했던 것도, 그리고 경주 불국사에 멀쩡하게 잘 있던 사리탑 하나가 1906년 5월에 일본 우에노 정양헌(精養軒)으로 옮겨진 것도 모두 세키노의 보고서에 그 단초가 있었던 것이다.

실제로 세키노는 불국사 사리탑의 무단반출과 관련하여 《미술연구(美術研究)》 1933년 7월호에 이러한 글을 남기기도 했다.

그 후 1904년 내가 동경제국대학 공학부의 보고로서 《한국건축조사보고》를 공개하여, 그 가운데 이 불국사에 있어서 신라시대의 유물을 처음으로 세간에 소개하였다. 그리고 그 책 하나를 당시 개성에 거주하던 모씨(지금은 고인)에게 증정했다. 이것은 내가 개성에 탐방하던 때에 이 사람의 원조에 신세를 진 바 적지 않았기 때문이었다. 1906년 이 사람은 이 불국사 유물 가운데, 사리석탑을 절의 승려에게서 구입하여 이를 동경으로 가져왔고, 우에노 정양헌의 앞뜰에 진열하여 일반유지들에게 관람을 하게 했던 것이다. 당시 잡지《국화(國華)》에 그 사진을 수록하기도 했고, 나는 국화사의 의뢰로 그 해설을 썼다.

여기에서 말하는 경천사 석탑이나 불국사 사리탑은 그나마 '천만다행으로' 식민통치가 이어지는 동안에 그네들 스스로의 손으로 조선 땅에 반환되긴 했지만, 애당초 그 존재를 세세하게 알려주었던《한국건축조사보고》가 해당유물의 무단반출을 부추기는 역할을 했음은 부인할 수 없는 사실이 되고 말았다.

하지만 이러한 일은 이것만으로 그치질 않았다. 그 후로도 세키노는 자신의 조수였던 야츠이 세이이치(谷井濟一)와 쿠리야마 순이치(栗山俊一)를 데리고 1909년에 통감부의 승인을 거쳐 한국탁지부의 촉탁이 되어 고건축조사를 재개하였고, 다시 1910년 이후 1912년에 이르는 시기에는 조선총독부의 촉탁이 되어 해마다 전국적인 고적조

일제강점기를 통틀어 '드물게도' 일본으로 반출되었다가 그네들 스스로의 손으로 반환이 이루어진 유물들의 면면이다. 차례대로 경천사 십층석탑, 불국사 사리탑, 법천사 지광국사현묘탑이다. 이 가운데 경천사 석탑과 불국사 사리탑은 세키노의《한국건축조사보고》가 무단반출의 직접적인 빌미가 되었다.

사사업을 지속했던 탓이었다.

그러므로 그의 조사목록이 불어나면 불어날수록 필시 일본인 골동상들의 먹이감 역시 그만큼 늘어가고 있었던 것이었다. 그리고 이러한 일에는 조선총독부 역시 예외가 아니었다.

실제로 1915년 조선물산공진회의 야외전시구역을 장식할 목적으로 조선총독부가 경복궁으로 옮겨놓은 경주 남산의 삼릉계 약사불이나 개성의 남계원칠층석탑이나 충주의 홍법국사실상탑, 원주지역의 석불과 철불, 그리고 보제존자사리탑과 같은 숱한 유물들은 한결같이 세키노의 조사목록에 이미 포함되어 있던 것들이었다.

많은 사람들에게 익숙한 《조선고적도보(朝鮮古蹟圖譜)》라는 사진첩 또한 세키노의 고적조사에 따른 부산물이었다. 세키노가 《한국건축조사보고》에 발표한 사진자료가 280여장에 달하고, 그 후 《조선고적조사약보고》 등에 제출한 유리원판자료를 모두 합하면 그 숫자가 거의 2천여 장에 달하고 있으니 그것들이 방대한 《조선고적도보》의 편찬을 위한 든든한 밑천이 되었음은 물론이다.

그리고 그 와중에 세키노 자신의 개인적인 영광도 없지 않았던지라, 1908년에는 공학박사의 학위를 수여하는 데에 그 근거로 제시된 자료의 하나가 바로 《한국건축조사보고》였다. 그리고 1917년에는 《조선고적도보》의 편찬으로 프랑스 학사원이 수여하는 상금을 획득하기도 했다.

세키노는 그렇게 처음부터 조선고적조사와 거기에서 파생되는 모든 영역의 최고 '권위'가 되어 있었던 것이다. 이것들은 오로지 그 자신이 오로지 조선미술사의 연구를 '선점'한 대가로 얻어낸 결과였다. 하지만 그것은 바꾸어 말하여 《한국건축조사보고》가 남겨놓은 가장 심각한 폐해의 하나였다.

그러니까 그는 이미 100년 전쯤에 조금은 어설픈 건축조사의 기회를 얻는 것으로 문화예술의 영역을 독차지했고, 그 후 여러 차례에 걸

친 고적유물의 조사를 통해 자신만의 조선미술사를 견고하게 구축했던 것이었다. 그것이 조선의 문화예술에 대한 편견이었건 아니었건 간에 말이다.

누군가는 일컬어 해방 이후의 한국미술사는 '세키노의 극복' 그 자체였다고 평가한 것이 가히 틀린 말은 아니라고 하는 것이 옳겠다. 때로 이것이 '고유섭의 발견'으로 표출된 바도 없지는 않았으나, 그의 위력은 100년이 지난 오늘에 와서도 그다지 줄어들지 않았음을 확인하는 것은 참으로 가슴아픈 일이다.

경복궁과 창덕궁의 복원공사에도, 청계천 오간수문의 원형확인에도, 미륵사 석탑의 해체수리에도, 법천사지의 발굴조사에도, 그때마

세키노가 1902년에 촬영한 경복궁 광화문의 모습이다. 그는 《한국건축조사보고》에서 조선의 건축이 졸렬하다거나 볼 것이 없다거나 하는 말투로 일관하였으나, 이 광화문에 대해서는 "경복궁 내에 몇 백의 건축 가운데 최걸작"이라는 찬사를 덧붙여 두었다.

우연찮게도 세키노의 《한국건축조사보고》에 채록된 청계천 광교의 석물이다. 원래 이것은 '정릉(貞陵)'의 석물이었던 것인데, 세키노는 이 사실을 몰랐던지 "예전에 혹 절간의 석탑과 같은 것으로 사용하다가 가져왔을 것"이라고도 하였고, 더구나 그 시기도 "조선조에 들어와 일찍이 불교를 배척했음에 비추어 고려시대의 제작으로 하는 것이 온당하다"고 적었다.

다 어김없이 《한국건축조사보고》와 《조선고적도보》가 등장하는 것을 보면 그의 흔적을 말끔히 지워내는 것이 당분간은 영 틀린 일이 될 듯 싶다. (2004. 3. 15)

《한국건축조사보고》는 어떠한 내용을 담고 있나?

세키노 타다시가 일본내각의 명을 받들어 1902년 7월과 8월에 걸쳐 한국의 고건축 및 유물의 현황을 조사한 결과를 담아, 두 해를 넘겨 1904년에 동경제국대학 공과대학 학술보고자료로 발표한 것이 바로 《한국건축조사보고》이다.

간혹 이 책을 두고 《조선건축조사보고》라고 소개한 경우도 더러 있으나, 그 때는 분명 '대한제국' 시절이었기에 《한국건축조사보고》라고 지칭하는 것이 맞고 또 원래의 제목 또한 그러하다.

이 보고서는 최초의 근대적인 고적조사보고였다는 점에서 나름의 의미를 갖는다. 더구나 여기에는 그 시절의 모습을 엿볼 수 있는 생생한 사진자료들이 다수 수록되어 있다는 점에서 그 자료가치는 남다르다고 하겠다. 많은 사람들이 교과서나 역사자료를 통해 익히 보아온 예전의 풍경들이 알고 보면 이 책이 출처였음을 확인하는 경우도 적지 않다.

어쨌거나 이 보고서에는 세키노가 직접 순방한 서울, 개성 인근, 부산, 통도사, 범어사, 경주지역, 영천 방면, 해인사 등지에 대한 조사결과를 담고 있다. 그러니까 조사대상이 거의 경기도와 경상도 쪽에 한정되어 있음을 확인할 수 있다.

이는 촉박한 일정 탓에 제 딴에는 효율적으로 조사를 진행하기 위해 몇 군데 지역을 전략적으로 선택한 결과였다고 풀이된다. 말하자면 신라의 역사유적을 확인하기 위해 경주지역을 우선적으로 선택한 것이고, 또 고려시대의 도읍지 개성과 조선시대의 도읍지 서울을 우선적으로 선택한 것 또한 그러한 맥락이었다.

그리고 평양과 부여지역은 세키노의 의지에도 불구하고 부득이 조사대상에서 제외되었으며, 따라서 《한국건축조사보고》에는 고구려 및 백제지역의 건축물과 역사유적에 대한 서술이 완전히 누락되어 있다.

하지만 한국외부의 '훈령 제15호'(1902년 7월 16일자)에 표기된 세키노의 경유지역에 '부여'와 '은진'이 포함되어 있는 것을 보면, 원래는 백제지역도 당연히 조사대상에 포함되어 있었으나 실제의 차질이 빚어져 이 곳에 대한 조사가 이루어지지 못했던 사정을 짐작할 수 있다.

실제로 세키노의 건축조사에 있어서 가장 큰 문제는 촉박한 시일이었다. 수천 년의 역사를 단 두 달만에 전부 파악하려고 했던 것 자체가 무모한 일이지만, 더구나 이 기간에는 "바야흐로 우기에 접어들어 강물이 범람하고 도로는 자주 막혀" 제대로 정밀한 조사가 이루어질 수조차 없는 상황이었다.

따라서 서울에 와서는 경복궁, 창덕궁, 창경궁의 주요 부분만 훑었으며 경희궁과 덕수궁은 규모가 작고 볼 것이 없다하여 아예 조사대상에서 제외했을 뿐더러 개성지역에서는 인천방면으로 떠나는 기선의 출항시각에 맞추기 위해 부랴부랴 나머지 조사를 포기하는 일도 없지 않았다.

그러니까 세키노의 보고서는 대개 몇 가지만을 관찰대상으로 하고 이를 확대 해석하여 건축과 예술의 특성을 지레짐작하는 경우가 적지 않았고, 어디를 가든지 세밀한 조사를 다른 날로 미룬다는 식으로 서술한 사례도 수두룩했다. 보고서의 많은 부분을 사진자료로 대체하고 있는 것도 바로 그러한 이유이다.

말하자면 《한국건축조사보고》는 조금은 어설프게 만들어진 불완전한 보고서였다. 그리고 참으로 불행한 일이었지만 '조선미술사'의 연구는 바로 그렇게 시작되었다.

31

식민지 조선의 여자비행사로 산다는 것

| 비행사요 무용가요 운전수였던 이정희(李貞喜)의 인생유전 |

안창남이라는 청년이 일본에서 비행기 조종술을 배웠다. 매우 장한 일이다. 그러나 그렇다고 해서 그렇게 엄청난 일은 아니다. 안군이 새로운 형태의 비행기를 발명했거나 1만 명 중에 1명 나올까말까 한 출중한 비행사가 되었다면, 우리 조선인들은 그를 자랑스럽게 여길 만하다.

그러나 안군은 그저 다른 사람이 발명한 비행기의 조종술을 배운 1천 명 중의 1명일 뿐이다. 따라서 호들갑을 떨 만한 일은 아니다. 그러나 《동아일보》는 지난 몇 주 동안 많은 지면을 할애해 그를 치켜세웠다. 안군이 비행기를 몰고 조국을 방문하는 걸 도우려는 단체가 결성되었다. 성금이 걷혔다. 멍청이들 같으니!

이 무슨 심통이 난 독설인지 아니면 탁견인지 잘 분간이 되지 않지만, 1922년 12월 9일자 《윤치호 일기》에는 이렇게 적혀있다. 사실이지

1922년 12월 10일 안창남 비행사는 처음으로 조선의 하늘을 날아올랐다. 왼쪽은 그가 가져온 비행기 '금강호(金剛號)'이고, 오른쪽은 창덕궁 위를 나르는 금강호의 모습이다. 이 당시 창덕궁 전하 즉 순종임금은 후원금으로 금일봉을 하사했으며, 그 보답으로 안창남은 두 번째 비행에서 창덕궁 위를 날았다.

윤치호의 말마따나 비행사 안창남의 명성은 분명 《동아일보》의 과분한 찬사가 만들어낸 측면이 없지는 않았다. 마치 그 이듬해에 이기연(李基演) 비행사가 등장했을 때 이번에는 《매일신보》가 그 역할을 고스란히 떠맡았던 것처럼 말이다.

하지만 어쨌거나 이 땅의 숱한 조선인들에게는 '비행기'가 확실하게 희망이자 감격으로 다가왔던 시절이 있었다. 그리고 누가 뭐래도 안창남은 단연코 제일 유명한 조선인 비행사였다. 그러니까 살아서는 조선인 비행사의 대명사로 통했고, 죽어서까지 하나의 전설이 된 이가 바로 그였다.

그런데 당연한 얘기이겠지만 그의 등장을 경이감과 동경심을 너머 하나의 열망과 포부로 받아들인 조선의 청년들이 적지 않았다. 안창남의 고국방문비행은 또 다른 선구적 비행가들을 많이 만들어냈고, 거기에는 두 명의 여자비행사도 들어있었다.

그 대열의 앞쪽에는 박경원(朴敬元)이 있었고, 이내 이정희(李貞喜)가 그 뒤를 이었다. 흔히 최초의 여류비행사로 알려진 대구 출신의 박경원은 일본비행학교를 거쳐 1927년 1월에 삼등비행사의 자격을, 다시 1928년 7월에는 이등비행사의 자격을 취득했고, 이어서 1933년

8월 7일에 '푸른 제비호'를 몰고 향토방문 및 일만친선 연락비행에 올랐다가 추락사했다.

비극적인 최후를 맞은 것만큼이나 그의 생애에는 파란만장한 구석이 적지 않았다. 일찍이 하늘의 자유를 꿈꾸었지만 넉넉하지 못한 집안의 형편에 늘 발목이 잡히곤 했던 것이다. 그러고 보면 예나 지금이나 그놈의 가난이 꼭 문제이다. 그런데 어찌 이러한 일이 그에게만 해당되는 것이었을까?

박경원과 더불어 식민지 조선이 배출한 선구적인 여자비행사의 하나였던 이정희 역시 이 문제에 관한 한 전혀 예외는 아니었다. 다치카와의 일본비행학교를 거쳐 1927년 11월에 삼등비행사의 자격을 취득했던 이정희의 인생역정에는 확실히 박경원의 그것보다 훨씬 더 기구하고 극적인 데가 있었다.

도대체 그는 어떠한 삶을 살았던 것일까?

일본의 제국비행협회가 발간한 《소화5년 항공연감》을 보면 이정희는 조선 경성부 누상동 75번지가 주소지이고, 1910년 1월 26일생으로 기록되어 있다. 그러니까 삼등비행사의 자격을 얻은 것은 고작 열여덟 살 소녀시절의 일이 된다. 아버지는 이순규(李洵珪)였고, 4남매의 막내이며 위로 이용구(李龍求)라는 오빠가 있었던 것으로 확인된다.

다른 기록들을 보니까 토월회의 배우였던 이소연(李素然)도 역시

식민지 시대에 이정희는 박경원과 더불어 여자비행사의 쌍벽을 이뤘다. 1926년 9월의 대구모험비행으로 처음 그 자신의 존재를 세상에 드러낸 뒤부터 일본비행학교를 거쳐 삼등비행사와 이등비행사의 자격을 따내던 시절의 모습들이다. 마지막의 것이 1929년이니, 모두가 10대 후반 때에 촬영된 장면들이다.

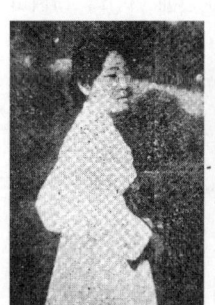   

그의 오빠였다고 적혀 있다. 그리고 학교경력은 조금 복잡하다. 처음에는 진명여학교 초등과에 들어가 중도에 그만 두었고, 일년을 놀다가 다시 배화여학교에 들어갔으나 이내 숙명여학교로 옮겨가는 과정을 거쳤다. 여기저기로 떠돈 것은 모두가 집안의 살림살이가 빈한했던 탓이었다.

숙명여학교 보통과 4학년 때에는 가정교사 생활로 근근히 월사금을 감당했다고 적혀 있다. 열 다섯의 나이에 겨우 보통과를 졸업했고, 곧이어 숙명여학교 고등과에 진학하였으나 이마저도 학비를 감당하기가 벅찼던지 2학년 과정을 마치고 끝내 학업을 포기하고 말았다. 그 대신 그가 선택한 진로는 '내선자동차주식회사'의 사무원으로 들어가는 것이었다.

하지만 이 무렵에는 벌써 그가 비행사 되기를 단단히 작정한 뒤였다. 아닌 게 아니라 숙명여학교 고등과 1학년 때에는 이 일로 병을 얻어 세브란스 병원에 입원까지 해야 했을 정도였다고 했다. 《매일신보》 1927년 11월 25일자에는 이정희가 비행사의 꿈을 갖게된 경위를 이렇게 적고 있다.

> 이리하여 그의 가슴에는 불타는 울분이 피어오를 때 마침 안창남 비행사가 고국방문비행을 하게 되었다. 안창남의 인기가 조선전국에 끓고 적연하던 경성의 창공을 용장히 프로펠러 소리로 정복하는 것을 볼 때 빈곤과 불운에 눌려 살던 이정희양의 가슴은 시원하였고 정신을 쇄락하였었다.
> 이것이 동기로 이정희양은 자나깨나 비행기 타령만 하게 되었다. 그러나 집안은 빈한하고 의뢰할 곳조차 없으니 그에게는 오직 초조와 노심만 더하여 갈 뿐이었다. 그가 얼마나 비행사 되기를 동경하였는가 그가 일찍이 기록한 일기를 뒤져보면 이런 글이 있다. (후략)

그런데 그러던 차에 정말 그에게 기막힌 기회가 다가왔다. 미하라 후쿠히라(御原福平)가 이끄는 일본 나고야비행학교의 모험비행단이 조선을 찾아왔던 것이다. 그때가 1926년 7월이었다. 이 소식을 전해들은 이정희는 다짜고짜로 미하라 교장을 찾아가서 자신의 열망을 간청하였고, 마침내 비행기에 올라도 좋다는 허락을 받아낼 수 있었다.

그 일이 계기가 되어 용산연병장에서 벌어졌던 모험비행은 물론이고 남선지방의 순회비행 때에도 계속하여 비행단에 동행하는 기회가 그에게 주어졌다. 실제로 이정희의 존재가 세상에 널리 알려진 것도 바로 그 일이었다. 그것이 나름의 행운이기는 한데, 알고 보면 굉장히 위험스런 행운이었다.

《동아일보》1926년 9월 24일자에 '숙명출신의 신비행가, 이정희 양의 모험'이라는 제목으로 소개된 내용은 바로 그의 이름이 등장하는 최초의 신문기사였다. 그제껏 아무런 비행교육을 받은 적도 없고, 단지 비행기에 동승했을 뿐이었던 그에게 과연 비행사라는 명칭이 합당했던 것인지는 알 도리가 없다.

더구나 그러한 그에게 날아가는 비행기의 날개 위에 올라서는 묘기를 부리도록 했던 미하라 교장의 호의는 정녕 호의가 아니라 차라리 만행에 가까웠다는 생각이 절로 든다. 실제로 모험비행단의 이리(裡里)방문 때는 이 학교의 후쿠나가 시로(福長四郞) 교관이 비행기를 모는 도중에 추락사하는 큰 사고가 벌어지기도 했다. 만약에 그것이 자신의 일이었다면, 비행사의 꿈이고 뭐고는 그야말로 그 순간에 저승의 일이 될 뻔했던 것이다.

하지만 이 마저도 잠시 잠깐의 일이었다. 모험비행대회가 끝난 뒤 일본으로 따라가려는 이정희를 짐짓 '수일 내로 전보를 칠 터이니 그 전보를 받고 곧 오라'는 말로 떼어놓고 훌쩍 떠나버린 데서도

《동아일보》1929년 9월 21일자에 소개된 '무용가' 이정희의 모습이다. 이렇듯 가난한 비행사 이정희는 땅으로 내려왔으나 이마저도 '패트론' 최씨와의 마찰 덕분에 이내 이시이 바쿠 무용연구소에서 밀려나고 말았다.

애당초 그네들의 속내가 어디에 있었던 것인지는 짐작하고도 남음이 있다.

물론 그 후로도 그러한 전보는 결코 오지 않았다. 그네들의 눈에는 비행기를 향한 이정희의 열정이 그저 제 정신이 아닌 무모한 조선처녀의 그것으로 비춰졌을 것이 뻔했다. 결국 오지도 않을 전보를 기다리면서 이정희는 또 한번의 좌절과 더불어 가난이 주는 고통을 그렇게 맛봐야만 했다.

그러한 잠시 그해 11월이 되자 이번에는 정말로 의미 있는 기회가 찾아왔다. 진짜 후원자가 나타났던 것이다. 충남 천안 출신의 비행사 서웅성(徐雄成)이 그 주인공이었다. 일본비행학교에서 비행술을 연마하던 그가 잠시 귀국하던 차에 이정희의 딱한 처지를 전해듣고 그의 후원자되기를 자청했던 것이다. 둘 사이에는 이기연 비행사가 매개가 된 것으로 전해진다.

그 역시 아주 넉넉한 형편은 아니었던 모양인데, 무슨 심산인지 비행기를 사려고 모아둔 돈으로 이정희의 학비를 대겠다는 뜻밖의 제의가 있었다. 그리고 일본비행학교에 동행하기를 권했는데, 혹여 청춘남녀의 일이라 공연히 세상의 오해를 살 여지가 있다하여 둘이서 양가의 허락 하에 의남매를 맺었던 것으로 알려진다.

이리하여 기대치 않았던 서웅성의 호의와 배려로 이정희는 일본으로 건너가 카마타(蒲田)에 있던 일본비행학교 정과에 입학하였는데, 그때가 1926년 11월 19일이었다. 이듬해 1월에는 이 과정을 마치고 다시 다치카와(立川)에 있는 조종과로 옮겨 수련을 계속한 결과 일본에 건너온 지 딱 일년이 지난 시점에서 삼등비행사의 자격을 취득할 수 있었다.

앞서 박경원이 삼등비행사의 자격을 딴 것과는 대략 10개월 가량 뒤졌으나, 박경원이 이정희보다 9년이나 연상이었음을 감안한다면 이정희의 비행사 입문은 비교할 수 없을 만큼 이른 나이였음을 알 수 있다. 마침내 이정희가 삼등비행사의 자격을 취득했다는 소식이 전해지자 그제야 후원회를 조직한다는 움직임이 있었고, 실제로 1928년 3월에는 후원음악회까지 열렸던 것으로 확인된다.

이 같은 도움이 어느 정도의 보탬이 되었는지는 모르겠지만, 이제는 이등비행사가 목표였다. 더 많은 돈이 필요했고 또한 궁핍한 그로서는 여전히 그것을 감당할 처지가 되지 못했다는 것이 고민거리였다. 그러한 형편 때문인지 1929년 7월에 가서야 이정희는 다시 이등비행사의 시험에 겨우 응시할 수 있었다.

그런데 이 무렵 참으로 엉뚱한 듯이 보이는 기사 하나가 《매일신보》에 등장했다. 그토록 갈망하던 이등비행사의 시험에 합격한 이정희가 이번에는 난데없이 무용가로 변신한다는 소식이었다. 《매일신보》 1929년 7월 18일자에는 그 내막을 이렇게 전하고 있다.

경성이 낳은 여류비행가로서 다치카와비행장에서 업을 닦은 지 만 3개년, 청공을 동경하고 일도 사계에 정진하던 이정희양은 이번 7월 5일의 2등 비행사 시험에 훌륭히 합격되었다. 그러나 현재 아국 제도로서는 그 기술에

《매일신보》 1931년 3월 13일자는 다시 택시운전수로 변신한 이정희의 소식을 전하고 있다.

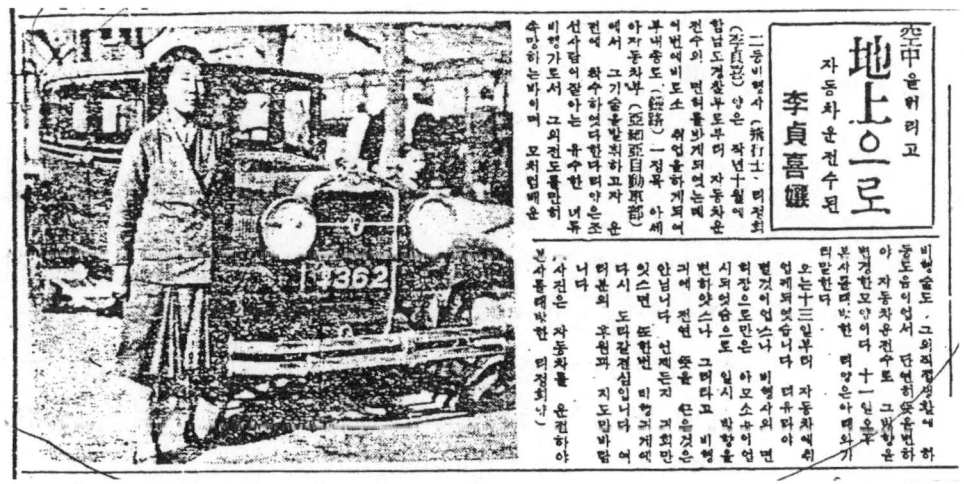

있어서 아무리 우수할지라도 여자는 이등비행사 이상이 될 수 없다.

이에 비애를 느낀 이양은 드디어 다년의 지망을 다른 방면으로 전환하여 새로운 생활의 길을 밟기로 되었다. 그리하여 신흥예술로 전도의 광채가 찬란한 무용가가 되고저 석정막, 소랑(小浪)을 중심으로 한 석정막무용연구소에 꽃다운 일생을 바치게 되었다.

여기에 나오는 석정막(石井漠) 즉 이시이 바쿠는 유명한 무용가 최승희(崔承喜)의 스승이었다. 그리고 물론 최승희 역시 이 무용연구소 소속이었다. 하늘을 날던 비행사가, 그것도 이등비행사의 자격을 막 취득한 직후에 무용가로 입문한다는 것이 선뜻 이해하기 어려운 일이지만, 나름의 재능이 없지는 않았던지 불과 두 달만에 성공적으로 첫 무대에 데뷔했다는 소식이 전해졌다.

하지만 무용가로서 새로운 인생진로의 돌파구를 열어보겠다는 이정희의 시도가 그리 오래 지속되지는 못하였다. 무엇보다도 그의 '패트론'이었던 최씨와의 충돌이 말썽이었던 모양이었다. 여기에서 '최씨'라고 하였으니 명시적이지는 않지만, 최승희 혹은 그의 오빠인 최승일과 모종의 마찰이 있었던 것이 아닌가 싶다.

이시이무용연구소에서 밀려난 그가 하릴없이 서울로 되돌아온 것이 1930년 봄이었다. 말하자면 그가 갓 스물을 넘긴 때의 일이다. 그리고 다시 세상사람들의 이목을 끈 것은 그가 이번에는 자동차 운전수로 나섰다는 소식이었다. 1930년 5월 이후 중국으로 진출하려던 계획이 번번이 좌절된데다 비행계로 복귀하기 위한 자금을 마련해보겠다는 것이 그 이유였다.

1931년 3월부터 종로에 있던 아세아자동차부(亞細亞自動車部)에 나가 택시를 몰며 기꺼이 핸들을 잡은 것까지는 좋았으나 이 또한 그다지 돈이 되는 일은 아니었다. 하지만 이 무렵 주체할 수 없는 열망은 그것에 멈추질 않았고, 그의 생각은 미국으로 건너가 비행수업을 계속하겠다는 데에 미치고 있었다.

이윽고 영어공부를 핑계삼아 중국 상해로 건너간 것이 1932년 10월이었다. 그는 그곳에서 도미준비를 하면서 자동차운전도 계속하였다는데, 그곳에서도 어김없이 의외의 일이 벌어지고 있었다. 이번에는 그 자신의 로맨스가 문제였다.

미국진출을 위해 건너간 상해 땅에서 그는 독일부인을 얻어 살고 있던 의학박사 이성용(李星鎔)*을 우연히 만났고, 사랑을 속삭이게 되었다는 것이다. 결국에 두 사람은 부부되기를 약속하고 이박사는 독일부인과 이혼까지 하였는데, 1933년 6월 무렵 이정희의 아버지가 위독하다는 전보를 받고 귀국을 한 뒤로는 이박사가 변심하여 둘의 관계가 파탄에 이르게 되었다고 알려진다.

아마도 그것이 상당한 충격이 되었는지 이정희는 마침내 극단의 선택을 하는 일이 벌어지고 말았다. 《매일신보》 1933년 8월 6일자에는 '변화 많은 생애의 주인, 이정희양 음독빈사, 비행가요 무용가요 운전수, 그는 어찌하여 독약을 마시게 되었나, 실연설, 사업실패설'이라는 제목의 급보가 실렸다.

여기에 수록된 내용에 따르면 그가 쓰러진 것은 '레미놀'이라는 마취제를 다량으로 복용한 탓이라 하였다. 그는 비행기 공부에 실패하면 죽겠다고 하여 항상 약을 품고 있었다고도 하는데, 약을 먹은 직접적인 이유가 실연에 따른 것인지는 단언할 수 없지만 짐작컨대 거기에는 분명 물질적 여유가 없어 비행기 공부를 제대로 할 수 없는 자기의 신세한탄이 짙게 깔려 있었던 것이 아닌가도 싶다.

그런데 일이란 게 참으로 묘한 것이어서 이정희의 음독자살 소동이 벌어진 며칠 뒤 이번에는 정말로 '단짝인' 여자비행사 박경원의 추락

---

* 이정희 비행사의 음독사실을 보도한 《매일신보》 1933년 8월 6일자에는 그의 이름을 의학박사 '이성영(李成榮, 가명)'이라고 표기하였으나, 《별건곤(別乾坤)》 1926년 12월호에 수록된 '이성용(李星鎔)과 독일부인(獨逸婦人)'이라는 탐방기사가 남아 있을 뿐만 아니라 그 후로도 그 자신이 직접 이 잡지에 기고한 글들이 다수 남아 있는 바 그 내용에 비추어 보면 가명으로 표기된 '의학박사 이성영'은 '의학박사 이성용'과 동일인물임이 틀림 없다.

중국 상해에서 돌아온 직후 이정희의 음독사실을 전하고 있는 《매일신보》 1933년 8월 6일자이다. 그가 죽음을 생각한 것은 과연 실연 때문이었을까, 아니면 여전히 궁핍한 자신의 처지를 비관한 탓이었을까?

사 소식이 들려온다. 비행을 꿈꾸던 누구는 죽음을 생각하고 그 앞으로 다가갔으나 정작 그 죽음은 살짝 비켜나 하늘을 날던 다른 이의 몫이 되어버린 셈이었다.

더구나 궁핍한 처지로 따지자면 누구 하나 더 나을 것도 없는 처지였기에 박경원의 죽음이 그야말로 결코 남의 일은 아니었을 것이다. 하지만 이 사건은 이정희 자신이 가련했던 처지를 추스르는 전환점이 된 듯했다. 궁핍이 가져다준 심리적 압박감을 말끔히 떨쳐내기는 어려웠을 테지만, 그 후로는 일탈된 인생역정을 조금씩 수습해나가려는 자취들이 역력했던 탓이다.

이듬해 즉 1934년 봄에는 본연의 비행수업을 위해 다시 일본으로 건너갔고, 비록 그곳에서 하네다 비행장 앞에 있는 오카다상회(岡田商會)의 비행장 안내계로 일했을 망정 그는 묵묵히 다시 하늘을 날 수 있는 기회를 엿보고 있었다. 한동안 땅으로 내려갔던 가난한 비행사는 그렇게 하늘로 되돌아 왔다.

1935년 10월이 되자 그의 오랜 열망은 마침내 실현이 되는 것처럼 보였다. 박경원이 못다 이룬 고향방문비행의 기회가 성사단계에 이르고 있었던 것이다. 거기에 일선만(日鮮滿)친선비행이라는 명칭이 나붙은 것이 마뜩찮은 일이었을 테지만, 그게 무슨 대수였을까? 하지만 모질게도 출발 직전 비행기의 고장으로 이 비행계획은 취소되고 만다.

그리고 그 후로도 그의 고향방문비행이 실행에 옮겨졌다는 소식은 없었다. 어느 듯 세상은 식민지 시대의 막바지에 이르고 있었다.《매일신보》1936년 신년특집기사로 나온 '신년 활약이 기대되는 조선청년'의 면면에 이영민, 최승희, 손기정, 현제명, 백남운, 장혁주 등과 더불어 이정희의 동향이 소개된 적이 있었고, 그 직후《조광(朝光)》1936년 5월호에 '나의 비행 10년기(여류이등비행사의 눈물의 기록)'이라는 제목으로 그의 파란만장한 고난사가 제법 길게 정리되기도 하였으나, 그것을 마지막으로 그와 관련된 구체적인 기록이 더 이상 드러난 것은 없다.

다만 한 가지 특기할 만한 사실은 1937년판과 1938년판《항공연감》에 연거푸 그의 소속기관이 '조선총독부 경무국'으로 표기되어 있다는 점이다. 경무국 소속이 과연 무엇을 의미하는 것인지 또 어떠한 연유로 그렇게 되었는지는 분명하지 않으나, 어쨌거나 그러한 행적은 여러모로 미심쩍은 부분이라 하지 않을 도리가 없겠다.

우연찮게도 그가 태어난 것이 1910년이었으니 그의 삶은 오롯이 식민지 시절의 길이만큼 겹쳐진 셈이다. 비행사에 뜻을 세우고 어쩌다가 어린 나이에 삼등비행사의 자격을 따내는 행운을 누리긴 했으나 더 이상 그의 꿈은 순조롭게 이루어지지 않았다. 시대의 틀을 깨겠다는 당찬 포부에도 불구하고 뉘라서 타고난 빈곤의 굴레를 쉬이 벗어던질 수 있었을 것인가 말이다.

자동차회사의 사무원이었다가, 얼결에 모험비행대를 따라다녔다가, 서웅성의 도움으로 비행사가 되었다가, 그마저 벗어 던지고 무용계에 입문했다가, 택시 운전수가 되어 길거리에 나섰다가, 미국에 진출하겠다고 중국 상해로 건너갔다가, 거기에서 의학박사와 사랑에 빠졌다가, 마침내 죽음의 문턱까지 갔다가, 다시 비행장 안내원이 되었다가, 드디어 고향방문비행의 성사를 눈앞에 두었다가, 뭔지 모를 조선총독부 경무국 소속의 이력을 남겼던 사람, 바로 그가 이정희 비행사였다.

그런데 그의 기구한 인생유전은 이것이 끝은 아니었다. 해방이 되고 1949년이 되었을 때 한참이나 잊혀진 듯했던 그의 이름은 다시 신문지상에 등장했다. 이름하여 '여자항공대', 이곳의 책임자가 이정희였다. 해방 4년만에 그는 어느 듯 공군 대위로 변신해 있었다.

이 조직에 관해서는 약간 증언이 엇갈리긴 하지만,《동아일보》1950년 4월 22일자에 "창립 일주년 기념식이 22일 하오 두 시에 김포공항에서 거행된다"는 기록이 있는 걸로 보아 1949년 상반기에 만들어진 것임을 확인할 수 있다. 두 번에 걸쳐 대원모집이 있었고, 흔히 최초의 여자공군비행사로 일컫는 김경오(金璟悟) 대위도 거기에 포함되어 있었다.

마음껏 하늘을 날기를 그토록 갈망하던 이정희였으니만큼 여자항공대의 대장은 그에게 딱 제격인 일이 아니었을까 싶다. 하지만 그 즈음의 나라 형편이란 게 전투기는커녕 연습기 하나조차 변변히 마련하기 어려웠던 시절이었으니 진작에 그가 상해와 도쿄를 떠돌아다닐 때에 비해 별반 나을 것은 없어 보인다.

그럼에도 불구하고 일찍이 안창남 비행사가 자기에게 하늘을 향한 꿈을 심어주었듯이 이제는 그 자신이 후배비행사들의 꿈이 되고 있었다는 사실만큼은 나름의 위안이 되었을 것이다. 그런데 이러한 기회마저 그것은 아주 짤막한 순간의 영광으로 마무리되고 있었다.

군부에 있어서 가장 이채를 끌고 있는 여자항공대의 성과도 날로 여실이 보이어 오늘에 이르렀는데, 창공을 이며 매로 나를 수 있는 조인(鳥人)으로의 충분한 소양과 기개도 예비되어 명일의 희망도 크려니와 공군 당국에서는 이들에 대한 앞날에 대비하여 현 여자항공대장 이(李貞喜) 대위를 예비역으로부터 현역에 편입시키는 한편 대원특무상사 강(姜○業)과 이(李明珍) 양양을 일약 각각 소위로 임관하였다고 한다.

이것은 이정희 여자항공대장의 현역편입을 알리는 《동아일보》 1950년 6월 15일자이다. 그러니까 한국전쟁이 나기 딱 열흘 전의 소식인 동시에 그의 행적을 확인할 수 있는 마지막 기록이다. 전쟁의 시작과 더불어 그는 피랍자(被拉者)가 되어 역사의 현장에서 사라진다.

그가 납치된 사실은 김경오의 증언에 의하더라도 그러하고, 실제로 1956년에 대한적십자사 신고명단에 그의 이름이 들어있는 것으로 확인할 수 있다. 여기에는 나이가 47세로 표기되어 있고 주소지가 서울시 종로구 누상동 111번지라고 적혀 있으니, 바로 비행사 이정희를 지

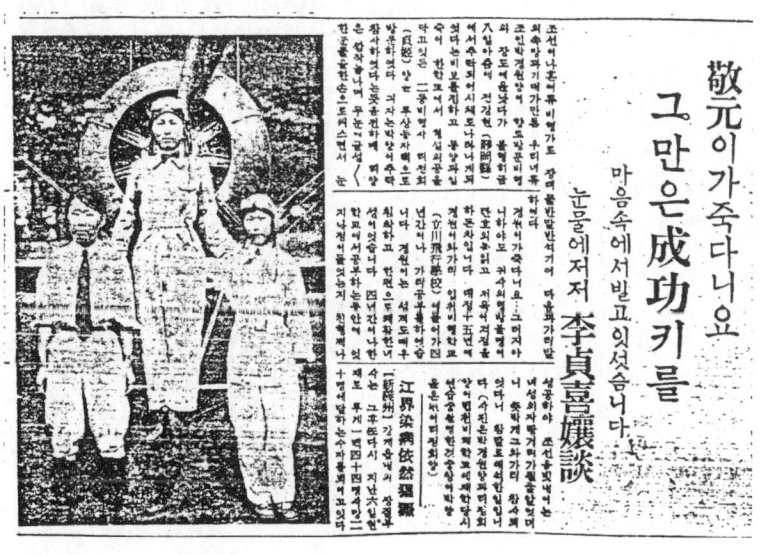

우연찮게도 이정희가 죽음을 생각하던 며칠 뒤에 또 다른 여자비행사 박경원이 고향방문비행을 시도하다가 추락사했다. 《매일신보》 1933년 8월 9일자에 수록된 사진자료 속에는 박경원(가운데)과 이정희(오른쪽)가 나란히 선 모습이 보인다.

칭하고 있는 것이 틀림없다.

고작 열 두어살의 나이로 "남자가 손이 둘이면 여자도 마찬가지로 둘인 이상 여자라고 안될 리가 없다" 하여 당돌하게도 하늘을 꿈꾸었고, 커서는 비록 비행사의 포부를 이루었으나 번번이 가난에 몸부림을 쳐야했던 그가 삼팔선 너머의 저쪽에서는 또 어떻게 하늘의 꿈을 이어나갔던 것일까? (2004. 3. 31)

최초의 여자비행사는 권기옥일까, 박경원일까?

최초의 여자비행사가 과연 누구인지에 대해서는 약간 논란의 여지가 있다. 누구는 1925년 중국의 운남항공학교를 졸업한 권기옥(權基玉, 1901~1988) 비행사라고도 하고, 또 한쪽에서는 그럼에도 불구하고 그가 정식으로 비행사 자격을 가진 것이 아니라 군사훈련 과정을 마친 것이라 하여 여전히 박경원 쪽에 '최초'의 의미를 두는 이도 있다.

그러나 단순히 비행기를 먼저 탄 것으로 치자면 역시 권기옥 쪽이 훨씬 빠르다. 권기옥 비행사에 관한 자료로는 그 자신이 직접 《신동아》 1967년 8월호에 '나는 한국 최초의 여류비행사'라는 제목으로 남긴 글이 있으므로 그것을 참고하는 것이 좋겠다.

권기옥 비행사는 1977년에 건국훈장 국민장을 받았으며, 사후에 국립묘지 애국지사묘역에 안장되었다. 그리고 2003년 8월에는 국가보훈처가 그를 '이달의 독립운동가'로 선정한 바 있다.